信息科技法律问题专论

曾炜 等 著

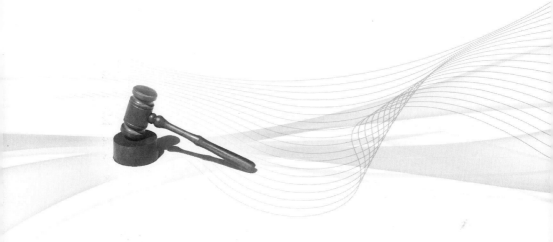

WUHAN UNIVERSITY PRESS
武汉大学出版社

图书在版编目(CIP)数据

信息科技法律问题专论/曾炜等著.—武汉:武汉大学出版社,2022.9
ISBN 978-7-307-23203-7

Ⅰ.信… Ⅱ.曾… Ⅲ.信息技术—科学技术管理法规—研究
Ⅳ.D912.104

中国版本图书馆 CIP 数据核字(2022)第 133041 号

责任编辑:宋丽娜 责任校对:汪欣怡 整体设计:韩闻锦

出版发行:**武汉大学出版社** (430072 武昌 珞珈山)
(电子邮箱:cbs22@ whu.edu.cn 网址:www.wdp.com.cn)
印刷:武汉中科兴业印务有限公司
开本:720×1000 1/16 印张:13.75 字数:205 千字 插页:1
版次:2022 年 9 月第 1 版 2022 年 9 月第 1 次印刷
ISBN 978-7-307-23203-7 定价:56.00 元

序　言

众所周知，科学技术是第一生产力。当下，继蒸汽技术革命和电力技术革命之后，世界已经进入第三次科技革命，这是科技领域的又一次重大飞跃。科学技术的进步无疑为全人类福利的提高带来了可能，但与此同时，也可能对现行的法律秩序带来重大的挑战。以互联网、人工智能、区块链等技术为代表的信息科技的发展是第三次科技革命的重要组成部分。因此，在信息科技迅猛发展的今天，研究信息科技革命中的重大法律问题，具有重要的理论与现实意义。

本书围绕信息科技进步中产生的重要法律问题，以专题的形式展开讨论。第一章为"区块链的国际法规制"。区块链的出现为国际贸易的提升提供了新的机遇。然而，区块链的发展并非一帆风顺，区块链技术隐私保护的不确定性和网络安全的隐患都可能影响其未来的发展，特别是当前关于区块链的国际法律制度尚处于空白，各国在区块链方面的监管各行其是，缺乏国际协调无疑会妨碍区块链技术的进一步发展。《服务贸易总协定》(GATS)是当前最可能为规范区块链提供法律基础的多边国际协定，本章以 GATS 关于数字贸易的相关规则为基础，从分析"区块链的监管问题"，提出当下通过国际法对区块链进行规制的可能路径。

第二章为"知识产权法下人工智能系统的法律地位"。本章首先回顾了人工智能的发展现状，然后转向分析知识产权法中非人类作者和发明人的法律困境，最后提出修改知识产权法律以适应人工智能作为作者和发明者的现实。

第三章为"人工智能创造物的专利权归属研究"。本章在承认人工智能创造物的可专利性的基础上，重点探讨人工智能创造物的专利权归属问题。随着人工智能自主能力与创造能力的不断加强以及各国专利制度的创新，人工智能本身极有可能成为专利法意义上的"发明人"。依据人工智能不同的发展阶段，结合利益平衡原则和贡献原则，确定人工智能创造物的发明人、专利申请人与专利权人，从而构建人工智能创造物的专利权归属模式。

第四章为"自主武器的国际人道法规制研究"。自主武器的出现颠覆了国际社会对传统作战方式和制胜机理的看法，使得国际人道法在适应新的军事实践上面临着巨大挑战。基于此，本章研究了如下问题：自主武器的使用是否会违反国际人道法？现有国际人道法审查机制是否完全适用于自主武器？自主武器是否会在法律审查实施方面遇到困境？如果自主武器的使用会对国际人道法造成冲击，是否会引发责任主体缺位？

第五章为"网络恐怖主义犯罪的管辖权冲突及其解决"。本章从网络恐怖主义犯罪的定义、主要表现形式等网络恐怖主义犯罪的基本理论出发，分析了网络恐怖主义犯罪的管辖权冲突，并结合网络恐怖主义犯罪管辖权的国际立法与国家实践，提出调和网络恐怖主义犯罪管辖权冲突的机制以及我国应对网络恐怖主义犯罪管辖权冲突的对策。

本书的撰写得到了福建农林大学公共管理学院人才引进项目的资助，在此致以最诚挚的谢意！同时本书的出版离不开武汉大学出版社的大力支持，在此表示衷心的感谢！

本书的选题、大纲拟定、分工协调和统稿由曾炜负责。全书共分五章，各章作者分工如下。第一章：曾炜、朱毅金、李乙冉；第二章：曾炜、曾姣玉、周武锋；第三章：曾姣玉；第四章：梁斌芳、曾炜；第五章：杨钰倩、曾炜。

由于时间紧迫，书中不完善之处在所难免，敬请广大读者批评指正。

曾炜

2022 年 6 月 4 日

目　录

第一章　区块链的国际法规制

区块链是通过密码学串接并保护内容的串联文字记录，又称"区块"。每一个区块包含了前一个区块的加密散列、相应时间戳记以及交易数据，这样的设计使得区块内容具有难以篡改的特性。凭借参与者的同步网络实时监控风险和处理交易的能力，区块链每年可以为国际贸易节省约 1 万亿美元的成本；具体而言，交易方的运输费用将减少 20%，而且随着国际供应链效率的极大提高，全球贸易额将增加约 15%。①因此区块链的出现为国际贸易的提升提供了新的机遇。然而，区块链的发展并非一帆风顺，区块链技术隐私保护的不确定性和网络安全的隐患都可能影响其将来的发展，特别是当前关于区块链的国际法律制度尚处于空白，各国在区块链方面的监管各行其是，缺乏国际协调无疑会妨碍区块链技术的进一步发展。

我国已认识到区块链技术集成应用在新的技术革新和产业变革中起着重要作用。2019 年 10 月 24 日，中共中央政治局就区块链技术发展现状和趋势进行集体学习，习近平强调，要把区块链作为核心技术自主创新的重要突破口，加快推动区块链技术和产业创新发展，提升我国国际话语权和规则制定权。②《服务贸易总协定》(GATS) 是当前最可能为规范区块链提供法律基础的多边国际协定，因此为促进区块链技术的稳步发

---

① Emma McClarkin: European Parliament Committee on International Trade, Draft Report on Blockchain: A Forward-Looking Trade Policy (Draft Report No 2018/2085 (INI), 18 July 2018), p.8.

② 新华社：《习近平：把区块链作为核心技术自主创新重要突破口》，载《人民日报》(海外版)2019 年 10 月 26 日，第 1 版。

展，扩大基于区块链平台的全球服务贸易，以 GATS 关于数字贸易的相关规则为基础，探讨区块链的全球规制问题，显然具有必要性和迫切性。

一、区块链的监管问题

（一）区块链的应用

比特币是当前区块链技术的重要应用之一。2008 年，化名中本聪的人发布了基于区块链的加密货币比特币的白皮书。① 他概念化并启动了一个电子现金系统，该系统不仅可以促进交易，还可以在无需依仗金融机构或政府中央银行的情况下生产自己的货币（俗称"挖矿"）。独立于第三方的比特币使用由不可篡改的分布式账本组成的数字基础架构，该分布式账本将中介的集中功能扩展到点对点（peer-to-peer）网络的参与者。② 作为账本，该基础架构不会因单点系统的故障而陷入瘫痪，因为其不是由单个中介来维护，而是由所有参与者来维护。账本是一个链，其中包含网络中曾经执行过的所有交易的历史记录，并且对所有参与者都是公开可用的。③ 网络中的参与者可以验证交易，然后将同时发生的交易进行哈希算法（Hash）④处理并形成一个区块，区块将不可变

① Satoshi Nakamoto, Bitcoin: A Peer-to-Peer Electronic Cash System, p.1. https://bitcoin.org/bitcoin.pdf.

② William Mougayar: The Business Blockchain: Promise, Practice, and Application of the Next Internet Technology, Wiley, 2016, p.21.

③ Satoshi Nakamoto, Bitcoin: A Peer-to-Peer Electronic Cash System, p.6. https://bitcoin.org/bitcoin.pdf.

④ Hash，就是把任意长度的输入（又叫做"预映射"，pre-image），通过散列算法，变换成固定长度的输出，该输出就是散列值。这种转换是一种压缩映射，也就是散列值的空间通常远小于输入的空间，不同的输入可能会散列成相同的输出，而不可能从散列值来确定唯一的输入值。简单地说，就是一种将任意长度的消息压缩到某一固定长度的消息摘要的函数。Hash 主要用于信息安全领域中加密算法，它把一些不同长度的信息转化成杂乱的 128 位编码，这些编码值叫做 Hash 值，也可以说，Hash 就是找到一种数据内容和数据存放地址之间的映射关系。

且不可逆地附加到链上。

自引入比特币以来，以区块链为基础的架构已被运用于多种用途，智能合约即为其应用之一。① 以太坊(Ethereum)是当前最流行的智能合约平台，它通过将计算机代码嵌入区块链平台的顶部来自动执行智能合约：计算机语言被用于设计和实施当事方的协议。比特币参与者验证交易，以便交易的进行，而以太坊参与者使用区块链的点对点网络功能集体验证协议的特定条件，以触发协议自动执行。通过自动化，区块链最大限度地保证协议的顺利履行。②

虽然比特币也可以说是一种智能合约，其预定目的主要是转移加密货币，但本书中指的是一般意义上的智能合约，即允许各方设计各种协议的灵活平台。

从本质上讲，区块链属于透明、安全且不可篡改的分布式账本，由分散的参与者组成的点对点网络提供支持。其价值在于账本的去中心化，并通过散列、加密和非对称密钥加密来保证。③ 区块链的这些独特功能为全球贸易提供了许多可能性。它的基础设施具有认证和验证交易的自我维护能力，以不可更改的状态记录交易并随后广播交易历史。这是前所未有的尝试，它使传统的集中式功能民主化、分散化。由于区块链的去中心化特性，开放的、公有区块链平台(使用者无需批准就可以加入)需要大量用户才能成功运营，其最大功效的发挥有赖于各国对区块链服务的开放和放松管制。

---

① William Mougayar: The Business Blockchain: Promise, Practice, and Application of the Next Internet Technology, Wiley, 2016, p.10.

② Saifedean Ammous: Economics beyond Financial Intermediation: Digital Currencies' Possibilities for Growth, Poverty Alleviation, and International Development, Journal of Private Enterprise, 2015(30), p.35.

③ Malcolm Campbell-Verduyn, Marcel Goguen: The Mutual Constitution of Technology and Global Governance: Bitcoin, Blockchains, and the International Anti-Money-Laundering Regime' in Malcolm Campbell-Verduyn (ed.): Bitcoin and Beyond: Cryptocurrencies, Blockchains, and Global Governance, Routledge, 2018, p.74.

（二）各国关于区块链监管的分歧

随着科学技术进步的日新月异，科技对经济的增长和社会福利的影响可谓厥功至伟，与此同时，各国政府对新兴技术带来新挑战的应对反过来也会影响新技术的发展。当前，各国政府对区块链监管的态度大体上可以分为三类：①自由化；②审慎性；③限制性。① 对于采取严格监管方式的国家而言，通常会导致企业离开该国而前往其他国家开展区块链业务。需要明确的是，采取禁止方式的国家虽然颁布禁止加密货币的法规，但总体而言并未禁止区块链。而采取自由化或审慎方法的国家通常会发布与区块链有关的法规，且往往也承认加密货币是区块链最受欢迎的用途之一。

有些国家对区块链持欢迎态度。美国证券交易委员会允许通过区块链发行股票；在德国，区块链平台被用于交易数字资产；英国科学办公室在报告中指出，区块链有利于公共治理;② 在乌克兰，"挖矿"、验证交易和在链中创建区块受法律保护。③

有的国家明确禁止使用加密货币但并不禁止区块链。④在孟加拉国，个人比特币用户可能会被监禁;⑤ 越南禁止使用加密货币，并取缔了该

---

① Kai Jia, Falin Zhang: Between Liberalization and Prohibition: Prudent Enthusiasm and the Governance of Bitcoin/Blockchain Technology' in Malcolm Campbell-Verduyn (ed.): Bitcoin and Beyond: Cryptocurrencies, Blockchains, and Global Governance, Routledge, 2018, p.104.

② UK Government Chief Scientific Adviser: Distributed Ledger Technology: Beyond Block Chain (Report, 19 January 2016). https://perma.cc/LGY8-KFKG.

③ Mauro Sacramento: Authorities: Ukraine Has No Plans to Regulate Cryptocurrency Mining, CCN (online, 27 June 2018). https://perma.cc/53LK-GFHJ.

④ Becky Leighton: Borders Blocking Bitcoin: Countries Who Are Still Anti-Cryptocurrency, Coin Insider (online, 27 May 2018). https://perma.cc/P5Y3-6AFL.

⑤ Allen Scott: Countries Where Bitcoin Is Still legal, Bitcoinist (online, 18 April 2018). https://perma.cc/PL3G-5T5D.

国最大的加密货币交易所 Bitcoin VN;① 厄瓜多尔禁止加密货币,但创建了政府支持的数字货币;② 在阿尔及利亚,拥有比特币就是犯罪。③我国一度拥有全球最大的比特币交易所,但现在完全禁止加密货币"挖矿"。值得注意的是,我国并不反对区块链技术,例如,2019 年 1 月 10日,国家互联网信息办公室发布《区块链信息服务管理规定》,为区块链信息服务的提供、使用、管理等提供有效的法律依据。

采取审慎态度的国家选择通过立法严格管控区块链特别是加密货币。例如,直布罗陀发布了有关区块链消费者保护规则的全面法规;芬兰则对私人通过交易赚取的比特币征税;菲律宾允许经批准的加密货币交易所运营。

(三)区块链监管国际协调的必要性

各国对区块链或加密货币的态度迥异,并导致各国相关法律的分歧很大。因此在 G20 会议上有成员国呼吁尽快解决区块链目前的法律困境,G20 认识到了区块链创造去中心化经济秩序的独特能力,人们在全球市场上可以直接相互交易,区块链可能带来的收益是显而易见的。④对于区块链用户而言,参与者越多、越活跃,则交易越安全。从发展中国家角度来看,区块链技术可能为数十亿无银行账户的贫苦民众提供金

---

① Becky Leighton: Borders Blocking Bitcoin: Countries Who Are Still Anti-Cryptocurrency, Coin Insider (online, 27 May 2018). https://perma.cc/P5Y3-6AFL.

② Jerin Mathew: Ecuador to Create Government-Run Digital Currency as It Bans Bitcoin', International Business Times (online, 25 July 2014). https://perma.cc/8NF6-R54X.

③ Becky Leighton: Borders Blocking Bitcoin: Countries Who Are Still Anti-Cryptocurrency, Coin Insider (online, 27 May 2018). https://perma.cc/P5Y3-6AFL.

④ Julie Maupin: The G20 Countries Should Engage with Blockchain Technologies to Build an Inclusive, Transparent, and Accountable Digital Economy for All (Policy Brief, G20 Insights, 16 March 2016), p.3.

融服务,① 而且区块链还可以创造更多的就业机会和税收。尤为重要的是，在当前区块链发展的早期阶段禁止区块链将扼杀技术创新并妨碍可能导致该技术更好应用的实验。② 由国际社会协商共同采取适当的措施保障区块链的自由化可能是一种可行的解决方案，并将使世界各地的参与者都可以从区块链中受益。

二、GATS 对区块链的可适用性

由上文可知，目前各国对区块链及其相关应用的态度各异，这势必将影响区块链技术的进一步发展。为此，国际社会应通过协商探讨并制定规范区块链的国际法律机制。而 WTO 协定是当今规范国际贸易的最重要的多边条约，可以为区块链的规范提供坚实的国际法基础。

（一）区块链的属性

在确定是否适用《关税与贸易总协定》（GATT）还是《服务贸易总协定》之前，必须首先确定区块链的性质。虽然 GATS 和 GATT 分别适用于服务贸易和货物贸易，但在实践中货物和服务之间的界线并非泾渭分明，因为许多产品同时兼具货物与服务的特征。

那么，区块链应用究竟是货物还是服务？区块链与 GATT 或 GATS 已涵盖的现有货物或服务之间的相似性或类似性将决定这两个协定的可适用性。GATT 中"同类或类似产品"的标准视具体情况而定，但确定产品是否相似，通常会考虑如下因素：物理上的相似性和互换性、最终用

---

① Saifedean Ammous：Economics beyond Financial Intermediation：Digital Currencies' Possibilities for Growth，Poverty Alleviation，and International Development，Journal of Private Enterprise，2015(30)，p.43.

② Daniela Sonderegger：A Regulatory and Economic Perplexity：Bitcoin Needs Just a Bit of Regulation，Washington University Journal of Law and Policy，2015(47)，p.175.

途、消费者的口味和习惯，以及可替代性。① 虽然货物的有形性是其重要特征，但有形性的确切作用仍存在争议，因为 GATT 是否适用于以电子方式进行交易的数字产品的问题在世界贸易组织（WTO）成员方之间仍存在分歧。区块链固有的数字性质是将区块链表征为服务而非货物的重要因素，数字产品（例如曾经以物理形式交付的可下载媒体）很难归入 GATT 的"同类产品"概念。

与之不同，GATS 更有可能适用于区块链应用。数字交易通常不包括有形产品，而且电子产品的销售通常需要持续交付服务（无论是支持还是维护），以使其变得可用。GATS 涵盖了许多电子产品，因为它们的广告、支付、交付和分销全都涉及服务。此外，区块链本质上涉及用户验证平台上进行的交易，尽管用这一过程离不开计算设备，但区块链归根结底是提供服务而非销售电子产品。

（二）GATS 适用于区块链面临的挑战

尽管数字服务很可能被归类为服务而不是货物，但即便如此，GATS 适用区块链也并非易事。区块链的两个特征给 GATS 的适用带来了挑战：区块链是在互联网上完成的服务（而不是物理呈现的服务），以及其作为"新"服务（作为一种在 GATS 生效时不存在的服务）的事实。

虽然目前并没有对 GATS 以及 GATT 或其他 WTO 协定进行修订，以应对数字创新和互联网，但 WTO 有关案例强调了技术中立性并展现了 GATS 对互联网服务规制的灵活性和弹性。②

首先，GATS 是否适用于数字性质的服务？WTO 服务贸易理事会（CTS）通过的《电子商务工作计划》认为，服务的电子交付属于 GATS 的范围。③ 技术中立性原则（不应在离线和在线服务交付之间进行区分）

---

① Appellate Body Report, EC-Asbestos, WT/DS135/AB/R, para.101.

② Mira Burri: The International Economic Law Framework for Digital Trade, Zeitschrift für Schweizerisches Recht, 2015(135), p.38.

③ Work Programme on Electronic Commerce, WT/L/274, para.1.3.

是 WTO 决定将 GATS 应用于数字化服务的重要因素。尽管各成员在
GATS 适用于数字服务的程度上仍然存在分歧，但在"美国博彩案"中，
专家组指出，GATS 规则适用于数字市场中提供的服务。① 在随后的
"中国出版物案"中，上诉机构裁定，关于录音发行服务的承诺还包括
通过互联网发行的录音。② 这两个案例都显示了 GATS 对数字服务的包
容性。

其次，GATS 如何适用于在生效之时尚不存在的"新"服务？WTO
成员是根据 GATS《服务部门分类列表》中列出的服务做出承诺，而该分
类列表一定程度上参考了 1991 年的《联合国临时核心产品分类》
（CPC）。但是，在乌拉圭回合中，"计算机和相关服务"作为分类并没
有现在这么重要，并且不能反映数字服务的复杂现实。正是因为如此，
许多 WTO 成员在计算机和相关服务方面作出了宽泛的国民待遇和市场
准入承诺，这导致 GATS 下计算机和相关服务的自由化程度相对比较
高，成员方对计算机和相关服务施加禁止性的国内法规的余地相对较
小。这些"新"服务大多数是"过顶业务"（over-the-top service）③，使用
互联网平台提供内容，而无需电信提供商的参与。如前所述，由于区块
链交易验证是通过互联网进行的，因此可以将区块链视为一项"过顶业
务"。

根据 GATS，将其生效时并不存在的"新"服务纳入 WTO 成员的现
有承诺并非不可能。在 GATS 分类表和 CPC 之下，宽泛的定义仍然可
以容纳许多"新"服务。另外，虽然 GATS《服务部门分类列表》或 CPC
（1991）可能已过时，难以指导新服务的分类，但 2015 年颁布的最新版
本 CPC 涵盖了互联网和数字服务，这可能会为 WTO 成员提供更好的参
考。WTO 上诉机构也表示，"尽管鼓励成员遵循 W/120（GATS《服务部

① Panel Report, US-Gambling, WT/DS285/R. para.6.285.
② Appellate Body Report, China-Publications and Audiovisual Products, WT/
DS363/AB/R, para.408.
③ 电信运营商只起到传输通道的作用，因类似于篮球运动中的"过顶传球"
而得名。

门分类列表》)的广泛结构，但这绝不意味着将成员约束在 CPC 的定义上"①。在成员方对某项服务的承诺未参考 CPC 的情况下，该服务分类的一般含义、目的和宗旨也可能提供指导。因此，虽然 GATS 缺乏数字贸易的明确规定，但 WTO 争端解决机构不太可能将 GATS 解释为完全不足以涵盖数字贸易问题。

(三)GATS 下成员方区块链法律制度的可规范性

根据 GATS 第 1 条第 3 款(a)项的规定，成员的措施包括：①中央、地区或地方政府和主管机关所采取的措施；②由中央、地区或地方政府或主管机关授权行使权力的非政府机构所采取的措施。这些措施实质上可能与服务的购买、支付和使用相关，或与提供服务所必需的公共辅助服务的访问和使用有关。例如，对服务提供商施加繁重的管理要求，或者完全禁止国内客户使用此类外国服务。

如前文所述，各国对区块链的不同回应可能被视为 GATS 下的措施，特别是屏蔽对区块链应用或服务访问的禁止性措施(因此阻止服务提供商向特定国家提供服务，亦即禁止区块链)，甚至将拥有加密货币定为犯罪。就构成国际服务贸易壁垒和违反成员现有承诺而言，这些措施可能在 WTO 争端解决中受到挑战。

(四)GATS 下区块链服务模式的确定

虽然 WTO 将电子商务归类于 GATS 所涵盖的服务范围，但数字服务属于 GATS 规定的跨境交付、境外消费、商业存在和自然人流动四类服务的哪一种仍有待确定。由于 WTO 成员对四类服务的承诺各不相同，因此确定数字服务属于哪种服务模式至关重要。

在数字服务的提供中，模式 1(跨境交付)或模式 2(境外消费)都可

---

① Appellate Body Report, US-Gambling, WT/DS285/AB/R, para.176.

能相关。① 在确定哪种服务方式适用于数字服务时，可能会涉及两个问题：服务提供者是否前往消费者所在国家以提供服务(模式1)或消费者是否跨境前往服务提供者所在国家(模式2)？这种分类的答案很重要，因为现有的特定GATS承诺的"质量"(即自由化水平)会根据所采用的模式不同而差异很大。通常，模式2下的减让远远超过模式1下的减让。此外，如果成员方在GATS下的承诺被违反，则该成员的监管措施将适用。在模式2中将适用服务提供商的国内法，而在模式1中将适用消费者的国内法。

为明确区块链服务适用哪一种模式，必须定义区块链中的用户和参与者。用户在区块链中进行交易，并可能被视为消费者：在比特币中，他们可以是将比特币转让给其他方的交易方；在智能合约中，他们可能是合约的交易方，要求分布式账本自动执行各自的义务。参与者是使用其计算系统创建要附加在链上的新区块的人，本质上他们是GATS中的服务提供者。区块链的重要特征是，用户可以使用自己的设备或与其他用户共享计算机资源来参与交易的验证和区块的创建，前提是他们不属于正在验证的交易的一部分。换句话说，用户(消费者)可能是其他交易的参与者(服务提供者)，但不是涉及他们自身交易的参与者。

模式1的服务提供在区块链中的含义是，作为服务提供者的网络参与者实际上会到达消费者所在国的领土，并受该国的管辖。在区块链中，消费者是交易用户，即涉及支付转移的各方(针对比特币)或智能合约中的当事方(针对以太坊)。这些交易需要参与者的点对点网络才能进行，网络参与者通过验证比特币交易或智能合约的条件来提供服务。在模式1下诠释基于区块链的服务如果不是不可行，也可能会异常复杂，因为网络参与者将同时前往交易用户的地方(他们可能位于不同的司法管辖区域，因此可适用的法律并不清楚)，或者智能合约的标的甚至可能根本不在合同当事方所属成员的管辖范围之内(在这种情况

---

① 张生：《国际投资法制框架下的跨境数据流动：保护、另外和挑战》，载《当代法学》2019年第5期，第149页。

下，由于消费者所在的位置并不重要，因此也没有明确的可适用的法律）。

与之不同，在模式 2 下诠释区块链服务将简化 GATS 的适用。在这种情况下，可适用的法律无疑是服务提供商（网络参与者）的法律。尽管 WTO 并未明确规定这一点，但模式 2 的服务提供将意味着交易用户通过请求区块链参与者的点对点网络验证其交易，实际上会到达每个网络参与者所处的位置进行交易的验证。在这种情况下，将适用相关服务提供商所在国家的国内法。

三、GATS 下区块链服务部门的确定及 GATS 承诺的适用

对于区块链这样的在线服务，一个重要的问题是它们是形成一种"新"服务，还是成员具体承诺表所涵盖的现有服务的发展。由于修改具体承诺表是一项艰巨的任务，可能需要数年漫长的谈判，因此将区块链纳入现有服务分类将是更为可行的方法。

（一）GATS 下区块链服务部门的确定

在计划其承诺时，WTO 成员在描述其承诺的服务时拥有广泛的自主权。尽管没有义务，但 WTO 鼓励成员使用 GATS 分类表、CPC 或类似的精确分类机制。对于服务而言，CPC 是第一部针对各种行业的所有产出门类作出的国际分类目录。实际上，大多数成员的具体承诺表都遵循 GATS《服务部门分类列表》，包括其结构和标题，并且经常参考 CPC（1991）中的代码来描述其承诺。最新的 CPC（2015）包含许多有关数字服务的内容，可能会有助于分析区块链的服务分类。

从服务的内容和性质来看，GATS《服务部门分类列表》中的在线信息和数据库检索、数据库服务、在线信息或数据处理、数据处理服务可能与区块链有一定的关系。下文将通过分析现有 GATS 结构和成员的具

体承诺来探讨区块链的分类问题。

1. 在线信息和数据库检索

在线信息和数据库检索涉及 CPC(1991)的 7523 类。这 7523 类又分为数据网络服务以及电子报文和信息服务。所谓数据网络服务，是使用相同或不同协议在设备之间传输数据所需的网络服务。电子报文和信息服务则是发送和接收电子报文(电报和电传/TWX 服务)和/或访问和操纵数据库中的信息所必需的网络和相关服务(硬件和软件)。

由此可见，CPC(1991)的 7523 类仅涵盖数据传输所需的基础硬件和网络服务，而不涉及在线信息的传递。虽然网络服务对于参与者在区块链中提供服务很重要，从某种意义上说，必须与互联网建立稳定和一致的连接，但这些仅仅是区块链所涉及的核心服务的外围，区块链的核心服务是认证和验证交易以及创建区块附加到链中。因此，区块链服务应该不属于该子部门。

2. 数据库服务

CPC(1991)的 844 类将数据库服务定义为"通过通信网络从主要结构化数据库提供的所有服务"，不包括类别 7523 中的"数据和报文传输服务"。这涉及两个要求：①这些服务是从主要结构化的数据库提供的；②提供手段是通信网络。

从表面上看，区块链可以看作一个数据库，因为其主要的"产品"是有组织的数据分布式账本，由包含交易数据的区块、引用前一个区块的哈希、接收者和发送者的地址以及交易双方的数字签章组成。参与者提供其计算资源，以确保每个区块都包含统一且一致的数据模式。

但是，数据库和区块链分布式账本之间存在明显的区别。数据库是指旨在提供信息的有组织数据，而区块链分布式账本则是为了在不信任的环境中确保交易的安全性和机密性，通过密码学串接并保护内容的串连文字记录。区块链平台中的用户和参与者不会像人们查阅数据库来检索信息那样，来查阅分布式账本，以获取有关交易的信息。数据库主要是信息存储，而分布式账本是记录和标记区块链中变动的一种方式，显然区块链不属于数据库服务。

3. 数据处理服务

值得注意的是，GATS《服务部门分类列表》中的"在线信息和/或数据处理"（在电信服务下）和"数据处理"（在计算机及相关服务下）都引用了 CPC（1991）种类 843（数据处理服务）。CTS 注意到有重叠之处，并且"当提供电信服务，计算机服务或同时提供两者时，可能存在疑问"①，是否应将区块链视为电信服务，还是计算机及相关服务下的数据处理服务？

为了解决确定某服务属于电信服务还是另一种服务范围的这种明显冲突，必须在"使用"和"提供"之间进行区别。② 当服务提供者使用电信基础设施作为其他服务（例如金融服务或视频流）的交付方式时，此类提供者仅被视为电信网络和服务的用户，因此保留其原始类别。这种服务与 GATS 电信附件中的电信的定义"通过任何电磁方式进行信号的传输和接收"不同。

例如，即使云计算平台使用电信网络交付云计算服务，但仍保留其计算机服务分类。同理，虽然区块链需要使用电信网络在网络内交付服务，但此类网络只是该平台参与者所交付的主要服务的辅助工具。因此，区块链平台不一定是电信服务提供商，因为它们仅使用而非提供电信服务。

将区块链分类为计算机及相关服务下的数据处理服务无疑是有意义的。数据处理服务作为总的分类没有定义，但 CPC（1991）子分类提供了如下定义：

---

① Computer and Related Services, WTO Doc S/C/W/45 (14 July 1998), p.8.

② Telecommunications Services, WTO Doc S/C/W/299 (10 June 2009), p.11.

843　数据处理服务

8431 84310　输入准备服务

捕捉磁带、软盘或其他存储媒体上的数据(由用户提供)或者直接进入数据处理系统;输入准备服务和光符识别服务。

8432 84320 数据处理和制表服务

处理客户提供的数据、制表、计算等,不做专用软件设计。

8433 84330　分时服务

向第三方提供的并与其他用户共享的数据处理系统的电脑时间(中央处理机时间)的租赁或出租服务。

8439 84390 其他数据处理服务

根据合同管理客户设施的全部运营的服务:计算机机房环境质量控制服务;就地计算机设备组合的管理服务;以及计算机工作流程和分配的管理服务。①

从上述关于"输入准备""制表"和"计算机计算"服务的解释,我们可以知道数据处理是将离散数据转换为系统的、有组织的形式。

比特币交易是否涉及计算机和相关服务下的数据处理?从比特币平台中提供的服务来看,其与数据处理服务特别相关。在这方面,比特币参与者在比特币平台中进行了三个特定的"动作":挖掘、将区块附加到链上、维护分布式账本的同步副本。

在传统的支付系统(例如银行转账)中,诸如银行之类的中介机构将验证此交易并促进货币的转账。但是,在比特币中,只有遵循以下步骤,交易才能进行。

①将比特币网络中的每笔交易广播给所有参与者(即拥有计算系统并完成 GATS 下的数据处理服务的参与者)。

---

① Statistical Office of the United Nations, Department of International Economic and Social Affairs, Provisional Central Product Classification, UN Doc ST/ESA/STAT/ SER. M/77(1991), p.64.

②每个参与者组成一个区块，平均包括 500 个比特币交易。

③参与者在称为挖掘的过程中竞相解决由平台生成的难题，计算系统会"挖掘"随机生成的数学方程的解。产生的解决方案称为"工作量证明"，首先正确产生此结果的"矿工"会受到比特币或交易费的激励。

④当参与者找到工作量证明时，该区块将广播给网络中的所有其他参与者。只有当交易有效且工作量证明正确时，参与者才接受该交易。

⑤一旦某个区块被接受，就会被添加到链中，并在网络中的所有参与者之间复制和同步。使用前一个区块的哈希作为跳转点，下一个区块将附加到先前被接受的区块。每个参与者都将有一个实时的账本副本。

智能合约中参与者所提供的服务基本上遵循相同的过程。参与者提供其计算资源来验证代表协议某种变动的预编码，并且在链上附加"区块"以触发特定义务的履行，例如转移货款、商品所有权或对股东的股息。

因此，数据处理不可避免地与参与者在区块链平台上执行的每个动作相关。从创建数据块和挖掘工作量证明到将数据块附加到链上并在网络上同步分布式账本，参与者服务的关键在于数据处理：参与数据的制表和密集计算以形成一个区块（类别 8432），然后将该区块作为附件记录到分布式账本中（类别 8431），最终实现平台用户之间的交易。没有参与者的数据处理服务，就无法完成智能合约下的义务履行或比特币的转让。专家组在"中国电子支付案"中的裁决也与此相关。在该案中，专家组将有关"所有付款和汇款服务"的承诺解释为意在全面涵盖该部门下的所有服务范围。这将包括"对付款和汇款必不可少的所有服务，所有付款和汇款方式……以及所有相关的商业模式"①。根据专家组的上述裁决，我们可以推断由区块链参与者提供的所有服务（挖掘、在链上追加区块以及维护分布式账本）都包含在数据处理服务下。

同样，上述分析对于确定成员在 GATS《服务部门分类列表》下服务

---

① Panel Report, China-Certain Measures Affecting Electronic Payment Services, WT/DS413/R, para.7.111.

的承诺也有意义，因为其承诺表是参考 CPC(1991)拟定的。

尽管以上分析是基于对区块链工作原理的实际认识，但区块链仍是签署 GATS 时尚不存在的一项新技术。因此，如果 GATS 下增加一个明确包含区块链全新的服务分类，成员可以在该分类的基础上提出其承诺，这将提供现有 GATS 规则难以提供的法律确定性。①

（二）GATS 承诺的适用

WTO 的目标旨在确保国内外产品或服务及服务提供者之间的公平竞争，通过基于规则的公平贸易体系来促进市场开放，减少贸易保护主义，例如国民待遇、最惠国待遇和市场准入义务。最惠国待遇和国民待遇原则主要涉及歧视性措施，而市场准入则可能涉及具有歧视性或非歧视性的量化措施。毫无疑问，这些原则对处于发展初期的区块链保持稳定增长至关重要。

1. 最惠国待遇

根据 GATS 第 2 条第 1 款，每一成员对于任何其他成员的服务和服务提供者，应立即和无条件地给予不低于其给予任何其他国家同类服务和服务提供者的待遇。不低于待遇适用于同类的服务或服务提供者，但 GATT 或 GATS 都未对"同类"的含义进行定义。

考虑到区块链是一种赋能技术(enabling technology)②，它具有许多可能的应用程序，例如加密货币、智能合约、身份管理和记录保存等，为了适用最惠国义务，必须定义"同类"的范围。如果采用宽泛的标准，只要共享相同核心技术和基础架构的各种区块链应用程序就可以被视为

---

① Andrew D Mitchell, Neha Mishra: Data at the Docks: Modernizing International Trade Law for the Digital Economy, Vanderbilt Journal of Entertainment and Technology Law, 2018(20), p.1127.

② 赋能技术是指一项或一系列的、应用面广、具有多学科特性、为完成任务而实现目标的技术。

"同类服务"，亦即"同类"标准就是区块链应用程序特征的相似性。基于"同类"标准的宽泛理解，如果一个成员区别对待不同成员服务提供者的区块链服务，可能会违反最惠国待遇义务，例如允许一成员的服务提供者使用区块链提供供应链管理解决方案，却禁止另一成员的服务提供者提供的加密货币。这种宽泛的标准可能不利于成员方针对不同区块链服务采取分类管理的需要，因此，现阶段采取严格的"同类"标准可能更容易被更多成员方接受。在严格的"同类"标准下，针对不同成员的同一种服务采取差别待遇才可能构成违反最惠国待遇，例如某个成员不能允许来自一个国家的加密货币，而禁止另一成员的加密货币，因为加密货币大体上在同一市场中运作。

2. 国民待遇

作为最惠国义务的补充，国民待遇义务确保其他成员的"同类"服务或服务提供者与国内服务或服务提供者相比不会受到不利待遇。与最惠国待遇不同，国民待遇义务的范围取决于成员方的具体承诺表。

为了评估可能违反国民待遇义务的情况，国内和国外服务提供者必须在同一市场中经营，并且必须存在可以改变市场竞争条件的一般歧视性措施。此外，"优惠待遇"允许形式上相同或形式上不同的待遇，只要与其他任何成员的同类服务或服务提供者相比，不改变有利于国内服务或服务提供者的竞争条件即可。因此，成员可以在不违反其国民待遇义务的情况下对区块链服务提供者施加不同的形式上的注册要求，但是，如果该措施提供了有利于国内区块链初创企业的成本优势（例如补贴或税收减免），其目的是创建一个以牺牲国外区块链服务提供者利益为代价的国内区块链初创生态系统，这可能会违反国民待遇义务。在评估违反国民待遇义务的情况时，必须根据其对竞争条件的影响来评估该措施的效果。①

同样，与最惠国待遇一样，如果对国内外"同类"服务或服务提供

---

① Panel Report, Canada-Autos, WT/DS139/R and WT/DS142/R, para.10.84.

者规定不同的待遇，则可能违反国民待遇，例如，一个国家禁止外国区块链，但随后建立自己的区块链平台。国民待遇义务也可能由 WTO 争端解决机构广泛解释为扩展到包括区块链的所有应用。例如，如果一个国家明确禁止外国服务提供者提供加密货币，但着手建立自己的由区块链支持的土地注册平台，由于两者不属于同类服务，则可能不会违反国民待遇义务。

3. 市场准入

市场准入被认为是国际贸易自由化的基本工具，根据这一原则，每一成员对任何其他成员的服务和服务提供者给予的待遇，不得低于其在具体承诺减让表中同意和列明的条款、限制和条件。

根据 GATS 第 16 条第 2 款，在做出市场准入承诺的部门，除非在其减让表中另有列明，否则一成员不得在其一地区或在其全部领土内维持或采取各种限制措施。第 16 条通过示例对市场准入进行了定义，但未对该术语进行一般性定义，这引发了一个问题：市场准入原则的实质是什么？

在"美国博彩案"中，有关措施涉及美国禁止提供"远程"赌博和博彩服务，这违反了 GATS 第 16 条第 2 款(a)和(c)项的规定。① 专家组指出，完全禁止提供这些服务的禁令实际上是"零配额"，属于市场准入义务的涵盖范围。② 将这种推理应用于区块链，如果对计算机和相关服务下的数据处理服务做出承诺，则成员方完全禁止使用或拥有加密货币可能违反市场准入义务。

四、GATS 下区块链服务一般例外的援引

GATS 允许成员方为实现其他国内政策目标，而采取有违其承诺的

---

① Panel Report, US-Gambling, WT/DS285/R, para.6.361.
② Panel Report, US-Gambling, WT/DS285/R, paras.6.362-6.365.

措施，但此类措施的实施不得在情形类似的国家之间构成任意或不合理歧视的手段或构成对服务贸易的变相限制。在第 14 条中，GATS 列出了一系列允许成员偏离其承诺的国内政策利益。GATS 第 14 条由前言部分和一系列具体的公共政策目标组成。因此在适用第 14 条时涉及两个层面的分析：首先，该措施是否属于所列例外的具体情况；其次，该措施是否满足前言的要求。

根据第 14 条(c)款的规定，成员方禁止区块链的一个可能理由是：这种措施"对于确保遵守与 GATS 规定不抵触的法律或法规是必要的"。该规定列举了可能考虑的四种类型的问题：欺骗和欺诈行为、服务合同违约、个人隐私、安全性，但显然不限于上述四种类型的问题。

第 14 条(c)款的适用范围很广，可能涵盖了禁止区块链(特别是加密货币)的国家的政策利益。大多数国家都列举了禁止加密货币的安全或经济原因，加密货币的全球流通性、匿名交易、去中心化监管等特点,① 使得洗钱或恐怖活动融资难以监管；由于没有资产基础，加密货币被认为会威胁全球金融稳定。环境因素也被认为是国内政策目标，因为加密货币挖矿将消耗大量的电力资源。此外，保护隐私也可能是国内政策目标，例如欧盟的《通用数据保护条例》对"被遗忘的权利"的承认，也可能与区块链的分散和不可篡改的特征相冲突。

在分析成员方禁止区块链的措施是否违反第 14 条(c)款时，可以采取专家组在"美国博彩案"中的分析方法。首先，评估禁止区块链的相关措施是否"必要"，以确保遵守本身与 GATS 不矛盾的法律或法规(即必要性检验)；其次，评估该措施是否满足前言的要求。②

在第一步中，"美国博彩案"专家组采用"美国海龟案"中专家组分

---

① 范拓源：《区块链技术对全球反洗钱的挑战》，载《科技与法律》2017年第 3 期，第 20 页。

② Panel Report, US-Gambling, WT/DS285/R, para.6.449.

析 GATT 第 20 条时考虑的因素：①"法律或法规旨在保护的价值或目标的重要性"，②"该措施在多大程度上有助于实现所追求的目标"，即确保遵守该法律或法规，以及③"该措施对贸易的限制性影响"。① 值得强调的是，一项措施即使不能绝对保证达到其效果，也可以认为该措施被设计为"确保遵守"。② 在评估对贸易的限制性影响时，申诉方还可以证明存在其他可能的替代方案，这些替代方案满足必要性检验的条件和前言的要求，对贸易的限制较少并且合理可得。③

根据前言部分的检验，该措施的实施不在情形类似的国家之间构成任意或不合理歧视的手段或构成对服务贸易的变相限制。即使一项措施满足第 14 条(c)款的条件，还得满足前言部分的要求。前言部分的重点是"措施的一致实施或执行"，以防止例外被滥用。援引该措施的成员必须证明该措施没有以歧视性或限制性方式适用。

第 14 条所规定的检验将涉及对成员方声称拥有的许多政策利益的重要性进行评估：经济发展、安全、隐私和环境保护等。禁止比特币或采矿的措施(针对比特币和智能合约)必须有助于实现此类政策目标，并且不得以歧视性方式实施或构成对贸易的变相限制。

禁止加密货币的国家往往指称比特币可能被用于非法活动。但 2017 年《英国国家洗钱风险评估报告》称，与洗钱和恐怖分子融资有关的加密货币相关风险"被评估为低"，而且几乎没有证据表明存在加密货币被用于这两种非法活动的风险。同时，与洗钱和恐怖分子融资有关的风险继续在银行和其他主流金融机构中扩散。④ GATS 金融服务附件进一步使分析变得复杂。它特别规定："不得阻止成员出于审慎原因而

---

① Panel Report, US-Gambling, WT/DS285/R, para.6.557.

② Appellate Body Report, Mexico-Tax on Soft Drinks, WT/DS308/AB/R, para. 74.

③ Appellate Body Report, Korea-Various Measures on Beef, WT/DS161/AB/R and WT/DS169/AB/R, paras.161-164.

④ HM Treasury, Home Office: National Risk Assessment of Money Laundering and Terrorist Financing 2017, Policy Paper, 26 October 2017. p.38. https://perma.cc/98RZ-TLTT.

采取措施……以确保金融体系的完整性和稳定性。"以审慎措施为理由，原则上可以允许成员禁止使用加密货币(即使未对其他金融服务采用相同的措施)作为其承诺的例外。但是，在国际层面采取这种措施几乎是不切实际的。考虑到包括区块链驱动的加密货币在内的金融服务的相互关联性和国际化，成员还必须认识到，为了促进经济发展和金融稳定，需要采取综合的国际方法。

　　另一个主张是，区块链分布式账本的不可篡改和透明度带来了隐私风险，因此，禁止区块链的措施符合隐私法规的要求。毫无疑问，隐私和网络安全是保护互联网的重要政策考虑因素。然而，这一主张并不是铁律，因为包括比特币和以太坊在内的许多区块链平台实际上都是通过使用散列和非对称密码来匿名化其用户身份的。为了援引GATS 第 14 条(c)款的规定进行抗辩，成员方必须证明这种禁止措施对于遵守隐私法是必不可少的，并且有助于实现保护隐私的目标。例如欧盟的《通用数据保护条例》主要规范欧盟范围内个人或组织处理与个人相关的数据，如果区块链平台不处理个人身份信息，那么采取禁止措施就很难证明其符合 GDPR；另一方面，如果区块链平台中的参与者有某种方法可以将某些数据集组合在一起并进行匿名处理以将其追溯到特定用户，并且没有适当的保护措施，则可以采取禁止措施。根据 GATS 第 14 条的规定，援引例外条款的成员必须表明未以歧视性或限制性方式实施该措施。利用 GATS 第 14 条的规定以隐私相关问题为理由来禁止使用区块链是一项复杂的工作，除其他因素外，WTO 争端解决机构必须考虑这种禁止措施的技术可行性、可能达到类似隐私保护水平的替代方案。①

　　此外，可能存在比全面禁止区块链或加密货币贸易限制更少的替代措施，并且该替代措施可以实现相同的政策目标。

---

　　① Andrew D Mitchell, Jarrod Hepburn: Don't Fence Me, in: Reforming Trade and Investment Law to Better Facilitate Cross-Border Data Transfer, Yale Journal of Law and Technology, 2017(19), p.204.

五、区块链国际法规制的可能路径

（一）GATS 规制

尽管本书讨论的是 GATS 对区块链服务的可适用性，但事实上一些成员对互联网的分类服务做出了承诺，而基于对区块链工作原理的理解，将其归类为 CPC（1991）下计算机和相关服务下的数据处理服务无疑是合理的。但是，禁止区块链的成员仍可能反对在此服务下履行其承诺，或可能以第 14 条为由提出抗辩。因此，一旦 WTO 面临一个成员禁止区块链，而另一个成员依赖区块链进行数字贸易的案件，则 GATS 的适用将存在争议。

WTO 成员可以明确同意将 GATS 的一系列原则适用于数字贸易，包括各自承诺表中范围广泛的承诺。这项工作显然取决于各成员方之间的政治意愿，但对于承诺水平较高的分类（例如计算机和相关服务）可能是可行的。不幸的是，由于数字贸易问题的复杂性以及缺乏有关正确监管方法的政治共识，这种澄清 GATS 与包括区块链在内的数字贸易相关性的协议不太可能在不久的将来达成。

（二）TiSA 规制

区块链国际法规制的第二条途径是推动《服务贸易协定》（TiSA）中的数字贸易议程。在占国际服务贸易总额 70% 的经济体的支持下，TiSA 打算通过深化市场准入承诺来开放服务，这将使区块链自由化。瑞士的提案就是如此：瑞士在其有关信息和通信技术服务的提案中，提交了有关开放网络、网络访问、透明和独立的监管机构以及跨境信息流的详细规定，① 所

---

① Switzerland: Submission on Provisions on Trade—Related Principles for Information and Communication Technology Services（ICT Principles）to the Plurilateral Initiative on Trade in Services, Really Good Friends: Meeting of 18 March 2013（15 February 2013）.

有这些对发展区块链技术都很重要。虽然 TiSA 的谈判目前处于相对停滞的状态，但其文本或草案中蕴含的服务相关章节代表了目前服务贸易规则重构中的重要趋势，其在规则层面上的意义并未实质性减损。①

（三）RTAs 规制

由于 WTO 谈判停滞不前，导致许多国家签署包含规范数字贸易问题专章的区域贸易协定（RTA），此类 RTA 通常会扩大 GATS 承诺和开放程度。在 2008 年多哈回合谈判破裂后，美国将 RTA 用作推进其电子商务贸易议程的一种手段。② 美国与澳大利亚、智利、摩洛哥和新加坡之间的双边 RTA 已纳入电子商务章节。

这些 RTA 建立在 GATS 自由化原则的基础上，并为 GATS 中的许多灰色领域提供了解决方案，包括数字产品的正式定义、WTO 规则适用于电子商务的明确认可、贸易规则的适用性和电子服务的提供以及数字产品的国民待遇与最惠国义务。它们还明确承认 WTO 判例中阐述的技术中立原则，并采用通过负面清单的方式扩大对现有和未来数字服务的承诺、取消本地存在的要求等举措进行创新。③

RTA 更擅长调和成员方之间利益的分歧，尤其是在数字服务的分类和本地化措施的调和方面。它们也可以作为解决分歧问题和测试数字贸易解决方案有效性的基础，因此，一旦 RTA 关于数字贸易的规定被越来越多的成员接受，就有助于在诸如 WTO 之类的多边层面上达成共识。例如，随着越来越多的成员同意在各自的 RTA 中定义数字产品，

① 石静霞：《国际服务贸易规则的重构与我国服务贸易的发展》，载《中国法律评论》2018 年第 5 期，第 51 页。

② Henrys Gao：Regulation of Digital Trade in US Free Trade Agreements：From Trade Regulation to Digital Regulation，Legal Issues of Economic Integration，2018（45），p.47.

③ Sacha Wunsch-Vincent：Trade Rules for the Digital Age' in Marion Panizzon，Nicole Pohl and Pierre Sauv6（eds）. GATS and the Regulation of International Trade in Services，Cambridge University Press，2008，p.515.

修订 GATS 以反映这种共识日趋可行。随着 WTO 谈判的推进，此类 RTA 中更自由化的承诺可能会成为修订 GATS 的有用模式。一个例子就是《跨太平洋伙伴关系协定》(TPP)，TPP 被认为"有史以来为互联网和电子商务设计了最雄心勃勃的贸易政策"。该协定为解决数字贸易问题做出了深入承诺，包括确保跨境数据流的单一全球互联网，可谓欧盟以外国家就数据跨境流动和数据保护所能达到的最高规制共识。①

但是，鉴于各种 RTA 中电子商务规定的差异性，RTA 可能会使国际服务数字贸易的国际规则日益碎片化。此外，通过退出协议，RTA 在数字贸易中取得的进展很容易烟消云散，例如时任美国总统特朗普于 2017 年 1 月退出 TPP。此外，越来越多地依靠 RTA 解决数字贸易问题可能会削弱 WTO 争端解决机制乃至国际法的统一性。

六、结　语

总之，区块链依靠跨境数据流和基础架构，使世界各地的人们都可以在全球市场上提供服务，而无需强大的中介机构的干预。从本质上讲，区块链是 WTO 通过 GATS 推动自由贸易秩序的理想工具。将 GATS 应用于区块链意味着成员方强加的许多禁止性或审慎性法规，从禁止采矿到将拥有加密货币定为犯罪，都可能成为贸易壁垒。因此，必须将这些措施与成员在其承诺表中对数据处理服务(在计算机和相关服务下)的现有承诺进行权衡。成员方必须尊重其 GATS 义务：透明、国内法规和最惠国义务无保留地适用，而国民待遇和市场准入承诺必须根据其具体承诺表中的规定进行审查。就此类限制区块链的措施旨在追求的政策目标而言，根据 GATS 第 14 条的规定，它们可能是正当的。虽然 GATS 具有足够的灵活性来容纳区块链服务，但鉴于 WTO 多边谈判停滞不前，成员方就 GATS 下区块链的监管达成共识仍需时日。

---

① 彭岳：《数据本地化措施的贸易规制问题研究》，载《环球法律评论》2018 年第 2 期，第 188 页。

与 WTO 多边谈判类似,《服务贸易协定》的谈判目前也陷入困境,但由于该协定草案的相关规则代表了目前服务贸易规则重构中的重要趋势,必将对包括区块链在内的国际服务贸易产生重大影响。

近年来,关于数字服务贸易的规定大多数体现在 RTA 层面上,一旦越来越多的成员签署了包含数字贸易规章的 RTA,就越容易在 WTO 多边层面达成共识,从而推动在 GATS 中复制这些"深层"数字贸易规则。

显然,当前国际社会还需要做更多的努力,例如推动包括区块链议程的数字贸易规则的谈判,为区块链的稳步发展提供国际法保障。鉴于区块链技术的集成应用在新的技术革新和产业变革中的重要作用,以及区块链技术对全球贸易变革性的影响,作为全球第一贸易大国和 WTO 的重要成员,我国应在制定区块链发展国际标准以及区块链的国际法规制方面发挥积极作用。

第二章 知识产权法下人工智能系统的法律地位

人工智能(Artificial Intelligence，AI)已经成为近年来最热门的投资领域之一。全球范围内美国与欧洲投资较为密集，数量较多，其次为中国、印度、以色列。从融资规模来看，2017 年美国融资金额为45.4 亿美元，大概占全球融资总额的 42.0%，排名第一；欧洲的融资金额为 20.2 亿美元，全球占比约为 18.7%；中国融资金额为 18.3 亿美元，全球占比约为 16.9%。[①] 由此可见，人工智能是当前最为蓬勃发展的科技领域之一，但目前的各国知识产权(IP)法律体系由于对科技发展反应的滞后性，可能会成为未来人工智能领域投资的抑制因素。如果不承认非人类作者或发明者，当 AI 用于辅助创意作品和发明，就可能产生一个潜在的灰色区域。[②] 众所周知，各国知识产权法律都认为独特的人类创造力是著作权和发明的基本要素。[③] 然而，今天的 AI 系统经常展现出我们可能归因于人类的表达和独立创造力。此类系统进一步增强了公共利益，而促进和保护公共利益是知识产权法的核心目的之一。

例如，当面临新闻文章数量匮乏和质量不高的挑战时，美联社

---

① https://www.qianzhan.com/analyst/detail/220/180720-894d9707.html，2019 年1 月 12 日访问.

② Jonathan Siderits：The Case for Copyrighting Monkey Selfie，U. CIN. L. REV.，2016(84)，p.337.

③ Christina Rhee：Urantia Foundation v. Maaherra，BERKELEY. TECH. L. J.，1998(3)，pp.75-76.

（AP）转向了一个似乎不太可能的来源：一个 AI 程序的"幽灵"作家。①
美联社现在刊发了数百万篇由 AI 撰写的文章，而传统方式则难以提供
如此海量的文章。但是，使用 AI 撰写这些新闻或故事提出了一个所有
权问题：这个"幽灵"作家是否应该取得"作者"的地位，还是其仅仅作
为和计算机、打印机类似的辅助创作工具？

下文首先将回顾 AI 的发展现状，然后转向分析知识产权法中非人
类作者和发明人的法律困境，最后提出修改知识产权法律，以适应 AI
作为作者和发明者的现实。时至今日，AI 技术的发展可谓日新月异，
例如可以在最复杂的游戏中独立击败人类、创造艺术品，甚至产生可能
具有专利性的发明。尽管如此，当前各国的知识产权法几乎完全否认任
何非人类可能会根据个案申请知识产权，虽然各国知识产权法律致力于
回答创造性标准这一基本问题，却有意无意地忽视了 AI 具有巨大创造
性的事实。基于此，当前的知识产权法必须与时俱进，承认 AI 进步的
现实，并消除关于 AI 的偏见和假设。

一、人工智能系统智能性和创造性的发展

（一）人工智能系统的智能和创造力

AI 作为计算机科学的一个分支，旨在借助计算机系统复制人类智
能。AI 的核心目标包括推理、计划、学习、自然语言处理、感知以及
移动和操纵目标的能力等多个方面。虽然仍有人质疑机器能够获得与人
类相同智慧的能力，但 AI 在意识、记忆、学习、预测等方面已经迈出
了重要的一步。

---

① Ross Miller：AP's 'robot journalists' are Writing Their Own Stories Now. The
Verge，2015-1-29，https://www.theverge.com/2015/1/29/7939067/apjournalism-automation-
robots-financial-reporting.

今天，AI 主要被用于医学研究、娱乐业和出版界。在不远的未来，AI 很有可能治愈某些类型的癌症，或者写下一部广受追捧的小说。事实上，AI 的真实历史始于与纳粹德国的斗争。1940 年 5 月，在第二次世界大战的高峰时期，由艾伦·图灵（Alan Mathison Turing）设计和建造的电子计算机成功破解了纳粹指挥部发送给其海军舰队的加密信息。① 自从查尔斯·巴贝奇（Charles Babbage）创造"差分机"以来，独立计算设备的概念已经存在，而 20 世纪 40 年代电子数字计算设备的出现刺激了"信息时代"的开始，人类不仅利用计算机系统帮助打赢战争，还大大扩展工业革命，推动技术社会再创新高。随着烦琐计算的自动化，计算机系统已经开发出更高级的行为，如从数据分析到业务流程自动化。②

正如艾伦·图灵在 1945 年预测的那样，AI 进一步使这些系统能够扩展到简单的数学任务之外，给许多智力游戏世界冠军留下了深刻的印象。③ 图灵的预言是，我们可能有一台计算机可以学习超出其原始指示："它会像一个从老师那里学到很多知识的学生，但是通过它自己的工作学到了更多。当这种情况发生时，我觉得人们不得不承认这台机器具有智慧。"接下来的几十年，我们看到计算机系统展示了图灵所描述的大部分内容。1997 年，国际象棋冠军加里·卡斯帕罗夫（Gary Kasparov）输给了 IBM 公司的深蓝电脑；2016 年，世界围棋冠军柯洁被谷歌开发的人工智能"阿尔法狗"（AlphaGo）以 4∶1 击败。众所周知，无论是国际象棋还是围棋，都需要运用战略、创造力和直觉。而且，这两款游戏都依赖于一系列逻辑规则，这些规则使得它们似乎成为计算系统擅长的事情。但是，在 2011 年，IBM 研发的人工智能系统"沃森"（Watson）参加了更具挑战性的人类游戏"危险边缘"（Jeopardy！）的竞赛，

---

① Ralph Erskine：Allied Breaking of Naval Enigma. https：//perma. cc/3BS9-CAXS.

② Ralph M. Stair, Kenneth Baldauf：Succeeding with Technology：Computer System Concepts for Real Life（4th ed.）. Boston：Course Technology, 2010, p.23.

③ A. M. Turing：Computing Machinery and Intelligence, MIND Q. REV., 1950（59）, p.433.

这款游戏充斥着书面语言难以理解的任务，要求参赛选手快速检索答案，并以问题的形式大声回答。① 最终，"沃森"击败了两名最出色的"危险边缘"参赛选手，包括"危险边缘"开赛以来的冠军肯·詹宁斯（Ken Jennings），赛后詹宁斯确信"沃森"的人工大脑工作方式和自己的大脑一样。②

AI 在国际象棋、围棋和"危险边缘"游戏中击败世界冠军令人印象深刻，更令人难以置信的是 AI 也被用来创作复杂的艺术作品。早在 1956 年，马丁·克莱恩（Martin Klein）和道格拉斯·波利托（Douglas Bolitho）就编写了一个计算机软件来谱写各种歌曲（每小时多达 4000 首）。时至今日，类似的例子数不胜数，如谷歌的 Magenta 使用神经网络模拟"人脑"来编写音乐而无需特定算法或人工输入，③ IBM 的"沃森"通过分析电影的精彩片段并将其剪接在一起作为电影预告片。④

在发明方面，在过去的 20 年中，计算机已被用于开发可能获得专利的发明。例如，计算机科学家斯蒂芬·泰勒（Stephen Thaler）利用他自己的神经网络开发了一种"创造力机器"（Creativity Machine），他宣称这是其 1998 年"基于神经网络的原型系统和方法"专利的真正发明者。⑤ 此外，"创造力机器"可以在没有任何人的实质性帮助的情况下

---

① 《危险边缘》是哥伦比亚广播公司益智问答游戏节目。与一般问答节目相反，《危险边缘》以答案形式提问、提问形式作答。参赛者需具备历史、文学、政治、科学和通俗文化等知识，还得会解析隐晦含义、反讽与谜语等，而计算机通常并不擅长进行这类复杂思考。

② Ken Jennings：My Puny Human Brain. https://slate.com/culture/2011/02/watson-jeopardy-computer-ken-jennings-describes-what-it-s-like-to-play-against-a-machine.html.

③ Annemarie Bridy：The Evolution of Authorship：Work Made by Code, COLUM. L. J. & ARTS, 2016 (39)，p.395.

④ John R. Smith：IBM Research Takes Watson to Hollywood with the First "Cognitive Movie Trailer". https://www.ibm.com/blogs/think/2016/08/cognitive-movie-trailer.

⑤ Ryan Abbott：I Think, Therefore I Invent：Creative Computers and the Future of Patent Law, B. C. L. REv., 2016 (57)，p.1083.

为新的超硬材料配制化学配方，该配方足以达到可专利化合物的一般条件。① 其他的例子包括使用遗传算法的计算机系统(通过模拟进化遗传概念来解决问题的方法)独立地重建若干先前获得专利的发明。通过利用演绎推理和大量信息访问，IBM 的"沃森"的能力不断得到增强，以支持 IBM 所谓的"计算创造力"。例如，IBM 为"沃森"开发了新技术，并为其提供了与营养、风味化合物、食品分子结构和数万种食谱相关的大量数据。② 其结果是，"沃森"评估了大量潜在的食物组合，并使用不同的食物成分生成了各种食谱，其中许多食谱甚至令厨师都大为折服。"沃森"已经发现了几种具有潜在可专利性的配方，因为成分的组合可能会产生新的物质，或者创造食物所涉及的步骤可能被认为是一种充分发明的过程。

(二)人工智能未来的发展

当今 AI 的进步确实令人瞩目，但它们仅仅处于 AI 系统发展的初级阶段。通常，可以将 AI 系统分为三类：弱 AI、强 AI 和超智能。IBM 的深蓝或泰勒的"创造力机器"可谓弱 AI 系统的代表，一般而言，弱 AI 系统具有相对狭窄的用途，例如参与游戏或提供具体问题的解决方案。强 AI 代表了一般化的智能，更像是具备人类的心理能力，例如推理和解决问题。理论上，这种类型的系统可以取代人类劳动力，并且能够达到和普通人相同的发明和创造力水平。还有一种超级智能，这种人工智能"在每个领域都能超越最优秀的人类思维，包括科学创造力、一般智慧和社交技巧"。

虽然超级智能可能还需要数十年甚至更长时间才能出现，但弱 AI 和强 AI 系统已经以某种形式存在。弱 AI 正在赢得许多复杂的人类游

---

① Ralph D. Clifford：Intellectual Property In the Era of the Creative Computer Program：Will the True Creator Please Stand Up?. TUL. L. REV., 1997 (71)，p.1695.

② Ryan Abbott：I Think, Therefore I Invent：Creative Computers and the Future of Patent Law, B. C. L. REv., 2016 (57)，p.1090.

戏、推动人类生产力的重大进步、创作大量艺术作品(包括音乐、诗歌、视觉设计和视频);强 AI 仍然还处于起步阶段,但 2017 年可谓 AI 的"转折点",包括微软、谷歌、亚马逊、IBM 和英特尔在内的许多科技巨头,已经将 AI 作为公司未来的发展方向。例如,谷歌旗下的 AlphaGo 开发了"深度思维" AI,它可以"学习"并获得技能,通过模仿人类大脑的工作方式,可以处理各种不同的任务。此外,IBM 的"沃森",凭借其演绎推理能力,在许多工业领域得到广泛的运用。显然,只要有适当的激励措施,在庞大资金的驱动下 AI 的进步将持续扩大。

二、当前知识产权法下非人类创造者法律地位的困境

(一)著作权法下非人类作者法律地位的困境

无论 AI 有多聪明,从目前各国著作权管理机构的实践来看,非人类不能成为著作权意义下的作者。例如我国著作权法规定作者为创作作品的公民、法人或者其他组织。[1] 又如美国著作权法规定,著作权所有权"最初归属于作者或作品的作者",[2] 但对"作者"的定义没有做出明确界定。早在 1956 年,当克莱恩(Klein)和博莱索(Bolitho)试图注册计算机生成的歌曲"Push Button Bertha"的著作权时,版权局就拒绝了他们的申请,并告知没有人注册过由机器谱写的音乐。[3] 到 1973 年,美国版权局的实践强化了这一做法,即可受著作权保护的作品必须归因于"人类主体"。[4] 时至今日,这仍为美国版权局所遵循。

---

[1] 《中华人民共和国著作权法》第 11 条。

[2] See 17 U. S. C. S. § 201(a).

[3] Annemarie Bridy. The Evolution of Authorship: Work Made by Code, COLUM. L. J. & ARTS, 2016 (39), p.395.

[4] See U.S. COPYRIGHT OFFICE, COMPENDIUM OF U. S. COPYRIGHT OFFICE PRACTICES § 2. 8. 3.

虽然美国版权局的这种实践并没有法律上明确的规定，但美国联邦法院在解释法律方面采取了看似一致的做法。在 Creative Non-Violence 诉 Reid 案中，最高法院将作者定义为创作作品的一方，指出其必须是"……将一个想法转化为固定的、有形的表达的人……"①。在 Uranti Foundation 诉 Maaherra 案中，第九巡回法院以"第一次编辑、选择、协调和安排(作品)的人来确定作者的身份"②。最后，在 Aalmuhammed 诉 Lee 案中，第九巡回法院明确表示"作者……应该是某个人"③。

虽然没有明确的理由解释为什么作者是人类这种一贯的期望，但法院似乎非常重视灵感的概念——假设它独属于人类。④ 在 Burrow-Giles Lithographic Co. 诉 Sarony 案中，美国法院将作者定义为"……任何事物起源的拥有者、创造者、制造者、完成科学或文学作品的人"⑤。此外，在 Bleistein 诉 Donaldson Lithographing Co. 案中，美国法院认为，作者独特的个性和对自然的反应是其具有著作权作品的本质。⑥ 在 Feist Publications, Inc. 诉 Rural Telephone Service Co. Inc. 案中，法院认为可授予著作权的作品必须拥有"……一些创造性的火花"。奥康纳(O'Connor)法官强调，"著作权的必要条件是原创性的…… 对作者来说必须是原创的"⑦。因此，原创性和创造性对作者身份问题而言至关重要，如果我们将这种能力定义为完全由人类享有，那么 AI 就永远没有资格成为作者。

早在 1965 年，美国版权局就遇到了与计算机作者有关的问题。该年，有人试图登记至少部分由计算机编写的作品。为解决这一问题，美

---

① Cmty. for Creative Non-Violence v. Reid. 490 U. S. 730 (1989).

② Urantia Foundation v. Maaherra. 114 F. 3d 955 (1997).

③ Aalmuhammed v. Lee. 202 F. 3d 1227 (2000).

④ Annemarie Bridy：Coding Creativity：Copyright and the Artificially Intelligent Author, STAN. TECH. L. REV., 2012 (5), p.5.

⑤ Burrow-Giles Lithographic Co. v. Sarony. 111 U. S. 53 (1884).

⑥ Bleistein v. Donaldson Lithographing Co.. 188 U. S. 239 (1903).

⑦ Feist Publications, Inc. v. Rural Telephone Service Co., Inc.. 499 U. S. 340 (1991).

国国会成立了全国著作权作品新技术使用委员会(CONTU),研究新技术对著作权法的影响,包括计算机系统创作的作品。CONTU 的最终报告于 1978 年发布,其结论是作品不可能由计算机独立创作,其理由是:①计算机只不过是被动的创造工具;②AI 的发展过于假设而无需特别关注;③没有合理的理由相信计算机为通过其使用产生的作品提供必要的"作者身份"。① 这些结论似乎是基于法院普遍适用于著作权的相同理由:著作权所需的"创造性火花"在计算机系统中基本上是缺失的,而这种能力为人类所独有。

虽然没有直接涉及 AI 系统,但是 Naruto 诉 Slater 案("猴子自拍"案)的情况对于理解今天法院如何审查非人类作者是否可以申请著作权保护这一问题具有指导意义。摄影师大卫·斯莱特(David J. Slater)在印度尼西亚拍摄野生动物的照片,当时一只名叫 Naruto 的 6 岁雄性猕猴拿起相机并"拍下"了它自己的几张照片。"善待动物组织"(Ethical Treatment of Animals)起诉欲取得 Naruto 的作者身份;然而,美国法院依据版权局的指导方针和上面引用的判例法裁决 Naruto 不能成为作者:任何此类主张"不应该向法官而是应该向国会和总统提出"。该案件因法院的裁决而被驳回,即法律并未赋予像 Naruto 这样的动物以著作权。

事实上,我国法院在更早的海豚表演案中就裁定,只有人类的智力创作成果才能构成版权保护的作品。② 法院指出,人与动物具有创造性的节目编排、表演节奏、艺术造型可能作为著作权法意义上的杂技艺术作品,但是海豚不具有法律上的人格意义,既不是表演者,也不能构成著作权的权利主体。③

综上所述,著作权管理机构和法院都要求创造力,亦即人类的创造力作为授予著作权的前提。根据现行的各国著作权法,如果某人创作作

---

① Annemarie Bridy:The Evolution of Authorship:Work Made by Code, COLUM. L. J. & ARTS, 2016 (39), p.23.

② 梁志文:《论人工智能创造物的法律保护》,载《法律科学》2017 年第 5 期,第 158 页。

③ 长沙市中级人民法院(2003)长中民三初字第 90 号民事判决书。

品，该作品可能会受著作权保护，而计算机创作的作品则不享有著作权。因此，矛盾的问题在于，两个相同的作品，一个由人创作，另一个由 AI 独立创作，它们是否会被区别对待？答案似乎很明确：应该被区别对待。借鉴猴子自拍案的背景、历史和法律分析，自主创作的 AI 作品将可能被著作权管理机构拒绝。

（二）专利法下非人类发明者法律地位的困境

发明人或设计人是指对发明创造或外观设计的实质性特点做出创造性贡献的人，但许多国家的专利法并没有对"发明人"作出具体的定义，只是特别强调人类的发展是必要的。如美国发明法案（AIA）将专利定义为"任何新的或有用的过程、机器、生产或合成物，或任何新的和有用的改进，可以获得专利"[1]。1952 年美国专利法草案通过期间，在国会论证时有证人声称专利权的客体是由"人在太阳下做的任何东西"组成的。[2] 尽管这样的证词几乎不会产生限制，但它提供了起草者如何看待发明者的看法：作为人类。美国专利及商标局（USPTO）颁布的规则进一步强化了这一认识，要求发明人在申请专利时提供其姓氏和居住地等信息。[3] 美国专利及商标局的专利审查程序手册还规定，"确定发明人的核心问题是谁构思了发明。除非某人有助于发明概念的提出，否则他就不是发明人"。[4]

与著作权法不同，专利法明确规定只有自然人可以作为发明人。因此，法人等实体不能作为发明人。[5] 正如美国联邦巡回法院明确指出的那样，"只有自然人才可能是发明人"[6]。然而，发明人可以将他们的

---

[1]　王迁：《知识产权法教材》，中国人民大学出版社 2016 年版，第 295 页。

[2]　Ralph D. Clifford：Intellectual Property In the Era of the Creative Computer Program：Will the True Creator Please Stand Up? TUL. L. REV. 1997(71)，p.1697.

[3]　See 37 C. F. R. § 1. 41(a)，(d)(2016).

[4]　2016-2100 MANUAL PAT. EXAMINING PROC. § 2137. 01 (2014).

[5]　See 17 U. S. C. S. § 101 (2018).

[6]　Beech Aircraft Corp. v. EDO Corp.. 990 F. 2d 1237 (Fed. Cir. 1993).

专利视为可以分配给另一个实体的个人财产，包括非自然人，例如公司。① 事实上，知识产权密集型行业的员工通常会通过雇佣协议同意将其工作期间开发的专利转让给雇主。虽然 AI 系统不具备自然人资格，但值得注意的是，专利法要求所有发明人都在专利上署名，否则可能被认定为无效或无法执行。虽然这种专利中的错误可以通过备案来纠正，但它并不能避免潜在的无效。

与著作权法中要求作者具有"创造性火花"一样，专利法要求其发明者做出"非显而易见的"发现或提出"创造性概念"。② 为了应对"显而易见的"挑战，美国联邦巡回法院考虑了四个事实问题：①任何现有技术的范围和内容，②现有技术与本发明的权利要求之间的差异，③该领域从业者的一般技能水平，以及④相关的次要考虑因素，例如商业成功等。③ 因此，发明人必须在现有替代方案之外实现重大飞跃以获得专利的发明。这被描述为"创造性行为的精神部分"。此外，尽管 AIA 关于专利客体的规定相当宽泛，但美国最高法院已经明确表示存在例外情况，例如"自然法则、自然现象、抽象的理念"不能申请专利。④

虽然法律公开要求自然人通过思维过程进行发明，但美国专利及商标局可能已经对多项非人类发明授予了专利权。⑤ 如前所述，"创造力机器"和随后的"发明机器"被用于开发最终获得专利的创意。此外，IBM 的"沃森"可能已开发出多种可获得专利的食品或配方。作为通用算法领域的先驱，约翰·科扎(John Koza)博士提供了一个具体的例子，其获得了一项名为"改进通用 PID 和非 PID 控制器的装置"的专利，该专利使用他的发明机器生成和评估对已知控制器系统的改进，无需"专

---

① Ryan Abbott: I Think, Therefore I Invent: Creative Computers and the Future of Patent Law, B. C. L. REv., 2016 (57), p.1092.

② Intellectual Ventures I, LLC v. Symantec Corp.. 838 F. 3d 1307, (2016).

③ Princeton Biochemicals, Inc. v. Beckman Coulter, Inc.. 411 F. 3d 1332 (2005).

④ Mayo Collaborative Serv. v. Prometheus Labs.. Inc., 566 U. S. 66 (2012).

⑤ Ryan Abbott: I Think, Therefore I Invent: Creative Computers and the Future of Patent Law, B. C. L. REv., 2016 (57), p.1099.

家知识数据库",而且也无需现有控制器的知识。专利授予的历史没有提到用于开发发明的 AI,科扎博士也没有披露其使用 AI 开发创意的情况。即使科扎博士承认"整个发明是由计算机创造的",该专利也将被颁布。无论用于创造发明的实际过程如何,USPTO 似乎只要求自然人注册该专利,并且该专利申请符合其他的严格要求。

到目前为止,似乎没有与非人类发明者相关的判例法或争端,不过在猴子自拍案中进行的著作权分析可能可以适用于类似的专利案件。由于各国专利法要求自然人作为发明人,因此 AI 很可能不具备作为唯一发明人的资格,甚至不可能是联合发明人。

三、人工智能系统创造物所有权之归属

目前各国法律都没有承认 AI 系统的法律人格。如果希望 AI 系统像自然人那样获得同样的法律权利,有许多实质性的障碍需要克服(例如缺少一些基本能力,诸如不是人、没有灵魂、没有意识、没有感情、没有兴趣、没有自由意志等)。① 毫无疑问,法人缺乏人类的智慧和意志,但是法律承认商业公司和政府实体的法律人格。这些"法人"通常根据它们与人类股东的密切关系,拥有法律权利和义务,例如起诉或被起诉的权利。与这些真正的"人造实体"不同,强大的 AI 系统最终可以实现独立的权利,例如言论自由(即完全脱离任何人类联系)。② 无论如何,法律承认企业的法人资格的原因是自然人(即所有者)与公司或政府实体之间的关系。③ 因此,类似的分析,即 AI 系统与自然人之间的关系,用来指导 AI 可获得的权利也是适当的。

---

① Lawrence B. Solum: Legal Personhood for Artificial Intelligences. N. C. L. REv., 1992 (70), p.1231.

② Toni M. Massaro, Helen Norton: Siri-Ously? Free Speech Rights and Artificial Intelligence, Nw. U. L. REV., 2016(110), p.1169.

③ Stephen M. Bainbridge: Community and Statism: A Conservative Contractarian Critique of Progressive Corporate Law Scholarship, CORNELL L. REV., 1997 (82), p.860.

（一）AI 系统创造物所有权归属之主张

如果涉及 AI 的作品具有足够的创造性以获得著作权或专利，那么谁应该是该作品的所有者呢？

1. AI 的使用者是所有者

历史上，法院授予使用机器的艺术家或发明者所有权，这些机器仅仅被视为工具。① 正如 CONTU 在 1978 年所指出的那样，计算机，如相机或打字机，是一种惰性工具（inert tool），只有在人类直接或间接将其激活时才能发挥作用…… 计算机影响合成作品的著作权状态不超过使用影摄像机、录音机或打字机对作品著作权的影响。②

早在 1986 年，美国国会技术评估办公室就对 CONTU 的结论提出了质疑：“将程序视为创造的惰性工具……这是误导性的……它引出了交互式计算是否将计算机作为共同创造者的问题，而不是作为创造的工具。”③1978 年的分析和 1986 年提出的问题距离现在有 30~40 年的时间，而时至今日，人工智能已经发展出极其复杂的创造性能力。

一般而言，各国法院往往认为这类机器的人类用户是其作品的所有者，因为它们认为驱动作品创作的是人类的原创性和创造性。类似地，也有学者认为人工智能系统所完成作品的知识产权应由 AI 的所有者享有。④

---

① Ryan Abbott：Hal the Inventor：Big Data and Its Use by Artificial Intelligence, in Cassidy R. Sugimoto et al. （eds.）. Big Data Is Not a Monolith. Cambridge：The MIT Press, 2016, p.149.

② Final Report of the National Commission on New Technological Uses of Copyrighted Works. Washington：Library of Congress, 1979, p.45.

③ Andrew J. Wu：From Video Games to Artificial Intelligence：Assigning Copyright Ownership to Works Generated by Increasingly Sophisticated Computer Programs, AIPLA Q. J., 1997(25), p.73.

④ 王利民：《人工智能时代对民法学的新挑战》，载《东方法学》2018 年第 3 期，第 8 页。

然而，一个可以完全靠自己接管创作过程的 AI 会让当前的原创概念完全被颠覆(upside down)。① 尽管如此，有些人认为，AI"创造力"仅仅是一种类似"依瓢画葫芦"的算法的死记硬背规则。② 然而，那些低估 AI 创造力潜力的人却无法区分模仿人类心理过程的深度学习方法与依据预先定义的规则和程序自动化运行的通用算法之间的差别。这种批评是基于对当前 AI 技术先进程度的误解。

使用深度学习、神经网络和其他方法的 AI 系统并非机械地进行生产，而应该被视为与人类操作者有所区别的创作者。众所周知，知识产权法的重点是承认创作者的贡献。就像在 Sarony 案中法院所指出的那样，作者是"⋯⋯发明者、制造者、完成科学或文学作品的人"③。当操作者对知识产权的创作贡献甚少时，该作品的知识产权不应该归属于操作者。

2. AI 的程序员作为所有者

也有人主张知识产权的所有权应归属 AI 的创造者。④ 当然，正是程序员投入了时间、精力和创造力来创建 AI 系统。然而，这种观点和下面的批评意见一样基于同样的错误假设，亦即一些批评者在反对任何 AI 系统享有知识产权的所有权的主张中做出了假设：程序员是通过程序一步步地对 AI 发布指令。⑤ 使用神经网络和深度学习的高级 AI 程序是一组通过培训不断改进的学习模型。例如，如果你想教一个神经网络系统识别猫，你不需要告诉它如何识别胡须、耳朵、毛皮和眼睛；相反，你只需要展示成千上万张猫的图片，最终系统就会识别它们。如果

---

① Edward Lee：Digital Originality, VAND. J. ENT. & TECH. L, 2012(14), p. 934.

② James Grimmelmann：There's No Such Thing as a Computer-Authored Work-and It's a Good Thing Too, COLUM. J. L. & ARTS, 2016(39), p.408.

③ Burrow-Giles Lithographic Co. v. Sarony. 111 U. S. 53 (1884), p.58.

④ Edward Lee：Digital Originality, VAND. J. ENT. & TECH. L., 2012(14), p.934.

⑤ Jason Tanz：Soon We Won't Program Computers. We'll Train Them Like Dogs, WIRED 2016(5).

系统一直出错，你不用修改程序，而只需要继续指导它。这与通过体验式学习教授人类的方法相同。尽管并不清楚儿童是如何学习阅读的，但这些神经网络系统的学习结果往往令程序员自己都惊讶不已。

另一个问题是经济问题。如果默认 AI 的程序员保留所有权，则希望将该系统用于经济利益的使用者可能丧失某种权利。① 例如，使用 IBM 的 AI 系统"沃森"开发新药的医药研究公司可能会损害以自己名义获得专利的能力，从而对类似"沃森"这样的 AI 系统的使用产生明显的抑制作用，亦即为什么要花费大量的时间和金钱给 IBM 公司带来经济上的利益呢？显然这种观点在实践中并不可行。

（二）AI 系统创造物所有权归属之建议

总之，上述关于 AI 系统创造物所有权归属的主张存在种种不足，难以满足当前人工智能发展和社会进步的需要。一些批评者坚决反对 AI 对知识产权的所有权。"总有一天它可能有意义……但如果那一天到来，著作权将是我们最不关心的问题。"②这种全有或全无的观点几乎没有认识到 AI 系统的创造性贡献。尽管如此，其他人认为，知识产权法的经济追求与 AI 所有权的观念不一致，因为 AI 缺乏决定是否创作未来艺术作品的自由裁量权。③ 然而，根据这种观点，只有当 AI 具备与自然人类似的能力时，才应当被授予知识产权所有权，这完全无视公司和政府实体中的类似法律人格。④ 事实上，公司所有权仅仅是基于自然人

---

① Pamela Samuelson：Allocating Ownership Rights in Computer-Generated Works, U. PITT. L. REV., 1985(47), p.1207.

② James Grimmelmann：There's No Such Thing as a Computer-Authored Work-and It's a Good Thing, Too. COLUM. J. L. & ARTS, 2016(39), p.403.

③ Andrew J. Wu：From Video Games to Artificial Intelligence：Assigning Copyright Ownership to Works Generated by Increasingly Sophisticated Computer Programs, AIPLA Q. J. 131, 1997(25), p.159.

④ Lawrence B. Solum：Legal Personhoodfor Artificial Intelligences, N. C. L. REv., 1992(70), p.1232.

(即股东)与公司之间的关系取得法人资格。基于同样的道理，创造性的 AI 与自然人(程序员或使用者)之间的关系为什么不能比照自然人与公司之间的关系理论而取得类似的解决方案？因此，知识产权法律应当与时俱进，承认具有足够创造性的 AI 作为作者和发明者的法律地位，同时允许 AI 知识产权转让给自然人或法人。

具体而言，首先，必须进行法律上的检验，以确定是否或何时可以授予 AI 这种地位。其次，在这种情况下，法律上必须建立一种转让机制，承认适当的一方的所有权，包括默认规则和转让条件。

1. 承认 AI 作者或发明人地位的法律检验

检验的第一部分是确认 AI 何时满足作为作者或发明人的资格。就像自然人一样，这种检验的第一部分是确保客体适合于法律保护。该检验的第二部分是评估 AI 的独立创造力。

(1)符合条件的客体：作品的独立性

如果创作是原创的并且独立于程序员提供的指令而开发，则 AI 已创建符合条件的客体。

拟议的方法是使用今天各国知识产权法提供的类似检验。根据著作权法和专利法，符合条件的客体体现在表达新颖性、发明性和原创性的作品或技术方案中。① 符合著作权法的客体包括文学、音乐、戏剧、舞蹈、绘画、雕塑、视听、录音和建筑等作品。但是，受著作权保护的作品必须不仅仅是模仿，而是具有原创性的独立作品。在专利方面，假设有足够的"创造性"，客体可以是"在阳光下的任何东西"：过程、机器、物体的制作或组成。②

此外，专利法要求发明具有非显而易见性和实用性，专利必须具有明显的改进。由于专利和著作权要求独立于以前的技术方案或作品，因

---

① 《中华人民共和国著作权法实施条例》第 2 条，《中华人民共和国专利法》第 2 条。

② Ralph D. Clifford: Intellectual Property In the Era of the Creative Computer Program: Will the True Creator Please Stand Up? TUL. L. REV., 1997(71), p.1697.

此对符合条件的 AI 客体的检验归结为适用于自然人的法律检验。亦即必须证明 AI 作为独立的创作者。换句话说，通过一组逐步函数或算法运行的 AI 将不符合该检验，而通过学习或训练的 AI 则将通过该检验。

(2)因果关系：独立的创造力

检验的第二个要点是，AI 必须是创造力的来源，而不仅仅是作者或发明者授权下的机械装置。1884 年，美国最高法院面临着使用相机拍摄照片的问题：作为现实生活副本的图像可以受著作权保护吗？法院的回答是肯定的，照片可能是受著作权保护的，因为摄影师在选择和安排拍摄对象的服装、确定照明以及安排场景时的"精神产物"(mental conception)足以符合作者的条件。① 然而，在这种情况下，与作为创作者的摄影师相对的是照相机，照相机并非创作者。

例如，在安德里恩诉南大洋县商会案中，美国第三巡回法院明确指出，如果作品的创作完全是"死记硬背或机械化"，那么作者身份就应归属于其他方。同样，很明显，在发明过程中使用技术，例如使用调制解调器文字处理器来保存实验室笔记，并不涉及作为发明者的技术领域。如果 AI 选择了服装、调整了灯光、安排了场景并制作了照片，那么法院会否回答说这种"精神产物"足以获得著作权保护？因此，对因果关系的检验可以得出 AI 的作用是死记硬背/机械作用还是创造性作用的结论。例如：

相机：即使使用自动对焦、自动照明和色彩校正等智能设置(即该设备仅仅是机械的并且在摄影师的创造性操控下)，因果关系将位于相机外部。

AI 实验助理：由于工作将在发明人的授权下进行(即实验助理不是创造性的来源)，因此因果关系不会与实验助理(哪怕该助理是自然人)有关。

美联社的 AI 作家：美联社的 AI 作家可能符合因果关系，假设

---

① Burrow-Giles Lithographic Company v. Sarony. 111 U. S. 53 (1884), p.60.

新版的 AI 作家能够自动选择单词、风格化使用短语、确定故事的基调(亦即作品的创意表达受制于 AI)。

(3)通过检验

如果一项作品符合上述检验的要求：AI 独立创建符合条件的客体，则知识产权将授予作为作者或发明人的 AI。例如，如果 Automated Insights 创建了一个基于神经网络的 AI，它从训练和正在进行的教学中学习，以创建高度风格化的故事和内容，AI 本身将取得故事的作者身份。但是，这样的建议可能引起对这些权利的合法所有权的疑问，因为 AI 目前不被视为自然人或法人。事实上，这种窘境可以通过转让这些权利的制度来解决。

2. 知识产权的转让

今天，许多作品或技术方案是由自然人创作或发明的，然后被转让给法人。在著作权领域，这种转让是通过默示协议(即作为雇佣范围内的职务作品)，作为特别订购的作品或委托的集体作品，或明确通过雇佣协议或其他契约型承诺进行的。

在专利方面，转让可以通过明确的协议(如雇佣合同)或通过默示协议(如"职务发明"原则)进行。如果 AI 被承认为作者或发明人，则可以采用类似的方法将权利转让给自然人或法人。虽然 AI 被承认为作者或发明人，但权利将立即分配给 AI 的创建者/程序员或 AI 的用户。在所有这些情况下，专利可以转让给自然人或法人。转让可以按如下机制进行。

①明确的许可协议(license agreement)：根据许可协议的规定使用 AI，知识产权的所有权将在协议中载明。例如，IBM 可以授权其他方使用"沃森"并明确授予被许可方享有所有相关知识产权。

②明确的契约型承诺(contractual agreement)：协议中明确规定知识产权的所有权归属。与许可协议不同，此类合同权利可包括为公司利益使用 AI 的情况，例如 AP 与 Automated Insights 之间的安排。

③默示协议：遵循"职务发明"模式，使用 AI 的具体目的可以在为了开发 IP 而专门购买 AI 时为用户转让知识产权。如果没有明确的许可协议或书面合同，这将是默认规则。例如，如果制药公司未能在许可协议或契约型承诺中包含知识产权所有权条款，那么事实清楚表明其正在使用 AI 专门用于创造可专利药物，那么"职务发明"原则适用于制药公司拥有这些权利的情况。相比之下，如果购买 AI 是为了帮助自动执行业务任务但创建了可获得专利的流程，那么 AI 的发明人权利将属于程序员，因为 AI 并未被购买并专门用于帮助创建可获得专利的流程。

四、结　语

为了激励对 AI 的投资，知识产权法律体系必须适应当今 AI 的发展现实，并消除法律中存在的灰色地带。AI 系统已经撰写了一些作品，如果其由人类创作，将被视为具有著作权。AI 系统也参与发明，如果其由人类发明，也将被视为具有可专利性。① 但是，现行知识产权法往往无视这一问题，仅仅允许注册人类的作品和发明，而对 AI 的创造力却视而不见。②

为消除这种混淆和潜在风险，知识产权法应该将 AI 系统视为作者和发明者。由于先进的 AI 系统使用基于人类大脑的技术，因此没有任何根本原因可以使它们的创作过程不被视为类似于人类的"精神过程"（mental process）。

上文提出的两部分检验将通过识别真正的创造者，同时允许自然人或法人获得利益并控制利益来消除关于 AI 知识产权的疑虑和风险。第一个检验（客体标准）要求 AI 的创作必须独立于底层的代码或程序，而第二个检验（因果标准）要求 AI 不仅仅是一个死记硬背或机械式的机

---

① Erica Fraser：Computers as Inventors-Legal and Policy Implications of Artificial Intelligence on Patent Law. SCRIPTED, J. L. TECH. & SoC'Y, 2016(13)，p.307.

② Margot Kaminski：Authorship, Disrupted：AI Authors in Copyright and First Amendment Law, U. C. DAVIS L. REV., 2017(51)，p.598.

43

器，这确保了惰性工具与真正创造性的 AI 之间的明确区分。亦即人工智能生成物是否属于知识产权法意义上的作品或技术方案，关键是看其是否具备"独创性"。① 最后，通过明确或默示的权利转让协议来分配作品或技术方案的相关权利，而不要求承认 AI 是法人或自然人。

总之，基于知识产权制度的效率和公正的价值目标，面对人工智能时代的到来以及人工智能创造物对现行法律的冲击，知识产权法律制度不能掩耳盗铃、消极不作为，将人工智能创造物纳入知识产权制度具有充分的必要性与正当性。②

---

① 李扬、李晓宇：《康德哲学视点下人工智能生成物的著作权问题探讨》，载《法学杂志》2018 年第 9 期，第 51 页。

② 林秀芹、游凯杰：《版权制度应对人工智能创作物的路径选择——以民法孳息理论为视角》，载《电子知识产权》2018 年第 6 期，第 19 页。

第三章　人工智能创造物的专利权归属研究

一、人工智能概述

(一)研究目的与意义

1. 研究目的

人工智能从无人驾驶、人脸识别到疾病诊治、语言翻译乃至投资决策、法律服务,已逐渐渗入我们的日常生活。在知识产权领域,人工智能也有广泛的应用。在著作权领域,人工智能创作的诗集被出版,各国媒体广泛使用人工智能撰写新闻报道;在专利领域,人工智能发明的有关神经网络技术方案被授予专利,机器人科学家已经实际存在。基于此,国内外学者对人工智能相关的知识产权问题进行了广泛的研究。但这些研究大多集中在著作权领域,只有少部分研究涉及专利权制度。这使得理论和实践中有关"人工智能创造物专利权"的诸多问题还有待深入探讨。本章研究的目的是深入研究这些问题,特别是探讨人工智能创造物的可专利性及其专利权归属问题。

2. 研究意义

理论意义:人工智能的出现引发了对人工智能的法律研究。但在知识产权领域，人工智能创造物能不能获得专利法的保护，以及如何解决人工智能创造物的专利权归属，学界尚未提供充足的理论以解决这些问题。本书扎根于科斯定理、利益平衡理论、劳动财产理论等多种学术理论，结合以往的理论研究成果和国家在人工智能发明专利保护方面的实践，在理论上能够为人工智能创造物的专利权归属研究的新思路起到抛砖引玉的作用。

实践意义：不及时对专利权领域的人工智能创造物进行保护与规制就会产生大量的"孤儿专利"，而根据科斯定理，这类没有对其所有权进行界定的"孤儿专利"将会造成交易成本的大幅提升，成为经济和社会发展的阻碍。本研究可以为专利权制度的完善提供思考方向，也可以为实务中人工智能创造物专利纠纷的解决提供一些可以借鉴的办法。其有利于我国专利制度体系的完善以及人工智能技术产业的研发升级，有利于增强我国人工智能科技实力，从而保持在国际中的优势地位。

（二）国内外研究现状

国内外学者有关专利法领域的人工智能创造物权利归属研究主要包括两个方面：首先是对人工智能发明和创造授予专利权的先决问题的研究；其次是在承认人工智能发明可专利性的基础上，对专利所有权归属问题的研究。

1. 人工智能创造物可专利性问题的研究现状

国内外研究人员仍在争议人工智能发明的可专利性。持否定态度的学者认为，人工智能创造物不具有可专利性，甚至认为该领域的研究过于超前；持肯定态度的学者认为，当今人工智能的飞速发展已使其创造物具有可专利性；而持中立态度的学者则认为，人工智能创造物是否具有可专利性应结合一定的条件加以判定。

Amir H. Khoury（2017）认为，人工智能机器人的"发明"不可申请专利，其知识产权应始终属于公共领域。① 王迁（2019）虽未明确主张人工智能创造物不具有可专利性，但其认为，只有在出现具有独立意识及思维的强人工智能之前提下，才有研究人工智能创造物可专利性之必要性，现阶段对该问题的研究还过于超前。②

与上述学者观点不同，梁志文（2017）提出，人工智能现已不再仅仅是辅助人类进行创造的工具，其已具有一定的自主创造能力，人工智能创造物已具有可专利性。③ Shlomit Yanisky Ravid & Xiaoqiong（Jackie）Liu（2018）也认为，人工智能系统具备的功能已表明其能够独立开发出可申请专利的创造物，即人工智能创造物具有可专利性。④ 刘瑛和何丹曦（2019）主张，鉴于专利法的立法目标和人工智能技术产业发展的考虑，人工智能的发明应纳入专利调整的领域。⑤ 张洋（2020）提出，人工智能创造物是 AI 通过算法创新完成的，因而具有可专利性。⑥

Ben Hattenbach & Joshua Glucoft（2015）提出，在没有人工干预的情况下应当认定人工智能创造物具有可专利性。⑦ Mizuki Hashiguchi（2017）表明，人工智能创造物的可专利性是一个渐进的过程，关于

---

① Amir H. Khoury：Intellectual Property Rights for "Hubots"：on the Legal Implications of Human-like Robots as Innovators and Creators, CARDOZO ARTS & ENTERTAINMENT, 2017(35), p.635.

② 王迁：《如何研究新技术对法律制度提出的问题？——以研究人工智能对知识产权制度的影响为例》，载《东方法学》2019 年第 5 期，第 20 页。

③ 梁志文：《论人工智能创造物的法律保护》，载《法律科学（西北政法大学学报）》2017 年第 5 期，第 156 页。

④ Dr. Shlomit Yanisky Ravid, Xiaoqiong（Jackie）Liu：When Artificial Intelligence Systems Produce Inventions：an Alternative Model for Patent Law at the 3A Era, CARDOZO LAW RE VIEW, 2018（39），p.2215.

⑤ 刘瑛、何丹曦：《论人工智能生成物的可专利性》，载《科技与法律》2019 年第 4 期，第 7 页。

⑥ 张洋：《论人工智能发明可专利性的法律标准》，载《法商研究》2020 年第 6 期，第 181 页。

⑦ Ben Hattenbach, Joshua Glucoft：Patents in an Era of Infinite Monkeys and Artificial Intelligence, Stanford Technology Law Review, 2015（19），p.32.

人工智能相关发明的可专利性的国家判例法随着技术和社会的发展而演变。① 季冬梅(2017)认为,需具体结合人工智能之技术发展水平、贡献力度大小、技术普及程度、技术特征等情形适时调整专利权之授权范围。② 李想(2020)依据我国《专利审查指南》的相关规定提出,当 AI 算法可以运用到实际的工业设施或工艺中去时,其有可能通过专利审查,同时,伦理道德观念也是判断人工智能创造物可专利性的重要依据。③

2. 人工智能创造物专利权归属问题的研究现状

承认人工智能发明可专利性的国内外研究人员还讨论了人工智能发明的专利权归属问题。总的来说,主要有三种专利权归属观点:一是主张直接将人工智能创造物的专利权归属于人工智能所有者;二是主张直接将人工智能创造物的专利权归属于人工智能使用者;三是在承认人工智能发明人身份的前提下,将人工智能创造物的专利权益分配给其他主体。

Kalin Hristov(2017)认为,人工智能发明和创造的专利是知识产权,版权应归属于人工智能系统的程序员和所有者。④ 王利明(2018)提出,鉴于人工智能技术的现状尚未成为民事主体,只能将相应的知识产权归属于人工智能机器人的所有者。⑤ 朱雪忠和张广伟(2018)也认为,人工智能创造物更合理的分配方案是,人工智能的所有者对人工智能的发

---

① Mizuki Hashiguchi:The Global Artificial Intelligence Revolution Challenges Patent Eligibility Laws, Journal of Business & Technology Law, 2017 (13), p.1.

② 季冬梅:《人工智能发明成果对专利制度的挑战——以遗传编程为例》,载《知识产权》2017 年第 11 期,第 59 页。

③ 李想:《人工智能参与发明的授权问题探究》,载《科技进步与对策》2020 年第 15 期,第 144~145 页。

④ Kalin Hristov:Artificial Intelligence and the Copyright Dilemma, Journal of Business & Technology Law, 2017(13), p.431.

⑤ 王利民:《人工智能时代对民法学的新挑战》,载《东方法学》2018 年第 3 期,第 8 页。

明拥有专利权。①

James Wagner(2017)提出，应将最初组织作品创作的组织认定为人工智能作品的作者。② W. Michael Schuster(2018)从提高经济效率角度出发，认为应将专利权归属于使用人工智能创造新技术的公司、企业等人工智能使用者。③ 王正中(2019)提出，为了促进人工智能产生更多的发明，应该开发以用户为中心的权利分配模式。④ 刘友华和魏远山(2019)认为，在尚未将人工智能视为法律主体的情况下，可以在专利申请文件中注明人工智能是该发明的名义发明人，该发明的专利权授予人工智能用户。⑤

有的学者从民法意思自治原则的角度开辟出人工智能创造物专利权归属的"约定优先"规则。比如邓建志和程智婷提出，人工智能的所有权人以及操作者等参与者可依据"约定优先"规则具体分配人工智能创造物的专利权。⑥

Russ Pearlman(2018)主张，承认人工智能的作者和发明人的地位，并提出基于人工智能与相关自然人的关系，引入类似"职务专利"和"雇佣专利"的知识产权分配制度。⑦ 无独有偶，刘鑫(2019)也认为，有必

---

① 朱雪忠、张广伟：《人工智能产生的技术成果可专利性及其权利归属研究》，载《情报杂志》2018年第2期，第69页。

② James Wagner：Rise of the Artificial Intelligence Author, The Advocate, 2017(75)，pp.527-528.

③ W. Michael Schuster：Artificial Intelligence and Patent Ownership, WASH. & LEE L. REV., 2018 (75)，p.1945.

④ 王正中：《论人工智能生成发明创造的权利归属——立足于推动创造物的应用》，载《电子知识产权》2019年第2期，第21页。

⑤ 刘友华、魏远山：《人工智能生成技术方案的可专利性及权利归属》，载《湘潭大学学报(哲学社会科学版)》2019年第4期，第84页。

⑥ 邓建志、程智婷：《人工智能对专利保护制度的挑战与应对》，载《南昌大学学报(人文社会科学版)》，2019年第2期，第19页。

⑦ Russ Pearlman：Recognizing Artificial Intelligence (AI) as Authors and Inventors under U. S. Intellectual Property Law, Richmond Journal of Law & Technology, 2018(2)，pp.1-4.

要引入人工智能作为技术的"发明人"。① 吴汉东（2019）根据专利法领域发明人与专利权人的"二元结构"提出，未来的法律应首先承认机器发明人的法律事实，并参照有关规定，将专利权转让给人工智能的投资者或雇主。② 孜里米拉·艾尼瓦尔与姚叶（2020）在承认 AI 发明人身份前提下还提出，由 AI 的研发人员或是管理人员实际行使人工智能创造物的专利权。③

3. 研究现状小结

上述人工智能创造物可专利性的研究成果虽然为问题的解决奠定了良好的基础，但这些研究还有待进一步完善。比如，人工智能创造物的专利保护理由还有待深入研究，AI 法律主体资格问题也有待探讨。本书以上述研究结果为基础，深入探讨了人工智能发明专利保护的正当性。第一，依据 AI 创造物可专利性的理论基础与制度基础论证人工智能创造物的可专利性，以及人工智能创造物获得专利法保护之现实需要；第二，从人工智能的主体资格争议以及人工智能创造物专利权归属利益平衡两大方面，讨论授予人工智能创造物专利权所面临的困境；第三，为了解决人工智能发明的专利权归属问题，对我国人工智能发明的专利权归属提出了几点建议。

上述人工智能创造物专利权归属的研究成果虽然有利于问题的解决，但就人工智能创造物专利权归属的困境及建议方面而言，当前学界研究还有待完善。比如，在人工智能发明的专利权归属问题上，利益平衡的困境并未明确，目前人工智能发明的专利权分配模式没有依实践情况进行充分的评价。本书将在充分考虑人工智能创造物专利权的经济价

---

① 刘鑫：《人工智能生成技术方案的专利法规制——理论争议、实践难题与法律对策》，载《法律科学（西北政法大学学报）》2019 年第 5 期，第 82 页。

② 吴汉东：《人工智能生成发明的专利法之问》，载《当代法学》2019 年第 4 期，第 24 页。

③ 孜里米拉·艾尼瓦尔、姚叶：《人工智能技术对专利制度的挑战与应对》，载《电子知识产权》2020 年第 4 期，第 59~60 页。

值类型与可能涉及的利益主体之基础上，探讨当前人工智能创造物专利权的归属模式及其不足，结合利益平衡原则、贡献原则等多种学术理论，就与人工智能发明的专利权归属密切相关的发明人、专利申请人和专利权人的识别提供建议。

二、专利法视阈中的人工智能创造物

人工智能在专利领域通过与大数据、云计算等技术相结合，产生了许多创造物。为了更好地理解"专利法视阈中的人工智能创造物"，有必要辨析人工智能以及人工智能创造物的概念，梳理人工智能的产生与发展以及了解人工智能创造物的科学实例，并应对人工智能发明给专利制度带来的挑战。

（一）人工智能与人工智能创造物

我们已经进入一个计算机不仅仅用来处理数字，而且用来发明具有"创造性"的成果的时代。① 1956 年，约翰·麦卡锡（John McCarthy）便使用了"人工智能"这一词语。AI 被分为弱人工智能（Weak AI）、强人工智能（Strong AI）以及超级人工智能（Artificial Superintelligence）。② 人工智能就是一种通过使用 AI 系统能够获取的所有数据，来有效改进现有技术方案的工具。③ 将人工智能定义为工具是因为其初期和其他辅助人类创造的工具没有明显的区别，都是为帮助人类摆脱繁重琐碎的体力劳动。但是，随着人工智能系统近年来的快速发展，AI 已参与到人

---

① Ben Hattenbach, Joshua Glucoft: Patents in an Era of Infinite Monkeys and Artificial Intelligence, Stanford Technology Law Review, 2015(19), p.32.

② 曾炜、曾姣玉：《知识产权法下人工智能系统的法律地位》，载《南昌大学学报（社会科学版）》2019 年第 2 期，第 27 页。

③ Dr. Shlomit Yanisky Ravid, Xiaoqiong（Jackie）Liu: When Artificial Intelligence Systems Produce Inventions: an Alternative Model for Patent Law at the 3A Era, Cardozo Law Re View, 2018（39）, pp.2223-2224.

类的脑力劳动部分。如今，AI 技术被广泛应用于以下四个领域：第一，机器学习技术领域；① 第二，自然语言处理技术领域②；第三，图像处理技术领域；③ 第四，人机交互技术领域。④

　　人工智能从自动驾驶、饮食服务、病情诊断、人脸识别、语言翻译乃至商业投资、法律服务，已逐渐渗入我们的日常生活。AI 不仅渗透到人类的日常生活中，而且在发明和创造领域也发挥着极其重要的作用。英国爱丁堡大学的埃里卡·弗雷泽（Erica Fraser）在 2016 年就对人工智能创造物的三个代表性科学实例进行了说明，即基因编程（Genetic Programming）、人工神经网络（Artificial Neural Networks）以及机器人科学家（Robot Scientists）。据相关统计显示，1994—2009 年，美国由基因编程人工智能自动生成的技术成果有 76 项，这些技术成果涉及物理、计算机及数学等多个领域。⑤ 斯蒂芬·泰勒（Stephen Thaler）及其"想象引擎公司"在美国于 20 世纪 90 年代发明的"创造力机器"（Creativity Machine）是神经网络研究之代表性成果。英国曼彻斯特大学（University of Manchester）研究出的名为"夏娃"的新一代 RS 成功发现一种原本用来治疗抗肿瘤的化合物，对疟疾也能达到一定治疗效果。⑥

---

　　① 　机器学习技术领域，即 AI 系统通过处理并学习已有数据，从而进行分析判断并作出最佳决策之能力。该技术的代表性成果主要有深入学习、增强算法与人工神经网络。

　　② 　自然语言处理技术领域，即 AI 系统可以识别、理解并处理人类自然语言（文字、声音等）。其代表性成果主要有信息检索、多语言处理、不同语音识别等，可应用于无人翻译、穿戴设备、智慧法院、智能家居、智能汽车等领域。

　　③ 　图像处理技术领域，即 AI 系统拥有超强的视觉功能，能够获取、分析并理解图片及复杂数据信息，其代表性成果有图像获得、图像过滤、图像调整以及图像特征提取等，其应用领域主要有安防监控系统、无人超市、无人驾驶等。

　　④ 　人机交互技术领域，即 AI 系统与用户能够借助人机交互界面进行交流，该技术代表性成果有计算机图像学、增强现实、交互界面设计等，其应用领域包括当下和未来第一产业、第二产业及第三产业的智能机器人。

　　⑤ 　John R. Koza: Human Competitive Results Produced by Genetic Programming, Genet Program Evolvable, 2010(11), pp.254-264.

　　⑥ 　刘瑛、何丹曦：《论人工智能生成物的可专利性》，载《科技与法律》2019 年第 4 期，第 8 页。

根据人工智能对发明成果的贡献，专利法下的发明可分为三类：第一，人工智能辅助创造物，即人工智能对发明没有实质性贡献的发明，只是作为一种辅助工具；第二，人工智能合作创造物，即 AI 与人类共同完成之创造物，人工智能对发明的实现作出了重大贡献，即使它有人类的操作指令；第三，人工智能独立创造物，即 AI 依靠其自我思维及意识独立完成的创造物。① 本书讨论的 AI 发明成果的专利权问题主要涉及的发明类型为合作发明和独立发明。

(二)人工智能创造物对专利法的挑战

人工智能进入了历来依赖人类智识的领域，这使我们面临一个重要的问题：没有人类干预的 AI 发明是否应受知识产权的保护。"AI 当下还不能独立自主地完成创造物活动"之观点，只是着眼于目前"弱人工智能（Weak AI）时代"之初步判断，在未来"强人工智能（Strong AI）时代"以及"超级人工智能（Artificial Superintelligence）时代"，AI 极有可能完全摆脱人类而自主进行创造。人工智能创造物已对现行专利制度带来了挑战和冲击，为了使专利制度更好地适应社会的发展，必须应对人工智能发明对专利法的挑战。

1. 对可专利性制度的挑战

我国《专利法》运用"正面定义"（该法第 2 条对其保护的客体明文进行了规定）以及"反面排除"（该法第 5 条及第 25 条明确列出了受专利法保护的例外情形）的规定方式明确了可专利性制度的内容。《美国专利法》（*United States Patent Act*）对可专利性的规定主要在该法第 101～104 条及相关司法判例中，其也运用了"正面定义"与"反面排除"的立法方法。此外，法国、日本等国家也采用了同样的立法方法。因此，在决定

① 王瀚：《欧美人工智能专利保护比较研究》，载《华东理工大学学报（社会科学版）》2018 年第 1 期，第 96 页。

一项人工智能发明是否可以申请专利时，必须考虑这两个方面。

以我国《专利法》为例，该法第 5 条共有两个条款，第 2 个条款规定，对于违反法律获得或使用"遗传资源"并从该资源中获得的发明，也应排除保护，显然人工智能创造物与此差别极大。至于人工智能创造物是否为《专利法》第 5 条第 1 款中违反法律、公共道德或损害公益之情形。一般而言，专利法领域的 AI 创造物大部分是一些制造产品或操纵产品的技术方案，如果具体判定其并不违反法律或公德、公益，也不符合该法第 25 条的情形，那么其应当有继续审查的机会。AI 创造物是人工智能运用神经网络、云计算等高新技术创造出来的成果，这些成果所依据的技术原理和手段与人类利用 AI 系统开发的发明相同。也就是说，人工智能创造物与人类的创造物在外观上具有一致性。

2. 对专利归属制度的挑战

各国法律在专利权归属上普遍规定，发明人与专利权人既可以为同一主体也可以为不同的主体。在以下两种主要情况下，二者可能是不同的主体：一是职务发明，发明人是实施发明的人，专利权人是发明人的单位；二是创造物的专利权通过出售、赠予或者继承的方式转让给受让人。目前，世界各国的法律都没有规定人工智能可以成为发明和创造的专利权人，因为人工智能没有主体资格。[1] 人工智能创造物的出现给当前专利权归属制度带来了三大难题。

（1）专利激励机制之原有作用可能失效

依据《专利法》第 1 条之规定，促进科技之进步以及经济社会之发展乃其立法之宗旨，该宗旨之贯彻落实则主要体现在专利权归属制度方面。人工智能技术之飞速发展有可能会使得专利法之激励机制归于无用之地，因为从表面来看纵使激励机制并不存在，人工智能也将毫不倦怠地完成其创造。专利法激励机制之设置就是为了通过授予创造物者排他

---

[1]　邓建志、程智婷：《人工智能对专利保护制度的挑战与应对》，载《南昌大学学报（人文社会科学版）》2019 年第 2 期，第 18 页。

性之专有权利，而鼓励创造者进行创造。如果没有激励机制也不影响创造物之产生，那么法律似乎就没有必要对创造物成果进行保护。并且，人工智能借助云计算、大数据、人工神经网络和其他先进技术产生的发明的效率是自然人无法达到的，人工智能的许多发明将会是"现有技术"。这些技术成果无疑会给自然人创造物带来影响，甚至抑制其进行创造物活动。

（2）人工智能成为专利权人存在主体壁垒

人工智能依靠其强大的技术支持及学习能力，虽已能够独立创造出具有可专利性的创造物，但当前各国制度上还只承认自然人与自然人的集合（即法人）具备民事主体资格。这意味着人工智能成为专利权人存在主体资格阻碍，再先进的人工智能技术都无法改变人工智能不是"生理意义上的人"这一生物常识，人工智能尚未具备自主行使公民权利、履行公民义务和承担民事责任的能力。因此，在当前法律主体制度下，人工智能很难被承认为专利权人。

（3）人工智能创造物之权利人难以确定

在因法律主体资格壁垒而难以将人工智能本身作为创造物专利权人的情况下，将人工智能创造物的相关权利归属于作出了贡献的相关自然人是比较合理的。但是，由于人工智能创造物参与者涉及多方主体，比如数据提供者与处理者、算法编程者与运算者、硬件设施提供者与经济支持者等，该类创造物权利人的确立存在一定的难度。

三、人工智能创造物获得专利保护的正当性

AI 系统自主学习及创造能力不断提高，它的发明成果将改变我们的生产生活，极大地推动医疗制药、新型材料、计算机电子等科技领域的发展。为解决 AI 创造物的专利权归属问题，以充分发挥人工智能创造物推动人类经济及科技发展之重要作用，有必要先探讨 AI 创造物的可专利性问题以及其获得专利保护的现实需求。

（一）人工智能创造物的可专利性

如上所述，人工智能发明是指人工智能作出重大贡献与自然人合作的发明，以及人工智能独立完成的发明。在此界定之下，人工智能创造物是否具有可专利性，当前学界仍然存在争议。因而，在探讨人工智能创造物专利权归属问题之前，有必要先厘清人工智能创造物的可专利性问题，本书将从理论与制度两个方面进行分析。

1. 人工智能创造物可专利的理论基础

（1）科斯理论

帕累托效率（Pareto Efficiency）也称为"分配效率"（Allocative Efficiency），帕累托最优（Pareto Optimality）是一种理想的资源分配方式，在这种分配中，没有人资源有减损则无人能获得更多的资源。从商品与服务分配角度来说，当帕累托最优时，个人暂时不会选择消费商品或服务。[1] 受外部性（Externality）的影响，经济效率可能降低，但科斯定理（Coase Theorem）认为，当交易成本为零且信息对称时，只要所有权明确，资源就会被有效分配。[2]

科斯定理可以理解为：法律权利往往因所有权的模糊性而受到损害，只要权利处于自由交换状态，其最初分配并不影响效率。根据科斯的理论，与理想的乌托邦世界不同，在现实世界中，面对权利冲突和负外部性，有六种社会安排来重组权利，即"无为而治""社会规范治理""权利自由交易""企业垂直管理""政府管制""司法界权"。[3] 在现实世

---

[1]　Wis. Elec. Power Co., 56 P. U. R. 4th 509, n. 40 (F. E. R. C. Sept. 19), 1983.

[2]　W. Michael Schuster：Artificial Intelligence and Patent Ownership, WASH. & LEE L. REV., 2018 (75)，p.1968.

[3]　艾佳慧：《科斯定理还是波斯纳定理：法律经济学基础理论的混乱与澄清》，载《法制与社会发展》2019 年第 1 期，第 134 页。

界中，交易成本往往大于零，在此种情况下，合法权利的原始界定会影响经济运作的有效性。也就是说，对于人工智能创造物，只要明确其具有可专利性且交易成本为零或非常低，那么有效的市场均衡结果就与原始权利的持有者并无关系，无论分配给谁，其均可实现帕累托资源的最佳分配。

（2）劳动产权理论

英国哲学家 Locke 的劳动产权理论可以用来说明建立知识产权制度具有正当性，其主张劳动者通过体力、脑力劳动创造出劳动成果，并将其与公共资源分离，劳动者便应当获得该成果的财产权利。专利领域的工作主要是指"创造性"的智力工作。根据这一理论，一些研究人员认为 AI 发明不应该受到专利的保护，因为 AI 仅是依据算法生成的计算机系统而已，其并不是具有生理意义的自然人，故 AI 创造物的过程难以被认为是"具有创造性劳动"之过程。[①]

本书认为，上述学者对于人工智能创造物可专利性的质疑忽视了劳动产权理论的本质。一方面，在洛克提出劳动产权理论之时，"劳动"的界定并没有明确的标准，其后为了排除不具有创造性而应当留在公有领域的创造物获得专利保护，专利制度才增设了"创造性"标准。因此，如果人工智能的发明满足了创造力的要求，那么自然人工作的"创造性"的要求是必要的吗？另一方面，"非损害"是劳动产权理论之先决条件，该理论本质上是从相反的方面推论出来的，问题是，在满足先决条件的情况下，私人取得的财产是否不应受到保护？[②]

尽管人工智能完成的创造物并非人类通过智力及体力劳动直接产生的，但是，如果人类没有把他们的智力工作投入人工智能领域，人工智能的发明就不会出现。不管人工智能创造物的专利权归属于何者，专利法都不应当忽视该部分劳动的存在，并否认人工智能创造物可以获得专

---

① 李宗辉：《人工智能生成发明专利授权之正当性探析》，载《电子知识产权》2019 年第 1 期，第 15~17 页。

② 胡心兰、蔡岳勋：《从洛克劳动财产权观点论美国知识产权之扩张》，载《清华法律评论》2012 年第 1 期，第 90 页。

利保护。①

（3）功利主义理论

功利主义理论也是建立知识产权制度的基础。于专利领域而言，功利主义理论认为，专利仅为国家经济政策实施的公共工具，其功用一方面在于提供刺激动机，从而鼓励人们不断创造出符合专利要求之创造物，进一步增加社会福利；另一方面，专利制度本身就是一个完全综合的信息系统，它促进了技术信息在社会所有领域的迅速传播，并有效地防止了由于重复研发而造成的社会财富的浪费。② 功利主义理论在促进发明和促进知识技术传播方面的作用体现在许多国家的专利法中。为促使公共利益实现高质量且可持续的发展，创造物成果的开发者应该获得相对应的专利权益，使开发者能够在专利权益享有中获得经济动力。有些人可能认为人工智能创造物会使经济利益的激励作用失效，理由是AI 作为一个物质实体不需要激励。实际上，尽管 AI 本身可以在没有经济激励的情况下独立自主进行创造，但人工智能创造物经济收益及经济回报的激励对象正是那些需要使用资金继续进一步从事研发的主体。

2. 人工智能创造物可专利的制度基础

我国《专利法》明确规定，专利创造物获得专利权必须具备新颖性、创造性和实用性。利用规范研究的方法，我们可以更详细地研究人工智能发明是否符合专利"三性"的制度要求。

（1）专利的"新颖性"标准

"新颖性"标准要求申请专利的发明不是现有的技术，并且在申请日期之前没有任何单位或个人以相同的发明成果正式提出专利申请。一件创造物是否具有新颖性，一般可以从两方面进行判断。首先，确定该技术是否存在，需要知道该发明、实用新型专利申请或者申请该专利的

---

① 刘友华、李麟：《人工智能生成物专利保护的正当性及专利法因应》，载《福建江夏学院学报》2018 年第 4 期，第 25 页。

② 崔国斌：《知识产权法官造法批判》，载《中国法学》2006 年第 1 期，第 152 页。

技术方案在申请日以前是否已经为公众所知。

其次，判断是否存在与之相对抗的申请。AI 的智能行为似乎一般都遵循着同样的规律，即 AI 的行为取决于其背景知识的储备。AI 的背景知识就是大量的数据信息，其除了少部分商业秘密信息之外，大部分就是专利制度中所规定的现有技术。假如 AI 系统仅通过堆积数据来进行创造物，其创造物成果将难以符合专利的新颖性标准，但当前的 AI 已经具有自主学习能力，其可通过自主学习来解决遇到的问题。得益于计算机系统深度学习算法的进步，AI 基于现有技术进行深度学习进一步获得的有效特征可以满足专利的"新颖性"要求。

（2）专利的"创造性"标准

创造性，即与现有技术相比，该发明具有明显的实质性特征和重大进步。新颖性与创造性在专利审查中具有递进关系，换句话说，只有当申请专利的发明符合新颖性的标准时，其创造性才会受到审查。虽然"创造性"标准要求以相同领域内"一般技术人员"①的眼光进行判断，但审查实践中审查员往往还需依靠他们的知识水平进行判定，这会导致创造性之判断具有一定程度的主观性。

目前，包括我国在内的许多国家普遍遵循以下三个步骤的模式来判断创造性。第一，确定专利发明是否是现有技术。要判断创造性，首先要明确的就是最相似的现有技术，符合创造性标准之创造物一定不属于现有技术，且用来参照的现有技术需要"两件以上"。第二，明确现有技术和权利要求二者间的区别特征，从而明确专利申请客体所实际解决的技术问题。如前所述，AI 可以通过深度学习从大量数据中自动提取有用信息以用于新的应用并具有新的特征，由此使其成果具有新颖性。AI 基于海量相关数据的有效处理所获得的具备新特征之创造物成果，能够符合上述步骤之要求。第三，确定有关技术领域的"一般技术水平"，即确定申请专利的技术方案对于有关领域的一般技术人员来说是

---

① "一般技术人员"是一个法律上拟制的人，相当于侵权法中的"理性的人"。参见李明德：《美国知识产权法》，法律出版社 2014 年版，第 55 页。

否明显。该步骤的判断中，要确定与之最接近的现有技术是否具有某种技术启示，① 如果最接近的技术具有此种技术启示，则专利发明被认为是显而易见的，因此是非创造性的。

尽管"一般技术人员"熟悉一切相关的现有技术，但是其只是一般技术级别的人员，其技术水平难以与相关领域的专家比肩。一般而言，现有技术不会激发一般技术人员通过完成既复杂又重复的计算来改进现有技术，但 AI 强大的计算能力、信息处理能力与深度学习能力，使其完成的创造物可能会相当复杂，在这种情况下，对于该领域的一般技术人员来说，这项发明并不明显。② 根据上述三步判断标准，人工智能的创造物符合专利的创造性要求。

（3）专利的"实用性"标准

实用性，即创造物的结果可以制造或使用，并能产生一些积极的影响。在专利审查的实质审查过程中，一般来说，一项发明是否有用会被作为最先审查的问题，一旦它被认为是无用的，审查员直接决定它是不可申请专利的。

一般来说，专利是一种合同，根据这种合同，发明人作为合同的一方，有义务充分披露其发明，作为合同的另一方，政府或专利局代表社会授予发明人在规定期限内的专有权。如果授予专利的发明不能造福人类和促进社会进步，就违背了促进"实用技术"发展的专利法之基本目标。当然，人工智能创造物多数都能达到专利的实用性标准，前述 AI 科学实例也已证实了这一点。但目前在人工智能创造物是否具备实用性，能否满足造福于人类、推动社会进步这一点上，AI 还无法自行检验。在 AI 创造物被授予专利权之前，必须借助人力去验证其是否符合实用性标准。

---

① "技术启示"能使相关领域的一般技术人员有动力改进现有的最接近的技术，并创造需要专利的发明，以解决有关的技术问题。

② Chris Holder, Vikram Khurana, Faye Harrison, Louisa Jacobs: Robotics and Law: Key Legal and Regulatory Implications of the Robotics Age, Computer Law & Security Review, 2016, 32(03), p.561.

（二）人工智能创造物获得专利保护的现实需要

虽然人工智能的发明成本逐渐降低，但这是在 AI 公司投入大量研发资金和技术的情况下发生的，有必要使人工智能发明受到专利保护。

1. 激励人工智能技术进一步发展的需要

人工智能创造物获得专利保护，是实现我国专利制度的设立目的之必然要求，是有效推动 AI 技术发展之必要手段。一方面，为人工智能创造物提供专利保护能够鼓励相关从业者在进一步研发上投入精力。另一方面，如果创造物成果不能受到法律的保护，则权利人必须花费大量精力，试图阻止其他主体使用该技术。虽然也可以将人工智能创造物成果作为商业秘密来进行保护，但是，此种保护措施既不利于有效传播相关技术信息，也无法激励技术创新和进步。① 据此，为人工智能创造物提供专利保护是推动 AI 技术进步的重要力量。

法学功利主义学派重视制度之激励效应，该学派代表人物 Bentham 的理论主张国家应当鼓励个体去从事创造活动，国家法律无法直接为公民生计提供物质支持，但可以用来激励公民去创造以及占有更多的财富，增加公共福利是所有依功利原则设立的法律之共同目的。② 专利法给予专利权所有者的正是一种排除其他主体制造或者使用专利的权利，此种排他权在激励发明人主动创新的同时，也激励着技术信息的共享，还能够推动 AI 技术本身进一步发展。

2. 降低交易成本、推动经济增长的需要

从成本效益的角度来看，专利制度仍然是保护人工智能发明成果的

---

① 刘友华、魏远山：《人工智能生成技术方案的可专利性及权利归属》，载《湘潭大学学报（哲学社会科学版）》2019 年第 4 版，第 85 页。

② ［英］杰里米·边沁著，毛国权译：《论一般法律》，上海三联书店 2013 年版，第 42 页。

首要选择。对于发明者来说，只有当他们的利益大于投资成本时，他们才有动力进行研究和技术开发。一个经济有效的专利制度必须在利益相关者之间公平分配收益和损失，以最大限度地提高投资效率。换句话说，专利制度必须明确所有权的存在及分配，以尽量减少损失和成本。专利法对人工智能创造物的保护不会破坏现有专利体系的平衡，也不会减损权利所有者、成果使用人和社会公共的利益。① 而且，用专利法保护 AI 完成的创造物，在引领 AI 技术进步的同时还能够推动社会经济高质量发展。

3. 预防信息不对称带来道德风险的需要

在信息不对称的情况下，不确定或不完整的合同可能使经济主体逃脱责任的承担，在将自身利益最大化的同时会做出对他人不利的行为。② 当创造物由 AI 创造完成后，有关创造物具体过程之信息具有一定的隐蔽性，如果专利制度保护的客体只能是自然人智力创造的成果，而当 AI 创造物的市场经济价值很高时，AI 的所有者或使用者极有可能会隐瞒真实的过程信息，对"发明人"进行造假，以使成果符合专利授权的规定。③

从外部看，通常很难将人类智能的发明与人工智能的发明区分开来。在实际申请中，除非相关质疑者可以提供创造物是由 AI 系统自动生成而非人类创造物之证据，否则由 AI 产生的此类创造物仍可被授予专利权从而获得专利法之保护。在此情形之下，不仅 AI 系统的所有者或者使用者可以享有由 AI 完成的创造物之专利权，而且专利授权文件中的"发明人"也可能获得不合理的利益。信息不对称带来的道德风险，会给创造物成果的进一步商业化应用带来一定的风险。

---

① 刘友华、李新凤：《人工智能生成的技术方案的创造性判断标准研究》，载《知识产权》2019 年第 11 期，第 44 页。

② 陆雄文：《管理学大辞典》，上海辞书出版社 2013 年版，第 28 页。

③ 王正中：《论人工智能生成发明创造的权利归属——立足于推动创造物的应用》，载《电子知识产权》2019 年第 2 期，第 23 页。

四、人工智能创造物专利权归属的困境

基于人工智能创造物的可专利性，人工智能创造物获得专利保护具有充分的现实理由，本书认为人工智能创造物应当获得专利法保护。但在人工智能创造物专利权的归属上，尚存在主体资格争议与相关利益平衡两大困境。

（一）人工智能的主体资格争议

2016 年，欧盟委员会的法律事务委员会向欧盟委员会提交了一项动议，提出将最先进的智能机器人之身份定位为"电子人"。[①] 尽管该项法律动议没有通过，但是这项动议无疑给传统的民事主体制度带来了挑战与冲击。2017 年，沙特政府将公民资格公开授予"女性"AI 机器人"索菲娅"(Sophia)，获得公民资格后的 AI 机器人"索菲娅"同一般沙特公民一样，拥有各项法律权利。[②] 当然，这只是一个极特殊的法律事件，但这确实是一件震惊世界的大事，AI 主体的资格问题再也无法避免。

1. 人工智能主体资格肯定论

在激励理论的基础上，Ryan Abbott 认为，将作者或发明家的主体资格赋予非自然人，将进一步激励人类利用非人类的创新能力来推动社会进步。[③] 利用传统的版权制度或专利制度解决与权利归属有关的纠

---

① 王雪乔：《人工智能生成物的知识产权保护立法研究》，载《湖南科技大学学报（社会科学版）》2020 年第 2 期，第 96~97 页。

② 贺栩溪：《人工智能的法律主体资格研究》，载《电子政务》2019 年第 2 期，第 103 页。

③ Ryan Abbott：I Think, Therefore I Invent: Creative Computers and the Future of Patent Law, Boston College Law Review, 2016(57)，pp.1114-1120.

纷，特别是与合作作品或共同发明之权利归属有关的纠纷情况下，经常会用到"贡献"规则。在 AI 进行创造物的创造过程中，其是具有一定独立自主性之创造力机器。如果人工智能在创造中是具有生理意义的人，那么从直观的角度来看，AI 无疑对创造物成果的完成作出了实质性的贡献，只是当前 AI 还没有法律主体资格。

Davies 主张，我们可以借鉴当时法人被拟制为法律主体之理由，使人工智能获得法律主体资格，从历史上看，法人实体获得法律主体资格的原因为某些团体组织有长久存在之必要，需要具有合法持有并处理财产之资格，并能够清算其损失。[①] 当前，欧盟议会有关 AI 的提案中，已有赋予 AI"特殊主体资格"或者"电子人"身份之建议，[②] 人工智能的法律主体资格并非不可实现，通过法律拟制使人工智能获得法律主体资格，也无需突破当前法律制度之根本。

2. 人工智能主体资格否定论

Samuelson 认为，人工智能无法成为知识产权权利主体的原因在于，自版权制度建立以来，一直都只将版权授予人，只有人才需要获得排他权的激励，如果没有激励也不会影响创新，则没有保护权利的必要。[③] Perry 与 Margoni 在其著作中也有类似的观点，由于人工智能系统可以在没有激励的情况下生成内容，因此没有人真正从专有权保护中受益，但是社会因此必须承受反公地悲剧之负面后果以及专有权保护所带来的负外部性。[④]

---

① Colin R. Davies: An Evolutionary Step in Intellectual Property Rights—Artificial Intelligence and Intellectual Property, Computer Law & Security Review, 2011（27）, p.617.

② 王雪乔:《人工智能生成物的知识产权保护立法研究》, 载《湖南科技大学学报（社会科学版）》2020 年第 2 期, 第 96~97 页。

③ Pamela Samuelson: Allocating Ownership Rights in Computer-Generated Works, Pittsburgh Law Review, 1986, pp.1199-1200.

④ Mark Perry, Thomas Margoni: From Music Tracks To Google Maps: Who Owns Computer-Generated Works?. Computer Law & Security Review, 2010(26), pp.627-628.

从实体法的相关规定出发，一些学者否定赋予人工智能法律主体地位的理由主要有两点。首先，版权制度调整的是人们在创作和传播作品的过程中建立的社会关系，拥有人工智能的机器如果成为著作权法领域的权利主体，其要如何去行使这些权利呢？且保护此种主体具有什么意义呢？① 其次，在当前知识产权法律制度框架下，AI 仅具有客体地位，人类是人工智能之数据输入者以及算法设定者，AI 本身无法成为权利主体。②

3. 人工智能有限主体资格论

AI 具有法律主体资格有一定的事实基础以及法律渊源。AI 获得法律主体资格的事实依据在于，与一般的客体物相比，人工智能具有一定的自主学习及创造能力。民事主体在法律的发展进程中已经扩展到了法人，由此建立的民事主体"拟制人格"制度则是 AI 获得主体资格之法律渊源。因此，法律也可以通过法律拟制使 AI 获得法律主体资格，使其能够参与到民事法律关系之中，为社会经济发展提供推动力。③ 有学者提出，为使 AI 获得部分法律人格，可以在"拟制人格"时设定一定的条件，使 AI 仅具有有限的权利能力、行为能力以及责任能力。④

(二)人工智能创造物专利权归属的利益平衡困境

人工智能创造物专利权的归属出现利益平衡困境，主要有两大原因。一是，专利权作为一种排他性的权利，在当今知识产权获得重视的

---

① 张平：《关于"电子创作"的探析》，载《知识产权》1999 年第 3 期，第 11~14 页。

② 梁志文：《论人工智能创造物的法律保护》，载《法律科学(西北政法大学学报)》2017 年第 5 期，第 162 页。

③ 吴汉东：《人工智能生成发明的专利法之问》，载《当代法学》2019 年第 4 期，第 31 页。

④ 袁曾：《人工智能有限法律人格审视》，载《东方法学》2017 年第 5 期，第 53~57 页。

时代，其能够给权利拥有者带来不同类型的经济价值，这些利益是人工智能创造物专利权归属利益平衡之起点。二是，人工智能进行技术创造活动，需要众多主体的参与，基于人工智能创造物成果涉及主体的广泛性，其专利权归属也涉及众多利益主体，这无疑给 AI 创造物专利权归属实现利益平衡加大了难度。

1. 人工智能创造物专利权的经济价值类型众多

有利益的存在才会产生利益平衡的需求，人工智能创造物专利权会给其权利拥有者带来众多经济利益，专利权众多的经济价值是其利益平衡困境的诱发因素。

第一，促进投资的价值。专利所有权以各种方式创造价值，从历史上看，专利被视为企业隔离竞争并收取超竞争价格的一种方式。① 拥有专利在企业融资市场中起到了信号传递的作用，专利权的信号会将有关主体的信息传达给外部公司。获得专利可以将公司研发状态的积极信息传达给外界，这可能会帮助专利持有者成功获得投资者的投资。基于此种经济价值，一旦某一主体获得 AI 创造物的专利权，其将有可能获得进一步研发的资金，从而获得竞争优势。

第二，防御竞争的价值。专利具有的阻止他人随意制造与使用的功能，有利于专利权人限制其他竞争对手实施战略行为，从而达到防御竞争的效果。当当事方不希望使用技术获得专利，而是要阻止竞争者实施要求保护的发明以与专利权人自己的产品竞争时，就会产生不利于竞争者的阻止。防御性阻止会阻止其他主体获得相关技术的专利权，进而抑制其有关产品的生产能力。在防御方面，专利权人仅在确保其有权使用具有战略意义的技术方面采取行动。

第三，扩大收入流的价值。专利可以创造独立于产品制造的收入流。②

---

① W. Michael Schuster：Artificial Intelligence and Patent Ownership, WASH. & LEE L. REV., 2018（75），p.1982.

② IBM 前首席财务官将专利许可使用费视为独立于生产的"大部分自由现金流"。

该价值是通过诉讼或许可行为获得的，公司通过专利许可的方式将创造物专利的使用权进行出售以获取收益。戴尔（Dell）与深蓝（IBM）曾签订专利许可协议，戴尔通过许可协议节省了专利使用的资金，避免了向深蓝支付使用其专利组件的费用。这种策略类似"专利巨头"所采用的商业模式，即通过专利诉讼和专利许可的方式获得独立于利用专利进行生产所得的收入。

第四，降低诉讼成本的价值。专利在诉讼之前和诉讼期间能够起到促进谈判的作用。各专利权主体通常通过相互交叉许可相关专利产品的行为来推动产业发展，这样的方式能使双方都可以在没有侵权诉讼威胁的情况下制造涉及专利的产品。制造商如果缺少专利权主体对专利产品的交叉许可，则可能需要支付大额的专利许可费或承担侵权诉讼的风险。同样，如果专利权人因专利侵权而被起诉，则它有能力对自己的专利侵权诉讼提出反诉，从而激励原告以合理的条件和解或通过交叉许可终止诉讼，进一步降低诉讼成本。[1]

2. 人工智能创造物专利权归属涉及众多利益主体

人工智能创造物的参与方众多，主要有人工智能所有者、算法编程者、数据提供者、人工智能投资者、人工智能使用者等。人工智能创造物专利权丰富的经济价值类型，加上其权利归属涉及众多利益主体，无疑会进一步加大其利益平衡的难度。

（1）人工智能的所有者

人工智能所有者是拥有人工智能并能支配人工智能的主体。作为现代高科技的产物，AI 于设计到制造再到成熟应用之全过程中，每一步都需要大量技术以及财务方面的支持，资金充足才可以吸引人才加入以保障技术的研发。正是因为这一领域需要大量的资本投入，并对科技人才要求高，所以研发人工智能技术的通常为商业巨头。例如 Google 和

---

① W. Michael Schuster: Artificial Intelligence and Patent Ownership, WASH. & LEE L. REV., 2018 (75), p.1984.

IBM 等先进的 AI 领域企业，其作为 AI 创造物成果的拥有者，用技术以及资金等支持了人工智能的研发，在 AI 创造物的产生过程中发挥了尤为重要的作用。因此，人工智能所有者应作为相关利益主体纳入人工智能创造物专利权归属的讨论范围。

（2）人工智能的使用者

人工智能使用者（或称"人工智能操纵者"），指对人工智能进行具体操作，并通过操作行为对创造物产生重大影响的人。人工智能使用者参与 AI 创造物的情形有两种。一是操纵者为 AI 确定一个目标，让其通过自主学习并对数据信息进行处理后形成创造物，这种情况下是由人工智能独立完成创造物。二是 AI 在进行学习之后，将忽视使用者为其设定的目标，自主设定目标并完成。人工智能使用者主要在前一种情况下为创造物的完成产生实质性影响。

如果 AI 使用者能够证明，其使用行为给人工智能创造物成果的产生带来了实质有效的影响，那么 AI 使用者也能够主张其为发明人并获得相应的专利权益。因此，基于使用者在整个创造物的过程中所起到的不容忽视的重要指引作用，有必要将其作为利益主体纳入专利权归属的讨论范围。

（3）人工智能的编程者

特定的算法程序是人工智能系统运行的重要基础，算法程序的编程者对其所编的算法享有版权。AI 的编程者实际上就是人工智能算法的开发者，从人工智能创造物的角度来看，人工智能依赖于开发人员编写的算法来收集、评估和学习数据，以提出问题并生成解决方案。因此，在进行创造物的全过程中，算法的作用不可忽视，人工智能算法的编程者自然应当作为人工智能创造物的利益主体而纳入专利权归属的讨论范围。

（4）人工智能数据的提供者

大量的数据能够为 AI 进行创造物提供"原材料"。人工智能在特定算法的指导下，对数据进行过滤、处理和加工，通过复杂的计算产生大量不同的技术结果。这些数据可以来自特定的主体，如企业，也可以来自所有人都可以访问的开放公共领域。比如，Google 翻译的庞大数据即来自使用该翻译服务的庞大用户群体。人工智能的发明离不开海量数据的支持，只有通过算法对数据进行分析和评估，才能产生发明。数据信息在整个创造物过程中的作用是非常重要的，而人工智能数据提供者也应当作为人工智能创造物的利益主体纳入专利权归属的讨论范畴。

3. 人工智能创造物专利权归属模式及其不足

一项创造物完成后，在相关主体递交专利申请之前，就会出现法律的所有权归属问题。该发明最初将以商业秘密的形式存在于社会中，法律必须规定其原始归属主体。如果相关主体其后要递交专利申请，该创造物就会进入专利法领域。① 在讨论专利申请之前，必然是已存在一项创造物成果，因此，发明的技术文件受到不公开的商业秘密的保护，一般来说，只有所有者和操纵者才能对该技术文件主张权利。②

（1）人工智能所有者模式及其不足

人工智能使用者对 AI 的指引作用在创造物过程中仅扮演次要角色，与所有者相比其产生的作用小，双方可以通过签订事先协议，就发明专利利益的分配达成一致。此外，人工智能使用者参与 AI 创造物的两种情况中，其只存在于人工智能发明的过程中，始终依操纵者为其设定的参数或目标进行创造的情形。由于人工智能可以通过独立学习和深度学习来产生发明，因此无需设置发明目标的参数。所以，将专利权利归属于使用者并不适宜。

AI 当前无法获得发明人地位，依现有制度之规定，可以让 AI 的算法程序作者或者测试者获得发明人地位，他们通常最早接触到 AI 所创造的技术成果，其后以发明人的身份记录在专利申请文件之中。但是在一项发明专利中，发明人与专利权人可以为不同的主体。在人工智能研究与开发以及专利实践方面，Google 和 IBM 企业作为 AI 的所有者，这

---

① 崔国斌：《专利法：原理与案例》，北京大学出版社 2012 年版，第 419 页。
② 王正中：《论人工智能生成发明创造的权利归属——立足于推动创造物的应用》，载《电子知识产权》2019 年第 2 期，第 22 页。

些公司加强了企业文化在 AI 技术创造活动的影响，并为发明和创造提供人力和物力支持，应当拥有由 AI 产生的技术成果的专利权及其创造的各种利益。①

（2）人工智能使用者模式及其不足

人工智能的使用者为 AI 完成创造物成果提供了一定的技术前提，但其并不一定会参与到 AI 的后续创造物活动，因而不宜单独作为 AI 创造物之专利权人。例如 Watson，其所有者 IBM 公司可以通过合同与一般用户签订协议，通过双方的意思表示约定共同作为人工智能创造物成果之专利权人，一方面能够激励 IBM 公司继续给人工智能研发投资，另一方面能够使一般用户使用者在使用 Watson 时主动输入更多数据信息，分配多样化的任务目标，从而有利于更多新类型科技成果之诞生。② 如若单独把使用者认定为发明人并进一步认定为专利权人，那对 AI 所有者 IBM 公司这类主体来说，是极不公平的。

（3）人工智能编程者模式及其不足

在美国，最初负责编程的 AI 程序员具有获得 AI 设计和发明的卫星通信天线的权利。但由 AI 编程者享有人工智能创造物的专利权并不合理，除非其后续作为主要使用者有参与到 AI 创造物成果的生成之中。尽管编程者创建的算法程序能够指引 AI 进行方法的运算及筛选，但这并不意味着程序员应当享有 AI 创造物成果的专利权。因为在创造物的全过程中，即使 AI 的算法程序类似，但其结合不同的数据以及操作改动，就能够产生不同的结果。

通常来说，AI 的原始编程人员在人工智能的算法程序编写完后，一般不会参与后续 AI 的具体应用环节，加上 AI 所生成的创造物主要是基于其后对海量数据的搜集、筛选以及深度学习，早已与原算法程序脱离。同时，程序员在开发 AI 程序时已经获得了相应的报酬，其劳动已

---

① 朱雪忠、张广伟：《人工智能产生的技术成果可专利性及其权利归属研究》，载《情报杂志》2018 年第 2 期，第 73 页。

② 朱雪忠、张广伟：《人工智能产生的技术成果可专利性及其权利归属研究》，载《情报杂志》2018 年第 2 期，第 74 页。

经获得了相应的回报，因而由 AI 完成的创造物成果之知识产权不应再授予程序员。因此，授予原始程序员专利所有权也是不适当的。

五、人工智能创造物专利权的归属

人工智能作为一个新兴产业，在制定规则时并没有被立法者所预见。虽然立法者为未来的不确定性保留了制度上的空间，但这种空间通常是根据立法规则的范围来确定的，所以不会很大。因此，随着新兴产业的爆炸式增长，旧的规则变得不适应社会现实，现实与制度之间的摩擦变得越来越严重。人工智能的快速发展及其大规模应用将出现越来越多的人工智能产业和新发明，若法律对其专利所有权的规定依旧模糊，整个专利制度将丧失稳定性。

(一)人工智能主体资格的认定

人工智能主体资格否定论在当前弱人工智能技术的条件下有一定的合理性，但该观点忽视了 AI 技术飞速发展的实际情况。上述三种有关人工智能主体资格的观点都有一定的理论支撑，特别是有限主体资格论既有利于科技的发展，也有利于人工智能机器人拟制人格制度的具体建构。但按照国内外学界的普遍观点，AI 分为弱 AI、强 AI 和超级 AI 三大类别。① 因此，应当依据人工智能的不同类型分别讨论人工智能的法律主体资格。

弱人工智能并不是在所有领域都能够进行全面的学习及创新，其不具备与人类相同的行为或类似的思想，本质上必须被归类为一种工具，其在人工智能的发明中只起辅助作用，因此将其描述为法律主体是不合适的。首先，弱人工智能不具有独立的意识，其无法产生法律主体应当

---

① 曾炜、曾姣玉：《知识产权法下人工智能系统的法律地位》，载《南昌大学学报(社会科学版)》2019 年第 2 期，第 27 页。

具备的权利意识及义务意识，从而无法成为相关权利的拥有者。其次，没有独立意识的 AI 机器人完成的创造物，会因 AI 本身无法实现意思自治而无法发挥其推动社会进步的作用。最后，如果赋予 AI 法律主体资格，人类作为弱人工智能的操纵者将趋利避害地仅获得利益而让 AI 承担损害。因此，没有对创造物做出实质性贡献的弱人工智能无法成为与专利相关的权利人。

在强人工智能标准下，AI 机器人的"思维"和"情感"与人类的思维和情感已具有一定的相似度，还具有相对独立的自我意识，并可以据此做出一定的行为。独立意识的产生是拥有法律意识从而获得法律主体资格的前提，具有独立意识的 AI 将必定提出相应的权利诉求，在行使权利的过程中也会体现其具备意思能力。与弱 AI 之人机显著区分特征相比，强 AI 和人之间的差异已最小化，尽管并不能因此而判定达到强 AI 标准的智能机器人可以等同于人类，但这一类 AI 机器人不再适合以客体的身份在民事法律关系当中存在，而应该赋予其法律主体资格。① 当然，在未来强人工智能时代，强 AI 主体资格赋予应当设立一定的限制条件。

超级人工智能远远超过了强人工智能的"智慧"，并且几乎可以在各个领域都能超过人类大脑之智慧，如果强人工智能能够获得法律主体资格，那么超级人工智能也有理由获得该主体资格。当然，从伦理道德的角度，如果我们一味放纵新兴技术进入人类生活的各个领域，那将带来许多风险，比如克隆人、基因编辑婴儿等无疑会挑战人类世界的伦理底线。因而，我们在赋予相应类型的人工智能以主体资格的同时，也要努力规避产生相应的伦理风险，以更好地造福人类。

(二)人工智能创造物专利权归属的原则

人工智能领域涉及多个利益相关者，如果他们的利益不同，且其中

---

①　贺栩溪：《人工智能的法律主体资格研究》，载《电子政务》2019 年第 2 期，第 108~109 页。

一些利益相关者之间存在分歧，就会给传统专利制度的应用带来问题。利用专利制度中的利益平衡原则和贡献原则，可以平衡多个利益者之间的关系，以确定利益者间的相互权利和义务，从而实现正常经济秩序的维护，鼓励有关人员的主动性和积极性，开展创造物活动，促进社会经济和技术的快速发展。

1. 利益平衡原则

人工智能的发展加速了创新并降低了成本，专利的授予明显扰乱了社会公共利益与专利所有人之间的平衡。从激励创造的角度来看，专利法通过专有权鼓励创新的对象是人，因此不需要激励人工智能。在"无限猴子定理"①被应验与"摩尔定律"②被违反的条件下，人工智能发明的专利甚至可能侵犯人类创造的领域。与此同时，人工智能的发明过程涉及许多参与者，如硬件开发人员、算法设计人员和用户等，这种类型的专利在权利的主张和利用等实际过程中可能会付出很高的代价，这违反了经济法的精神。

"利益平衡"一词在当今社会被广泛使用，尤其是在讨论如何解决利益冲突时，其一般会被用作解决利益冲突问题之基本原则及思路。法律上的权利从本质上反映了法律规定及确认的各种利益，履行义务与保障利益以及获取利益密切相关。③ 从经济学的角度来看，平衡是知识产权制度之"效益"目标。此种效益在知识产权制度中并未以直接经济利益之形式表现出来，而是在该制度的设计中表现出来，该制度设计主要体现在平衡及协调知识产权相关者的利益方面，尤其是权利所有者之利益与社会大众使用及传播知识产品之社会公共利益。④

---

① "无限猴子定理"指的是随意在打字机上进行打字的猴子，在没有时间限制的情况下，最终也将完成一些语句甚至是一本书。

② "摩尔定律"认为，计算机信息技术每一年半的时间能够实现倍数增长。

③ 冯晓青：《知识产权法利益平衡理论》，中国政法大学出版社 2006 年版，第 1 页。

④ 冯晓青：《知识产权法利益平衡理论》，中国政法大学出版社 2006 年版，第 10 页。

知识产权制度涉及的所有领域，都可以利用平衡原则协调与知识产品相关的利益对立或冲突，从而实现知识产权法之平衡目标。例如，当知识产权所有者权利过大时，需要通过更严格的权利限制手段来确保公众的利益；若由于过度公开获取而使知识产权所有者的权利受损，则可以对知识产权限制施加反限制。在人工智能创造物的权利归属上，也可以根据利益平衡原则的相关规定使权利的归属实现利益平衡。AI 创造物的出现，虽然给当前专利制度带来了挑战，但其极大地推动了社会科技进步，其专利权的归属需要维护个人利益与公共利益之间的平衡。基于此，AI 创造物的专利权在当前弱人工智能时代尚不适宜直接归属于AI 本身，将专利权分配给相关的民事主体才可实现个人利益与公共利益的平衡。但对于 AI 的不同发展阶段，人工智能创造物应适用何种专利权分配规则，才可以平衡开发者、使用者以及所有者之间利益，以更好促进相关科技与产业良性发展，依然值得深入论证。

2. 贡献原则

专有权的设立是为了奖励创造行为，并鼓励创造新的创造，因此必须充分考虑到该主体为这项发明所做的努力和所作贡献的重要性。在人工智能发明领域，由于人工智能在一定程度上参与了发明，逐渐从辅助工具变成了独立的创作主体，这一过程不可避免地涉及越来越多的主体。这些主体，从程序设计人员到设备制造商和用户，他们都在为创造物付出劳动，但如何衡量他们对发明的贡献是一个难题。

事实上，从劳动理论的观点来看，不应完全否定人工智能发明的可专利性。对于怀疑论者主张的，随着越来越多的主体参与到人工智能辅助创造的过程中，多个主体所做贡献的大小会很难确定，主张专利权之后的公平分配问题更难得到解决，所以其可专利性问题不应一概而论。在将人工智能用作辅助手段的阶段，发明和创造的输出很大程度上取决于用户的想法、参数和程序的操作。通过这项工作，相关主体付出了精力或劳动，并为创造物做出了巨大贡献。仅仅因为难以区分贡献者们的贡献大小，就剥夺他们享受劳动成果的权利是不公平的。

在人工智能创造物的众多参与者中，程序员可以算作人工智能的开发者，在人工智能诞生初期贡献很大。但是，后期因为人工智能自身的特征，导致人工智能的专利成果实质上是没有程序员参与的。因而，AI创造物成果的贡献者中一般不包含程序员。数据信息是人工智能研发专利的核心，没有数据，AI则无法进行创造物活动，只会起到显示器的作用。因此，数据提供者的重要性是显而易见的。但是，数据提供者是否对人工智能研究与开发的专利成果作出了重大贡献，仍然是一个难以回答的问题。反馈方能在 AI 发生故障时进行调整和纠正，它能保持 AI处于稳定的生产状态。反馈方的存在是人工智能长期运行的保障，但其目前与人工智能的研发成果并没有直接联系。人工智能所有者、运营者和投资者都对 AI 进行了投入，虽说其目的在于获取高于投资成本的利益，但从法律的角度来看，它们是人工智能产业发展的主要驱动力。因此，依据贡献原则，在人工智能所有者、算法编程者、数据提供者、反馈方、人工智能使用者等众多与 AI 创造物专利权相关的主体中，将专利权分配给人工智能所有者更为适宜。

(三)人工智能创造物相关权利人的认定

作为知识产权制度的组成部分，权利归属制度不仅是人工智能发明的利益分配制度，也是人工智能发明成果受法律保护的制度起点，因为只有权利人才能禁止非法使用知识产品。[1] 人工智能创造物的专利权与众多相关者的利益密切相关，如果没有对利益进行合理分配，知识产品专利权的整个分配体系将变得不稳定，权益纠纷将不断发生。

1. 人工智能创造物发明人的认定

"发明人"是指实际实施发明或者创造的主体，其必须对专利申请

① Colin R. Davies: An Evolutionary Step in Intellectual Property Rights—Artificial Intelligence and Intellectual Property, Computer Law & Security Review, 2011 (27), p.610.

范围内的技术特征作出了重大贡献，当申请专利范围载有数个请求项时，至少须对其中一个请求项有贡献。AI 通过深度学习能够独立收集、筛选及识别大数据，最终能够超越原始算法的预设，自主生成具有专利保护意义的技术方案。人工智能此种自主学习、自主思考、自主完成创造物之能力与自然人发明人没有差别。人工智能主要是通过反复进行实验及数据筛选技术完成创造物的，与人类发明人类似的创新活动相比，AI 可以更高效地完成创造物。在此情况下，AI 不再仅仅是物质的"发明机器"，也不再仅仅是自然人发明的"辅助工具"，而是一个独立的发明者。

人工智能独立完成发明挑战了"人类发明者中心主义"，因为该理论主张一切创造物均只能由具有思想及创造力的人类完成，各国的国家专利制度普遍承认这一点。我国《专利法实施细则》也规定，发明人是为创造发明的实质性特征作出了贡献的人。依当前专利制度之规定，发明人只能是生物学意义上的人，即便是雇员（职务）发明，具体的发明人也只能是自然人，法人或其他单位虽可成为专利权人，但无法成为发明人。《美国专利法》(United States Patent Act)将发明人定义为，发明或发现新的和有用的过程、机器、产品或材料组合或改进的发明对象的"人"。有关"人"的表述，美国在立法文件中运用的是"Person"或"Individuals"。而且，发明人的全名应当记载在发明专利申请文件中，不符合条件的专利申请文件视为无效。

从"人类发明者中心主义"的观点来看，署名权是发明人特有的权利，发明人有权在专利文件上签名。这种权利属于人身权，无论专利权最终归属何者，署名权总是属于自然人之发明人，该权利可以被放弃但不能被转让或继承。同时，专利制度强调发明人与其发明成果之间的法律关系为一种人格关系，对专利权归属之财产关系不会产生实质性的影响。独立自主 AI"机器发明人"的出现将破除上述理论的限制，即发明者不仅仅只能是一个自然人，AI 将超越其作为机器或工具的客体地位，成为其智力成果的主体，其将在法律地位方面产生重大的变化。①

---

① 单晓光等：《人工智能对专利制度的挑战与应对》，载《福建江夏学院学报》2018 年第 4 期，第 4 页。

2. 人工智能创造物专利申请人的认定

在立法技术方面，有关专利所有权归属的规定主要有三个方面。首先是"申请专利的权利"①之确定（即确定申请专利之权利主体），从授予专利的程序来看，这项权利是发明申请专利之前的权利；然后规定"专利申请权"，即申请主体有权决定是否继续进行申请程序或者授权他人继续进行专利申请；最后规定专利申请获得批准后，由提出专利申请的主体获得专利权。由此可见，在专利制度下，申请专利的权利、专利申请权以及专利权三者相互关联。

在 AI 独立或自主实施一项发明时，其可被视为发明人。发明是一个智力的事实行为，依据这一法律事件，AI 认定为其创造物的发明人，但就与享有和行使权利相关的法律行为而言，只有自然人、法人或其他组织才能作为主体。鉴于人工智能非法律主体之现状，没有必要推翻"人类发明者中心主义"而将申请专利的权利以及专利申请权赋予人工智能。② 因此，人工智能创造物申请专利的权利以及专利申请权仍应由现有法律主体享有。

3. 人工智能创造物专利权人的认定

在"专利二元主体"构架之下，发明人与专利权人可以为不同主体，即便将来法律承认了人工智能具有发明人资格，但在复杂的人类社会关系中，人工智能机器人很难像人类那样理性、真实地行使权利、履行义务和承担责任。所以，任何权利的主体都必须是具有意思能力的主体，一项发明的专利所有人必须是自然人或自然人的集合。前文列举的人工智能创造物实例中由美国科学家斯蒂芬·泰勒研发并获得专利保护的"创造力机器"（Creativity Machine）的例子对该问题的说明或许能提供一

---

① "申请专利的权利"是指，在创造物完成后、专利申请提交前的这段时间内，权利主体决定是否就该项创造物提出专利申请以及如何提出专利申请的权利。

② 吴汉东：《人工智能生成发明的专利法之问》，载《当代法学》2019 年第 4 期，第 33 页。

定的思路，"创造力机器"借助神经网络技术创造出新的且有用的发明，最终由泰勒为该发明申请专利并获得专利权。我们可以认为，从创造物的事实行为来看，随着全球 AI 科技的高速发展，未来的人工智能机器人被认为是发明人，但专利权的授予是基于专利当局的授权行为，这种权利只能授予人类。

（四）我国人工智能创造物专利权的归属建议

1. 明确人工智能创造物的专利审查标准

我国专利法规定的专利许可标准，是指"只有符合新颖性、创造性和实用性标准的发明才能获得专利"。然而，在人工智能时代，为了使其专利法充分发挥其"创新法"的作用，有必要使其现有的"专利三性"标准适应人工智能行业的发展。

（1）人工智能创造物"新颖性"审查标准

AI 收集、筛选以及分析数据信息的能力远强过普通发明人，在对 AI 完成的创造物进行专利保护的可专利性判断之过程中，就会产生现有技术搜索无法穷尽的问题，使得人工智能算法的检验结果和发明的可专利性存在缺陷。因此，专利法在判断人工智能创造物的可专利性问题时，应当恰当地调整专利"新颖性"标准。一方面，专利局对现有技术的研究不应局限于申请日前在国内外已知的特定技术领域，而应就"现有技术"作出更广泛的解释，检索范围还应涵盖智能算法本身以及其运算需要依赖的原始数据；另一方面，可以要求专利申请人将除涉及商业秘密的所有与 AI 创造物相关的数据信息完全在专利申请材料中进行说明。

（2）人工智能创造物"创造性"审查标准

依据当前专利"创造性"的审查步骤，在其第三步的通过相同领域内"一般技术人员"眼光来判断所申请专利之创造物是否显而易见的时候，由于 AI 强大的数据信息基础以及学习能力，其完成的创造物通常会涉及许多技术领域，因此往往无法确定该"一般技术人员"而使该步骤失效。此外，AI 的创新能力远远超过一般技术人员之创新能力，一般技术人员无法精通所有技术领域的任一现有技术，这必然将使专利的创造性判断标准变得不确定。创造性标准应当随着新技术发展之要求进行恰当的调整，以判断创造物非显而易见的主体为例，在同一领域已经存在的"一般技术人员"的概念之外，还可以引入"智能技术人员"的概念，这一尝试可能有助于防止创造性判断标准的失效。

（3）人工智能创造物"实用性"审查标准

"实用性"要求申请专利的发明具有积极的效果，所以，损害社会发展、严重破坏环境、严重浪费自然资源或能源、损害人类健康的专利申请是不"实用"的。[1] 判断创造物能否产生积极的效果，我们应当既要关注该项发明的正面效果，也要关注其负面效果，既能够用来娱乐又能够用来赌博的棋牌以及存在安全隐患的电器，二者都无法获得专利保护的原因正是其"负面性"。[2] 毫无疑问，人工智能技术各有利弊，它可以对社会进步和经济发展产生积极影响，又能给社会带来道德和伦理风险。为使 AI 技术始终有利于促进人类社会发展，并且避免其"双刃剑"之特征给社会带来不良影响，必须加大重视专利授权之"实用性"标准。因而，要严格审查人工智能创造物实用性要件当中的"实施效果"，以有效排除不符合道德、违背伦理以及可能使社会公共利益受损的创造物成果获得专利保护。

（二）构建我国人工智能创造物专利权的归属模式

如前所述，在专利的双层结构中，发明人和专利权人可以被分开。在构建人工智能发明的专利权分配模式时，应考虑在适当的时候给予人工智能发明人的地位，然后参照职务发明与雇佣发明的有关规定对专利的申请与专利权的使用进行分配。

---

[1]　罗川东：《专利法重点问题专题研究》，法律出版社 2015 年版，第 40 页。
[2]　孜里米拉·艾尼瓦尔、姚叶：《人工智能技术对专利制度的挑战与应对》，载《电子知识产权》2020 年第 4 期，第 56 页。

确定人工智能创造物之发明人时，应分为两种情形讨论。第一种情形为人类运用人工智能技术完成人工智能创造物。第二种情形为人工智能系统学习过后之人工智能技术完成新发明，且假设第二种情形之发明系由高度自主的人工智能系统在独立状态下完成，人类就其中之技术及发明不具预见可能性。既然人类未参与第二种情形之发明，很难说其为人工智能创造物提供了实质贡献，所以不得被视作发明人。而人类研发某一 AI 系统时，在创作过程中，设计如何使计算机能够执行任务或解决问题，并作为发明者对发明作出重大贡献。所以，专利法意义上的发明人不再局限于自然人，人工智能对创造物本质特征的产生具有重大贡献时，也可以被视为发明人。① 人工智能具有两种类型的发明人身份：由人工智能独立产生的发明，则人工智能是单一发明人；人工智能与自然人共同产生的发明，人工智能是"共同发明人"。②

参照职务发明与雇佣发明的有关规定并结合利益平衡原则及贡献原则，本书认为，AI 的所有者可以默认为 AI 创造物之专利权人，这一做法与我国财产权制度十分契合，能够更好地激励人们进行创新活动。AI 的所有者、使用者以及原始算法编程者，作为人工智能创造物权益之重要相关者，特殊情况下三者可以为同一主体。当三者不是同一主体时，其可事前通过意思自治达成协议来约定专利权之归属。AI 原始算法编程者与 AI 使用者为 AI 完成创造物提供了一定的技术前提，但是二者均不必然参与 AI 后续的创造活动，因而不适合单独作为 AI 创造物的专利权人，但具备独创性之算法软件可以获得版权法的保护。AI 领域已逐渐成为大型企业的竞技舞台，单个的自然人主体能力有限，需要公司企业对资源进行整合，对创造物研发活动进行统筹安排。③

① 曹建峰等：《人工智能对专利制度的影响初探》，载《中国发明与专利》2018 年第 6 期，第 55 页。
② 吴汉东：《人工智能生成发明的专利法之问》，载《当代法学》2019 年第 4 期，第 32 页。
③ 朱雪忠、张广伟：《人工智能产生的技术成果可专利性及其权利归属研究》，载《情报杂志》2018 年第 2 期，第 74 页。

第四章　自主武器的国际人道法规制研究

一、自主武器概述

(一)问题的提出

近年来人工智能技术快速崛起，其影响范围涵盖了各个领域。其中备受国际社会关注的，莫过于人工智能技术在军事领域的应用。人工智能技术迈入智能化时代，即在没有人类干预的情形下，自主武器在识别、跟踪、选择和攻击军事目标等关键功能方面能够实现自主操作。自主武器的出现颠覆了国际社会对传统作战方式和制胜机理的看法，因此国际社会纷纷提出了自主武器是否会对当今国际人道法产生冲击的质疑。

国际人道法的制定和实施主要是围绕人类进行的，用于约束人类的不法行为。遵守国际人道法能够更好地保护在武装冲突中受到法律保护的所有人。如果自主武器的使用无法符合国际人道主义规则，则意味着将严重削弱向这些群体提供保护的力度。而且，保护那些没有参与敌对行动的人是国际人道法的核心。但是在制定国际人道法时，未曾考虑到随着科技的发展，武器会越来越智能化。自主武器的出现，使得国际人道法在适应新的军事实践上面临着巨大挑战。自主武器的使用是否会违反国际人道法？现有的国际人道法审查机制是否完全适用于自主武器？

自主武器是否会在法律审查实施方面遇到困境？如果自主武器的使用会对国际人道法造成冲击，是否会引发责任主体缺位？因此，应探究如何对自主武器的使用进行规制，使其既能顺应人工智能技术发展的潮流，又能在国际人道法的制度框架内合法发展。这些问题亟待探讨。

（二）研究背景

自主武器可以独立选择和攻击目标，而不需要人类的进一步参与，这也许预示着当代武装冲突中最根本的变化。自主武器的崛起引发了激烈的国际辩论，争论的焦点往往集中在自主武器是否会违反国际人道法这一关键问题上，以及应如何确定责任承担主体和如何解决该责任规制困境。

虽然自主武器能够完成高难度的军事任务，但是它们在使用性能上具有不可预测性。自主武器的行动虽然在一定程度可以预见，但不能保证其总能安全如期地完成任务。自主武器在使用过程中还容易出现各种故障。自主武器的内部程序越复杂，出现错误的概率就越大，而且这种程序错误将导致意外事故的发生。如果自主武器在战场上突然出现故障，可能会把矛头指向己方的人类战友。虽然自主武器的使用具有不稳定性，而且具有很强的破坏潜力，但是越来越多的国家仍将它们纳入武装部队。

尽管自主武器的发展日新月异，但其带来的法律、道德和社会问题仍引起广泛关注。2014 年 5 月，联合国在《特定常规武器公约》的框架下，举行了与自主武器相关的非正式专家会议。2016 年 12 月，联合国提议设立一个政府专家小组来专门研究自主武器的相关问题。国际社会对自主武器的发展有浓厚的兴趣，有 14 个国家公开呼吁应先发制人地禁止发展自主武器。其他国家在这场激烈的国际辩论中也发挥着积极作用，包括中国、美国、英国、俄罗斯等国家。此外，人权观察组织在2012 年发起了"阻止杀手机器人运动"；未来生命研究所在 2015 年发表了禁止自主武器的公开信，并得到超过 3 万多人的响应，包括霍金和马斯克等著名人物。然而，世界经济论坛则明确表示反对禁止自主武器的行动。① 笔者认为，关于自主武器的真正问题不是如何禁止"杀手机器人"，而是如何在不扼杀未来技术潜在优势的情况下，规范和限制自主武器的部署。

（三）研究目的

自主武器的出现象征着武器发展实现质的飞跃，迈入军事智能化时代。虽然国际社会中有些国家、组织和个人公开禁止发展自主武器，但是自主武器的发展顺应时代的潮流，已成为大势所趋。美国很早就开始发展自主武器。2003 年，美国海军使用的 MK15 方阵近距离武器系统（CIWS），是一种反应迅速、可以快速射击的 20 毫米火炮系统。该武器主要用于近距离对抗反舰巡航导弹和固定翼飞机，能够为美国的海军舰船提供终端防御保障。而且，它能够独立识别和应对来袭的威胁，例如自主搜索、跟踪和射击目标、进行杀伤力评估和停火等。②

我国也高度重视自主武器的发展。在 2016 年的珠海航展上，无人机"云影"的出现首次实现了我国集高空高速察打的一体化。该款无人机的最大特点在于无需人员的操作，能够自主打击目标，不仅准确度高、反应速度快，而且可以在高空中实现远距离的侦察和监控。③ 自主武器的飞速发展迎合了现代战争的多样化需求，但同时也应该看到自主武器的使用给国际人道法带来的巨大挑战。本书从国际人道法的视角出发，探索如何对自主武器的使用进行合理规制，使国际人道法对自主武器的规制更加完善。

---

① 刘杨钺：《全球安全治理视域下的自主武器军备控制》，载《国际安全研究》2018 年第 2 期，第 52~53 页。

② John Pike：MK 15 Phalanx Close-In Weapons System（CIWS）. https://fas. org/man/dod-101/sys/ship/weaps/mk-15.htm,2003-01-09/2020-01-24.

③ 张加军、王兰：《解析中国新一代察打一体无人机如何杀出血路》，载《创新时代》2017 年第 4 期，第 8~9 页，https://mil. huanqiu.com/article/9CaKrnK0Rof, 2017-02-28/2021-01-26。

（四）研究现状

随着人工智能的迅猛发展，自主武器搭载这一平台在武器技术领域也得到突飞猛进的发展。在查阅相关文献的过程中发现，大部分国内学者将关注点放在自主武器的技术研发和军事应用等方面。近几年才开始出现国内学者对自主武器相关法律问题的探讨，因此国内学者在自主武器相关法律问题上的研究成果十分鲜见。

相比之下，国外学者是研究自主武器相关法律问题的主力军。国外很早就开始研究自主武器的相关法律问题，其中包括国家发布的指令文件、国际组织发布的相关报告等。本书主要围绕自主武器的定义、自主武器使用的合法性、自主武器使用的责任承担和自主武器使用的国际法规制路径这几个方面对自主武器相关研究成果进行梳理。

1. 自主武器的定义

国际社会尚未就自主武器的定义达成一致看法。国内学者在关于自主武器定义方面的研究成果比较匮乏。刘杨钺教授在分析大量国外文献的基础上，认为虽然当前自主武器系统的概念不清晰，但自主武器系统的概念应包含高度自主和杀伤力这两方面的特征，并将其定义为拥有先进的信息处理能力，能够自主作出决策并发动攻击的武器。①

鉴于西方国家的信息化程度较高，因此国外学者对自主武器定义的研究早于国内学者。英国国防部在 2011 年官方正式文件中，对自主武器的含义进行阐释：自主武器能够识别更高层次的目标，同时能够敏锐地感知战场形势的变化，并且根据形势变化及时采取相应的行动。② 美国国防部随后在 2013 年的一项指令中也公布了对自主武器的定义。在

---

① 刘杨钺：《全球安全治理视域下的自主武器军备控制》，载《国际安全研究》2018 年第 2 期，第 55 页。

② UK Ministry of Defense：The UK Approach to Unmanned Aircraft. http://www.doc88.com/p-787493971158.html，2011-3-30/2020-9-27.

该指令中，美国国防部将自主武器定义为：一旦被激活，在无人工干预的情形下，可以独立识别、决定和攻击目标。① 著名的人工智能领域专家 Noel Sharkey 教授认为，自主武器可以通过传感器获取信息，对接收的信息进行处理分析，然后对目标作出选择和进行攻击，并且这一系列操作都无需人类干预。② Peter Asaro 也认为，自主武器是指在人类控制范围之外，能够自主确认目标并对潜在目标发起致命攻击的武器。③

自主武器的定义是研究其相关法律问题的前提，因为对自主武器作出定义对于法律监管至关重要。自主武器作为新兴武器技术的象征，禁止它的发展不符合大势所趋。此外，国际社会如何定义自主武器，将决定这些武器是被视为现有的武器还是仅仅作为未来的武器。虽然在关于自主武器的定义上，学者们各抒己见地提出自己的观点。但是在自主武器的定义上如果能形成一致的意见，那么能够促进国际社会更好地解决与自主武器相关的法律问题。美国国防部官方公布的对自主武器的定义，是目前对自主武器的最佳定义，也是最常被引用的定义。因此本书将自主武器定义为：在一定程度上无需人类干预，能够独立识别、决定和攻击目标的武器。

2. 自主武器使用的合法性

在探讨自主武器的合法性问题上，国内外学者大多从自主武器的使用是否能够符合国际人道法这一角度展开阐述。张卫华认为，人工智能武器在遵守区分原则和比例原则这两方面给国际人道法带来极大的挑战。虽然人工智能武器在某些复杂的任务上比人类完成得更出色，但是却不能胜任极其简单的任务，比如区分海龟和来复枪，因此更别提能够

① U. S. Department of Defense Directive：Autonomous in Weapon System. http://www.doc88.com/p-7794535028123.html，2012-11-21/2020-09-17.

② Noel Sharkey：Autonomous Warfare Lessons Learned from the Drones. Journal of Law，Information & Science，2011(21)，p.152.

③ Peter Asaro：On Banning Autonomous Weapon Systems：Human Rights，Automation，and the Dehumanization of Lethal Decision-making，International Review of the Red Cross，2012(94)，p.690.

区分出混杂在士兵中的平民。此外，编程技术的限制也使得目前的自主武器难以进行比例分析。① 杨成铭教授也认同自主武器会对比例原则和区分原则造成冲击，除此之外，他还提到了自主武器也给预防原则和责任原则带来挑战。特别是当自主武器的使用违反国际法时，国际法中尚未明确规定谁应对此承担责任。②

著名的国外学者 Ronald Arkin 提出，因为自主武器缺乏人类情感，所以它们的行为没有夹杂恐惧、报复、愤怒或者沮丧等情绪，而人类战斗员在战场上却总是容易被这些情绪所左右。所以自主武器在执行任务时可以比人类做得更好。③ 学者 Michael Schmitt 也同意 Ronald Arkin 的观点，他认为，自主武器本身并不是非法武器，不能仅仅因为它们能够自主决策，而认为它们的使用不能遵守重要的国际法规则。因此，禁止自主武器开发的建议，无论从法律、政策，还是操作上都难以接受。④ Gary Marchant 在借鉴 Ronald Arkin 等学者观点的基础上，进一步提出了自主武器为什么会比人类更好地遵守国际法的问题。他认为，与人类相比，自主武器的传感器为他们提供了更好的"战场观察"能力，其先进的处理器使它们能够比人类更快、更准确地分析各种复杂的信息。此外，自主武器可以始终24小时保持警惕性来监控战场上各方的行为。⑤

然而，也有学者对自主武器能够遵守国际人道法这一观点持否定意见。Kenneth Anderson 和 Matthew Waxman 认为，当今的自主武器还没有

① 张卫华：《人工智能武器对国际人道法的新挑战》，载《政法论坛》2019 年第 4 期，第 150 页。

② 杨成铭、魏庆：《人工智能时代致命性自主武器的国际法规制》，载《政法论坛》2020 年第 4 期，第 134 页。

③ Ronald Arkin：Governing Lethal Behaviour：Embedding Ethics in A Hybrid Deliberative/Reactive Robot Architecture，Georgia：Georgia Institute of Technology，2011，p.61.

④ Michael Schmitt：Autonomous Weapon Systems and International Humanitarian Law：A Reply to Critics，Harvard National Security Journal Feature，2013(2)，p.35.

⑤ Gary Marchant et al.：International Governance of Autonomous Military Robots. Columbia Science & Technology Law Review，2011(12)，p.280.

足够先进的技术支持，以至于其能够遵守国际人道法规则，因此，国际社会使用自主武器的行为严重违法。①

在关于自主武器是否能够遵守国际人道法这一问题上，国内学者主要从自主武器的技术层面分析其是否能遵守国际人道法。而国外学者则侧重将关注点放在自主武器会比人类作出更好的决策方面。然而，在自主武器的合法性问题上，更应关注的是谁有权利拥有决策权，因为这涉及自主武器的责任承担问题。

3. 自主武器使用的责任承担

问责制要求所有人都必须遵守预先制定的行为标准，如果不遵守这些标准，他们就必须对自己实施的违法行为负责，并将受到制裁。但是由于国际法尚未对自主武器的问责制作出明确、详细的规定，因此引起国内外学者的广泛关注。国内学者张卫华认为，由于人工智能武器的自主性和不可预测性，不仅在认定指挥官和操作员的主观意图上存在障碍，而且容易将责任推脱给程序员或者制造商。此外，在追究制造商和程序员的责任时不仅面临主观认定上的困境，还面临程序上的法律困境。要解决该困境，应对人工智能武器施加一定的限制。② 学者董青岭也分别讨论了编程员、指挥官和国家是否应对自主武器的违法情形承担法律责任。他认为，在编程员的责任认定上存在一定困难，因为自主武器本身的不确定性和外部环境的复杂性，导致对编程员取证不具有可行性。但是如果指挥官在明知自主武器系统的缺陷后仍坚持部署，应承担个人刑事责任。国家应对其所属的自主武器担责，因为如果设计制造自主武器的行为归属于国家，一旦部署自主武器发生违法国际人道法的行

---

① Kenneth Anderson, Matthew Waxman: Law and Ethics for Autonomous Weapon Systems: Why a Ban Won't Work and How the Laws of War Can, Hoover Institution Press, 2013, p.3.

② 张卫华：《人工智能武器对国际人道法的新挑战》，载《政法论坛》2019 年第 4 期，第 151 页。

为，国家也应承担法律责任。①

国外学者 Mary Cummings 指出，如果计算机系统削弱了人类作为道德主体的地位，同时也会削弱其责任感。她的观点与大多数自主武器的反对者相似，她认为，如果自主武器的使用违反国际人道法，人类会推诿自身的责任，并将责任全部归咎于自主武器本身，从而导致人们不再对法律和道德存有敬畏之心。再加上自主武器方面责任的缺位，很容易导致自主武器被滥用。② Daniel N. Hammond 认为，虽然有许多主体参与到自主武器的研发、制造和使用过程中，比如程序员、制造商、指挥官和战斗员等，导致人们似乎不用担心会没有主体承担相应的责任。但是事实上，在对这些主体追究责任时存在重重障碍。③

在自主武器的问责方面，虽然国内学者提及了解决自主武器责任缺位的路径，即对自主武器进行有意义、适当的限制。但是并没有对该解决措施展开详细的介绍，只是泛泛提出自己的构想。大部分国外学者只是提出当自主武器的使用违反国际人道法时，会产生哪些责任追究难题，而没有提出相应的解决对策。本书在探讨完自主武器所面临的责任困境之后，将详细论述应如何破解该责任困境。

4. 自主武器使用的国际法规制路径

国内外学者都积极探索如何规制自主武器。国内学者张卫华提出，为了更好地规制人工智能武器，应制定与自主武器相关的条约，并加强国内对人工智能武器的合法性审查。④ 杨成铭教授在探讨对自主武器进行国际法规制时，也提出了形式上的构想，他认为，应在《特定常规武

---

① 董青岭：《新战争伦理：规范和约束致命性自主武器系统》，载《国际观察》2018 年第 4 期，第 61 页。

② Mary L. Cummings：Automation and Accountability in Decision Support System Interface Design，The journal of Technology Studies，2006(32)，p.23.

③ Daniel Hammond：Autonomous Weapons and the Problem of State Accountability，Chicago Journal of International Law，2015(15)，p.652.

④ 张卫华：《人工智能武器对国际人道法的新挑战》，载《政法论坛》2019 年第 4 期，第 144~155 页。

器公约》的框架下缔结与自主武器相关的议定书。① 徐能武教授则指出，除了应建立与自主武器相关的审查机制，拟定相关的法律文书，还应探索将伦理道德嵌入自主武器的可能性，以确保其作出的决策更加理性。② 陈聪教授也主张，为了更好地解决智能武器中自主性带来的不确定性，应对智能武器实施"道德准则嵌入"，从而更好地规范和限制智能武器。③

国外学者 Ronald Arkin 比国内学者更早提出"道德准则嵌入"方案，为了确保自主武器更好地遵守国际人道法，应让自主武器像人类一样具备"道德品质"，可以通过对其安装诸如"自主武器产生致命行为的抑制器"（即伦理调控器）来实现这一目标。④ Kenneth Anderson 则认为，应制定与自主武器相关的议定书，并且详细提到了该议定书应涉及的内容。该议定书的核心是自主武器应受现有战争规则、武装冲突法、国际人道法和国际人权法的管辖。同时，这项议定书应包括发展自主武器的规则和指导方针。这些规则和指导方针不仅可以基于法律要求，还可以基于政策考虑。此外，在议定书中应解决自主武器开发、制造和使用中出现的问题，比如自主武器是否允许人工干预以及以何种形式允许人工干预等问题。在制定议定书时，最佳的办法是在关键问题上达成共识，但同时保留一些灵活性，让国际标准和要求随技术的发展而演变。⑤ Gary Marchant 认为，除了各国达成共识以缔结条约或者议定书来规制自主武器，还可以通过其他方式对自主武器进行监管，比如跨国对话、

---

① 杨成铭、魏庆：《人工智能时代致命性自主武器的国际法规制》，载《政法论坛》2020 年第 4 期，第 133 页。

② 徐能武、龙坤：《联合国 CCW 框架下致命性自主武器系统军控辩争的焦点与趋势》，载《国际安全研究》2019 年第 5 期，第 108 页。

③ 陈聪：《论智能武器法律挑战的伦理应对——"道德准则嵌入"方案的合法性探讨》，载《暨南学报（哲学社会科学版）》2019 年第 5 期，第 63 页。

④ Ronald Arkin：Governing Lethal Behaviour：Embedding Ethics in A Hybrid Deliberative/Reactive Robot Architecture, Georgia Institute of Technology, 2011, p.61.

⑤ Kenneth Anderson et al.：Adapting the Law of Armed Conflict to Autonomous Weapon Systems, International Law Studies, 2014(90), p.393.

非约束性决议、宣言、专业指导方针、行为准则、民间社会报告和行业惯例，这些方式虽然缺乏正式的法律效力，也比条约规定的范围更小，但这些方式更具灵活性，能够更好地适应自主武器的不断发展，从而更好地引导国家对自主武器进行规制。① 然而，学者 Michael Schmitt 和 Jeffrey Thurnher 的观点与 Gary Marchant 相反，他们认为，现有的国际法足以规范自主武器系统，因此国际社会无需针对自主武器制定相关条约。②

国内外学者在如何对自主武器进行国际法规制上都提出了自己的见解，不仅从形式上提出构想，也从内容上提出构想。但是，笔者对于部分学者提出现有国际法足以规制自主武器的观点持怀疑态度。因为如果各国不采取行动，只要存在法律漏洞，自主武器将继续受到形同虚设的法条约束。国际法自身应该不断发展，以解决自主武器带来的问题。在针对如何使用自主武器的问题上，如果没有进行立法，那么法律将被降级为描述如何进一步进行技术创新。因此，从形式上和内容上对自主武器进行规范不失为最佳选择。只有顺应当今科技信息化潮流如日中天的趋势，在规范自主武器发展的同时，对自主武器的监管作出明确规定，才能跟上科技不断发展的脚步，完善国际人道法对自主武器使用的规制。

二、国际人道法对自主武器的规制

国际人道法是指在武装冲突中，从人道主义的视角出发，用条约和惯例的形式，保护不再参与战争或者没有直接参与战争的人员，以及约

---

① Gary E. Marchant et al.: International Governance of Autonomous Military Robots, Columbia Science & Technology Law Review, 2011(12), p.287.

② Michael N. Schmitt, Jeffrey S. Thurnher: Out of the Loop: Autonomous Weapon Systems and the Law of Armed Conflict, Harvard National Security Journal, 2013 (4), p.234.

束冲突双方作战行为的原则、规则和制度。①

国际人道法是国际法的一个重要分支。在 1949 年以前，国际人道法由日内瓦公约体系和海牙公约体系组成。日内瓦公约体系主要是保护战争受难者，即武装冲突中的伤病者、平民和俘虏等；而海牙公约体系主要是规范战争方法与手段，对具有杀伤性的武器进行限制，对俘虏给予人道主义上的待遇。第二次世界大战之后，国际社会决定在原有两大体系的基础上，建立一套系统的法律体系。1949 年，上述两大体系融合形成日内瓦四公约，该公约扩大了适用范围，不仅在适用对象上包括了非缔约国，而且在适用场合上也包括了非国际性武装冲突。1977 年，为了适应不断变化的战争形势和不断发展的武器技术，通过了两个附加议定书。2005 年，订立了第三附加议定书。由此，形成了目前的国际人道法体系。② 国际人道法的法律渊源有国际习惯、国际条约、各国承认的法律原则、司法判例和各国权威最高公法学家的学说。其中，国际习惯和国家条约是国际人道法中最重要的法律渊源。国际习惯对所有的国家都具有约束力，而国家条约一般只对缔约国具有拘束力。③

国际人道法中没有明确的条约对自主武器进行规定，但是国际人道法中的基本原则对自主武器的规制具有重要的意义。虽然基本原则是传统武装冲突中的行动准则，但也存在与自主武器合法性比较相关的条约，即《日内瓦公约》中第一附加议定书的第 36 条。此外，国际人道法中的制裁机制也对自主武器的使用具有一定的规制作用。

（一）国际人道法关于自主武器的审查机制

国际人道法中的区分原则、比例原则、预防措施原则、军事需要原则以及"马尔顿条款"原则具有举足轻重的地位。虽然没有明确的条款

---

① 何群：《国际法学》，厦门大学出版社 2012 年版，第 224 页。

② 曾令良：《中国促进国际法治报告 2014 年》，武汉大学出版社 2015 年版，第 145~146 页。

③ 朱文奇：《国际人道法》，中国人民大学出版社 2007 年版，第 70 页。

约束自主武器，但是自主武器的使用必须符合上述原则。

区分原则要求武装冲突双方只能对合法的军事目标发动攻击。冲突各方必须能够区分战斗员和非战斗员、军事物品和民用物品等，以确保遵守这项原则。因此，禁止冲突各方使用具有滥杀滥伤的武器，这种武器通常被称为不能针对合法军事目标的武器或者无法控制效果的武器。

比例原则要求禁止不分青红皂白地进行可能造成平民受伤、平民物品损坏的攻击，因为武力所造成的攻击必须与预期的军事利益相称。因此，武装冲突中的任何攻击不能不分青红皂白地使用武器或者作战方法，以防止造成的损害超过预期军事利益的限度。

预防措施原则要求冲突双方在攻击时应采取预防措施，对预期附带损害进行评估，防止所造成的攻击违反比例原则，或者当攻击对象是平民或者民用物体时，应立刻停止攻击。该项原则基于事前的信息，即冲突双方在攻击时获得的信息。因此，武器的使用也应对预期附带损害进行评估。

军事需要原则要求武装冲突双方所进行的攻击在军事上具有必要性，比如，国家必须是出于自卫的目的才能采取军事行动。军事需要原则需要武装冲突双方以最少的生命和资源代价来使敌方屈服。①

"马尔顿条款"原则作为兜底条款，要求在其他条约未规定的情形下，平民和战斗员仍受既定习惯、人道原则和公众良心要求的保护和约束。国际法院将"马尔顿条款"原则称为习惯国际法，该原则对所有的国家都具有约束力。

自主武器本身具有自主性，同时带来了不可预测性。在遵守国际人道法基本原则方面，需要对自主武器的每一环节进行严格的把控，对自主武器进行合理规制，以确保自主武器的使用符合国际人道法，避免造成无辜平民伤亡。

此外，1977年《日内瓦公约》中第一附加议定书的第36条，对审查

---

① 彭诚信：《人工智能与法律的对话》，上海人民出版社2018年版，第342~343页。

自主武器的合法性具有重要意义。该条约要求，在研发、获得和使用新式武器、新式作战手段和方式时，缔约国有义务对该武器、作战手段和方式进行审查，以确保其具有合法性。

虽然没有关于自主武器的具体条约，但是许多学者认为，应该根据《日内瓦公约》中第一附加议定书的第 36 条，对自主武器进行合法性审查。为了对自主武器的合法性进行评估，国际社会应该先明确自主武器是否被明令禁止。由于目前没有任何条约禁止使用自主武器或者研发自主武器，国际社会应根据该条约来分析。但该条约未详细规定应如何对自主武器进行审查，应按照国际人道法的基本原则来分析。虽然自主武器的使用可能会冲击国际人道法的基本原则，但是全面禁止自主武器的发展限制了科学技术的发展空间。因此，对自主武器的使用应通过制定严格的规范来规制，而不是完全禁止自主武器的发展和利用。

(二) 国际人道法关于自主武器的责任机制

在违反国际人道法的刑事责任上，国家有义务调查和起诉严重违反国际人道法并应当承担刑事责任的个人。[①] 纽伦堡国际军事法庭首次确定了个人刑事责任的原则，[②] 此后该原则得到不断发展。国家机构中的个人或者非政府武装团体中的成员如果犯了战争罪，应承担相应的个人刑事责任。[③] 战争罪包括被禁止的不人道待遇的行为以及故意使受害人遭受重大损伤的行为等。对于严重违反国际人道法的人，国家和国际法庭追究他们的个人刑事责任，是现代国际法的重大发展。习惯国际人道法中对作为指挥官对战争命令负有个人责任或者所有实施、发布实施战

---

① 杜鹃、徐冬根、薛桂芳：《国际法律秩序的不确定性与风险》，上海三联书店 2017 年版，第 253 页。

② 程兆奇：《东京审判》，上海交通大学出版社 2017 年版，第 283 页。

③ 杜鹃、徐冬根、薛桂芳：《国际法律秩序的不确定性与风险》，上海三联书店 2017 年版，第 248 页。

争罪的命令的个人都规定了刑事责任。①

　　在传统的国际人道法理论中，国家是国际人道法的主体。因此，探讨国家在武装冲突中的不法行为时，首先研究的是惩罚国家的可能性。在自主武器造成损害时，国家更应承担起违法使用自主武器的责任。在武装冲突中，国家如果违反国际人道法应承担相应的责任，保证政府或非政府的犯罪者将被起诉。1949 年的《日内瓦公约》规定，冲突各方如果犯有破坏此公约的行为，应受到相应的制裁。② 此外，国家的赔偿责任早在 1970 年的海牙法系统里已经明确规定。1977 年的附加议定书也对此作出明确规定，违反本议定书的冲突一方，依据情况的需要，必须承担负责赔偿的责任。因此，国家除了对可归因于自身的违反国际人道法的行为负责，同时还必须对这些行为所造成的损失或伤害作出充分的赔偿。③

　　如果发生使用自主武器造成平民伤亡，那么应通过严格的证据链追溯相关人员或者国家的责任。从自主武器一开始的设计制造到最后的使用这一全过程进行严密的监控，在对自主武器导致的危害结果追究责任时，可以通过该证据链找到造成损害的主体。同时，为了进一步厘清自主武器违法时的责任关系，明确责任主体，应对自主武器进行适当的规制。

三、自主武器对国际人道法的冲击

　　遵守法律是法治的核心，而法治是将国际社会紧密联系在一起的纽带。在武装冲突的背景下，即使在危机时期，遵守国际人道法是国际社

---

　　①　朱文奇：《国际人道法》，中国人民大学出版社 2007 年版，第 391～393 页。

　　②　杜鹃、徐冬根、薛桂芳：《国际法律秩序的不确定性与风险》，上海三联书店 2017 年版，第 248 页。

　　③　朱文奇：《国际人道法》，中国人民大学出版社 2007 年版，第 393～394 页。

会安定有序的体现。① 但是，能够自主作出决策的自主武器，可能会给国际人道法的现有规则带来挑战，冲击现有的国际人道法体系。这是一个涉及人类生死、和平与安全的问题。各国在发展自主武器时，不能仅仅考虑自己国家的利益，而应当将本国视为武装冲突地区人民的监护人。因此，探讨自主武器是否会给国际人道法带来挑战这一问题具有重要的理论和实践意义。自主武器对国际人道法的冲击主要体现在自主武器的法律审查机制尚未完善、自主武器法律审查实施对国际人道法的挑战以及自主武器使用的追责困境。

（一）自主武器对国际人道法审查机制的挑战

当前，自主武器对国际人道法审查机制的挑战，主要体现在自主武器的法律审查机制、自主武器的缔约国法律审查机制以及自主武器审查实践交流这三个方面，这些因素制约了自主武器国际人道法审查机制的进一步发展。

1. 自主武器对法律审查机制的挑战

随着人工智能技术的突飞猛进，自主武器不断向智能化深入发展的同时带来了不可预测性。因此，如何对自主武器进行规制，应以何种形式对其合法性进行审查，已得到国际社会的迫切关注。但是，目前自主武器的发展使法律审查机制面临挑战。当前的国际人道法仅仅对自主武器的合法性做了原则性的规定，自主武器审查制度得不到有效落实。

虽然在 1977 年《日内瓦公约》第一附加议定书的第 36 条中，规定了各缔约国对新式武器具有审查义务，即各缔约国有义务对新式武器、新式作战手段和方式建立审查制度。该条约同时也对新式武器的审查主

---

① Dieter Fleck：International Humanitarian Law after September 11：Challenges and the Need to Respond in Yearbook of International Humanitarian Law. T. M. C Asser Press，2003，p.65.

体和规则等做了相应的规定。但是，该条约的规定在关键问题上具有模糊性，没有提到应该如何对新式武器进行审查等。因此，该条约缺乏具体可行的规范，导致自主武器的法律审查机制面临着无法得到具体落实的困境。[1]

2. 自主武器对缔约国法律审查机制的挑战

各缔约国应建立法律审查制度，以保证新武器、新技术以及新作战方法具有合法性。然而各缔约国没有很好地履行这一义务。随着自主武器的迅猛发展，自主武器如果朝着不可预测的方向发展，自主武器的缔约国法律审查机制必不可少。但是，当前仅有美国、英国、瑞典、比利时等少数国家建立起对新武器的合法性进行审查的国家机制。因此，应推动各国履行这一义务，建立起自主武器的缔约国法律审查机制。

此外，自主武器的发展日新月异，《日内瓦公约》第一附加议定书的第 36 条没有详细规定如何对自主武器进行法律审查，导致有些国家在探索如何建立自主武器的缔约国法律审查机制上陷入困境。在这种情形下，有些国家即使有意愿建立自主武器的缔约国法律审查机制，但往往因自身综合实力不足，很难探索到建立自主武器法律审查机制的有效方法。

3. 自主武器对法律审查实践交流的挑战

如前文所述，有些国家在落实如何建立自主武器的国内审查机制上，由于现有的国际条约尚未作出明确规定，陷入自身难以解决的困境。此时，其他国家的自主武器国内法律审查实践具有重要的借鉴意义。这些国家的经验，可以为尚未进行法律审查实践的国家提供具有可操作性的蓝本。

但是，目前只有为数不多的国家建立起自主武器的缔约国法律审查

---

① 凯瑟琳·拉万德:《新武器、作战手段和方法法律审查指南》，载《红十字国际委员会资料汇编——国际人道法》2015 年，第 1 页。

机制，而且这些国家大部分很少进行关于自主武器法律审查实践的交流。因此，缺少对自主武器法律审查实践进行交流的平台，是造成各国之间交流不足，难以进行关于自主武器审查实践交流的重要原因。缺少必要的交流，加上条约对此规定过于模糊，导致有些国家即使想要履行对新武器审查的义务，但由于自身综合国力不足，很难探索出应如何设立自主武器的法律审查机制。

（二）自主武器法律审查实施对国际人道法的挑战

在自主武器不断朝着智能化发展的背景下，自主武器的合法性审查实施越来越复杂，并对国际人道法带来了挑战。自主武器的法律审查实施是否符合国际人道法的基本原则，即是否能够符合区分原则、比例原则、预防措施原则、军事需要原则以及"马尔顿条款"原则，引起国际社会的广泛关注。在没有人类的控制下，鉴于自主武器的不可预测性，自主武器的法律审查实施将面临严峻的挑战。

1. 自主武器法律审查实施对区分原则的挑战

区分原则是国际人道法的基本原则之一，是强制性规则。① 在使用尖端武器的现代武装冲突中，区分原则的核心是保护那些没有参与敌对行动的人，特别是平民。它还旨在保护因受伤或者疾病而失去战斗能力的战斗员。《日内瓦公约》第一附加议定书中对区分原则作出规定：为了确保尊重和保护平民和民用物体，冲突各方应始终区分平民和战斗人员，以及民用物体和军事物体，并仅以军事目标为指导。该军事目标特指"对军事行动有有效贡献"的目标。因此，平民和民用物体不得成为攻击的目标。②

---

① Jean-Marie Henckaerts: Customary International Humanitarian Law: A response to US Comments, International Review of the Red Cross, 2007(89), p.475.

② 朱文奇：《现代国际》，商务印书馆 2013 年版，第 497 页。

交战国在武装冲突中选择使用的武器将会直接影响到是否遵守区分原则。因此，部署自主武器的交战国应受国际人道法的约束，必须区分军事目标和民用目标。为了瞄准合法目标，自主武器必须能够理解和有效执行军事目标的定义。但在许多情况下，自主武器可能无法遵守区分原则。造成这种情况的原因主要有两个：第一，自主武器的技术限制；第二，自主武器的技术故障。

（1）自主武器的技术限制

首先，在当代武装冲突越来越复杂的背景下，自主武器在技术上存在的局限性，将导致其无法遵守区分规则。区分规则最初是基于常规战争和武装冲突而制定的，在这种情况下很容易区分战斗人员和平民。① 过去，战争大多发生在村庄和城镇之外，而且士兵会公开携带武器，并佩戴明显的标志，例如穿统一的军装。然而，在当代的武装冲突中，尤其是恐怖分子发动的武装冲突中，平民自愿或者被胁迫成为武装分子的人体盾牌，从而使区分原则的实施变得复杂。② 武装冲突波及的范围扩散到村庄、城镇等平民的集中住所处。③ 而且，许多士兵既不公开携带武器，也不佩戴鲜明的标志。因此，在武装冲突中越来越难以识别平民的身份。④ 在这种复杂的武装冲突背景下，如果没有加强人类对自主武器的控制，自主武器的技术限制可能导致滥杀滥伤情形的发生。

此外，正确地识别合法目标是区分原则的关键，⑤ 自主武器被期望能够像人类一样正确区分平民与武装部队、民用物体和军事物体。为了

---

① Francoise Bouchet-Saulnier: The Practical Guide to Humanitarian Law, Rowman & Littlefield Publishers, 2013, p.390.

② Tim Bunnell et al.: Cleavage, Connection and Conflict in Rural, Urban and Contemporary Asia. Springer-Verlag Press, 2013, p.90.

③ William Boothby: Conflict Law: The Influence of New Weapons Technology, Human Rights and Emerging Actors, T. M. C Asser Press, 2014, p.268.

④ Heather Harrison Dinniss: Cyber Warfare and the Laws of War, Cambridge University Press, 2012, p.148.

⑤ 李伯军：《21世纪的战争与法律问题、挑战与前景第二届中国军事法学青年学子论坛文》，湘潭大学出版社 2014 年版，第 62 页。

区分合法的军事目标，自主武器有望使用照相机、红外传感器、声呐、激光、温度传感器和雷达等设备。① 但自主武器的技术限制仍成为其符合区分原则的绊脚石。

自主武器需要依靠人脸识别和其他特殊标志来辨别目标。自主武器主要依据外观来进行目标定位，即通过编程来识别谁是敌人以及什么对象属于敌人。② 虽然自主武器的面部识别可能会使目标定位更加精确，但这种识别方法将仅限于有针对性地谋杀已知身份信息的个人，而不是武装部队。因为在军事上，如果没有敌方战斗人员面部图像的整个数据库，无论面部识别技术多么先进，这种能识别人脸的自主武器也无用武之地。至于其他特殊标志，鉴于上述当代武装冲突的复杂性，自主武器在识别军事装备的外观上很容易被敌方欺骗。例如，敌方故意携带被认为是己方战友的标记，这大大加剧了自主武器在识别合法目标上的难度。

其次，区分规则要求正确辨别民用物品和军用物品。但是，民用物品有时同时拥有民用和军事两种用途，或者在一定程度上被战斗员滥用。当前阶段，自主武器的技术限制使其很难拥有和人类一样的价值判断，以遵守区分原则。Kenneth Anderson 教授和 Matthew Waxman 教授认为，战斗人员只能针对其他拥有智能化武器的国家或地区部署自主武器，或者只在平民稀少的情况下(如海底攻击时)部署自主武器。③

人工智能和机器人专家 Noel Sharkey 指出，这可能是由于自主武器的现有传感器在正确识别方面具有局限性。要想使自主武器符合国际人道法，最简单的软件编程需要耗费几十年的时间。④ 此外，值得怀疑的

---

① Noel Sharkey: The Evitability of Autonomous Robot Warfare, International Review of the Red Cross, 2012(94), p.788-789.

② Jeffrey Thurnher: No One at the Controls: Legal Implications of Fully Autonomous Targeting, Joint Force Quarterly, 2012(67), p.80.

③ Kenneth Anderson, Matthew Waxman: Law and Ethics for Autonomous Weapon Systems: Why a Ban Won't Work and How the Laws of War Can. Hoover Institution Press, 2013, p.6.

④ Noel Sharkey: Grounds for Discrimination: Autonomous Robot Weapons, RUSI Defense Systems, 2008(11), p.88-89.

是，未来的自主武器是否会安装先进的传感器来感应出敌方战斗员即将投降，或者能否感应到战斗员由于受伤而失去战斗能力。就战斗员投降的情形而言，自主武器可能存在无法克服的技术限制。在武装冲突中，要判断敌方的战斗员正在投降或者即将投降，在某种程度上需要具备读懂人类心理活动的能力。但是，自主武器目前不具备读懂人类的意图的能力。① 而且，当前大部分自主武器采取的是无人机形式，这些类型的自主武器在数百英尺甚至是数千英尺的高空中运行。这种情形加剧了自主武器判断人类是否投降的难度。② 这相当于间接剥夺了投降的机会，为国际人道法所禁止。

（2）自主武器的技术故障

自主武器可能发生的技术故障，也会对区分原则造成冲击。曾发生过自主武器出现故障的情况，其中最轰动的是美国的地面爬行机器人攻击事件。该配备机枪的地面爬行机器人被部署在伊拉克参与战争，然而由于出现技术故障，该战斗机器人突然试图用它的 5.56 毫米的 M249 轻机枪来对付它的人类战友。美国陆军项目执行官员 Kevin Fahey 在接受关于此次意外事件的采访中提到，战斗机器人的枪在毫无预兆的情况下突然移动了。所幸没有人类战友在这次意外中受伤，但这场意外使人类需要一段时间的缓冲才能重新接受自主武器。Kevin Fahey 还指出，一旦发生这种意外，可能需要 10 年或者 20 年的时间才能再次进行尝试。③

虽然人类可能也会有失误的时候，但是一旦大量先进的自主武器投入战场使用，猝不及防出现的技术故障会造成不可计数的严重损失。因

① Michael Schmitt；Jeffrey Thurnher. Out of the Loop：Autonomous Weapon Systems and the Law of Armed Conflict，Harvard National Security Journal，2013（4），p.248.

② Humam Rights Watch：Advancing the Debate on Killer Robots：12 Key Arguments for a Pre-Emptive Ban on Fully Autonomous Weapons. https：//www.hrw.org/news/2014/05/13/advancing-debate-killer-robots，2014-5-13/2020-09-23.

③ The Register：US War Robots in Iraq ‘Turned Guns’ on Fleshy Comrades：Kill Droid Rebellion Thwarted This Time. http://www.theregister.co.uk/2008/04/11/us-war-robot rebellion iraq，2008-4-11/2020-09-27.

此，如果加强人类对自主武器的控制，及时发现技术故障并中止自主武器的程序，能够避免灾难的发生。同时，各国应加强对自主武器的审查。

2. 自主武器法律审查实施对比例原则的挑战

比例原则是国际人道法中的另一项重要规则。虽然上文提及的区分原则要求交战双方在武装冲突中必须区分军事目标和平民目标，但对合法的军事目标进行打击时，通常可能会对平民目标产生或多或少的影响。① 在国际人道法中，这种附带损害是可以接受的，但是必须符合比例原则。比例原则禁止交战方以预期的具体的军事利益为理由，选择会造成不成比例的损害的战争手段或方法。因此，战斗员在使用自主武器时，必须尽量减少给平民带来的附带伤害。在自主武器的使用是否符合比例原则的问题上，应考虑其是否可以对附带损害的比例性进行评估。

自主武器在进行比例性评估的定性判断方面存在不足。在对附带损害进行评估时，需要对具体个案中的比例性进行评估，而当前的自主武器尚未具备该能力。国外学者 Armin Krishnan 在其著作 *Killer Robots: Legality and Ethicality of Autonomous Weapons* 中也指出，自主武器可能会基于情境的误解，而发起攻击误伤平民的情况。② 此外，附带损害的比例性评估涉及定性判断，而该定性判断不同于定量判断，目前只能由人类来完成。因此，在这种情况下，人类的参与必不可少。

3. 自主武器法律审查实施对预防措施原则的挑战

预防措施原则是习惯国际法的一部分，该原则的目的是确保受国际人道法保护的人不会由于士兵的失误或者滥用武力而失去保护。《日内瓦公约》第一附加议定书中第 57 条规定了预防措施原则，该原则是指

---

① Leslie Green: The Contemporary Law of Armed Conflict, Manchester University Press, 2008, p.152.

② Armin Krishnan: Killer Robots: Legality and Ethicality of Autonomous Weapons, Armin Krishnan, 2010, p.98-99.

在特定行动之前，为预防或避免该行动可能造成的损害而采取的措施和行动。国际人道法中预防措施原则的含义与国际环境法中的相同，即依据可能带来的风险来衡量结果。①

首先，自主武器在使用时难以确定个人的身份。由于当今武装冲突的性质与往日大相径庭，预防措施原则的地位变得越来越重要。国外学者 David Herbach 认为，在 21 世纪武装冲突形态的不断演变中，敌人往往藏匿在人口稠密的地区，要想识别这些隐匿的目标面临一定的挑战。在这种情况下，预防措施原则具有举足轻重的地位。② 但是，这种复杂的情形也对自主武器遵守预防措施原则带来了极大的挑战。预防措施原则要求自主武器在选择和核查目标时，必须进行评估，以确保对无辜平民造成的伤害达到最小。但当前的自主武器在发动攻击前，尚未能够对此进行评估并根据法律规定作出推定。毋庸置疑，只有人类才能对这种复杂的情形进行有效的评估和判断。

其次，自主武器是否应视为军事行动的策划者。军事行动的策划者有义务遵守预防措施原则。然而，在武装冲突中，进攻计划往往不是一成不变的，而是需要依据战场情况的变化不断作出调整。那么，当自主武器负责重新调整作战计划时，它们是否会成为攻击行动的策划者，从而成为自身权力的参与者呢？笔者认为，自主武器不应被视为军事行动的策划者，因为基于作战环境的复杂性，没有加强人类控制的自主武器很难符合预防措施原则。③

---

① Jonathan David Herbach: Into the Caves of Steel: Precaution, Cognition and Robotic Weapon Systems Under the International Law of Armed Conflict, Amsterdam Law Forum, 2012(4), p.7.

② Jonathan David Herbach: Into the Caves of Steel: Precaution, Cognition and Robotic Weapon Systems Under the International Law of Armed Conflict, Amsterdam Law Forum, 2012(4), p.4.

③ Jonathan David Herbach: Into the Caves of Steel: Precaution, Cognition and Robotic Weapon Systems Under the International Law of Armed Conflict, Amsterdam Law Forum, 2012(4), p.8.

4. 自主武器法律审查实施对军事需要原则的挑战

军事需要原则是指交战双方仅在为实现具体和合理的军事目标时才能使用武力。这是一种为了达到合法的军事行动目的，而采取的紧急的不可避免的行为。① 虽然在武装冲突中存在军事需要原则，但是该原则不能与国际人道法中的其他原则相冲突。②

军事需要原则是否允许使用自主武器？为了符合军事需要原则，自主武器所施加的武力必须是仅限于实现武装冲突中合法且正当目的所必需的武力。但是，如果武装冲突各方允许自主武器施加的武力效果超出必要范围，在这种情况下，自主武器的使用违反了军事需要原则。自主武器的使用要符合军事需要原则，只有军事力量成比例，针对军事目标并符合人类要求的情况下，才会被认为使用的武力是必要的。然而，如果没有人类的控制，自主武器很难达到人类的要求，如上述的区分原则和比例原则，因此容易造成军事上不可必要的伤害。

5. 自主武器法律审查实施对"马尔顿条款"原则的挑战

"马尔顿条款"原则提出了在条约没有规定的情形下，需要考量国际习惯、人道原则和公众良知这三个要素。③ "马尔顿条款"原则具有重大意义，因为它影响了关于武器管理的海牙公约体系。自古以来，确定一种新武器是否可以投入战场使用受到了"马尔顿条款"原则中人道主义规则的影响。因此，在人道主义原则还未纳入海牙公约体系之前，也要求交战双方不得使用会使敌方不必要或以多余的方式遭受苦难的战争手段和方法。

虽然"马尔顿条款"原则禁止使用会造成滥杀滥伤和过分伤害的武

---

① 朱文奇：《国际人道法》，中国人民大学出版社 2007 年版，第 110~111页。

② 王铁崖：《国际法》，法律出版社 1995 年版，第 462 页。

③ 何蓓：《困境与出路：论马尔顿条款在国际法中的地位和适用》，载《武大国际法评论》2017 年第 4 期，第 20 页。

器，但它并没有成为自主武器技术开发和使用的绊脚石。实际上，只要自主武器的技术符合国际人道法的规定，便会受到国际社会的鼓舞。问题的关键在于，自主武器的出现是否对"马尔顿条款"原则产生冲击。

第一，自主武器可能无法辨别敌方是否要投降，这与"马尔顿条款"原则的内涵相矛盾。在武装冲突中，只要敌国的保卫者携带武器参与战斗，此时杀死他们具有正当性和合法性。然而，当他们放下手中的武器并投降，他们就不再是敌国的保卫者，此时夺取他们的生命失去合法性。特别是"马尔顿条款"原则中提到的人道法则、公众良心指出，当士兵因为生病或者受伤而投降或者不能继续参与战斗时，应当挽救他们的生命。

但是由于自主武器不同于人类，没有能力辨别战士是否将要投降，或者因为生病、受伤而不可避免提出投降。因此，如果自主武器使战斗员在受伤或者患病时无法投降或者无法得到及时的救助，就在某种程度上违反了"马尔顿条款"原则。《罗马规约》中明确规定，在任何情况下，交战国都应接受投降的方式。交战国不得下达"绝不宽恕"或"无幸存者"的命令，因为这种命令构成战争罪。自主武器的任务是一旦部署就会将目标赶尽杀绝，而且被编入程序的目标在被消灭之前不会停止，这与"马尔顿条款"原则相冲突。

第二，由自主武器决定人类生命，是侵犯人类尊严的表现，不符合"马尔顿条款"原则。因为在国际人道法中，人的尊严具有非常重要的地位。《日内瓦公约》规定，禁止侵犯战斗员和平民的人身尊严，特别是有辱人格的行为。侵犯人身尊严的行为不仅为《日内瓦公约》所禁止，而且也受到常规条约和习惯国际法的制约。因此，在武装冲突中，应以一种有尊严的方式对待战斗员，由人类来做决定，因为只有人类才能真正理解死亡的含义。①

---

① Thompson Chengeta：Measuring Autonomous Weapon Systems Against International Humanitarian Law Rules, Journal of Law and Cyber Warfare, 2016（5），p.131.

然而，自主武器作为机器人，很难能体会到死亡的深刻含义。结束一个人的生命必须要有正当理由和目的，但是它们只是程序化地执行计算机预先编程好的任务。对于没有任何感情，对自己的行动没有任何道德意识的自主武器来说，它们可能会随意践踏人类的生命，漠视被杀害者的尊严和生命权。因此，由自主武器做出结束人类生命的基本决定是极其不人道的，违背了"马尔顿条款"原则。① Jay Strawser 也指出，自主武器的使用者无法表达自己的尊严，可能因为他未能尊重受害者的尊严，并且在将决定权交给自主武器时，人类无法履行尊重人类尊严的责任，他们无法为自己的行为承担责任。②

（三）自主武器使用的追责困境

国际人道法中的区分原则、比例原则、预防措施原则以及"马尔顿条款"原则是该法律的核心。这些原则构成了武装冲突中保护所有受保护人的法律基础。通过上文分析，自主武器的使用有可能违反了国际人道法，此时如何救济受害者的权利这一问题随之而来。

违反国际人道法应承担相应的责任。如果不追究使用自主武器违反国际人道法的行为，就会对国际社会的和平与安全构成威胁。责任问题是国际法的基本问题，因为它与受害者的权利补救有着内在的联系。③人权观察武器部的研究员 Bonnie Docherty 指出，法律责任的缺失，意味着对未来可能发生的犯罪行为起不到震慑作用，受害者会失去法律上的公正待遇，而自主武器的使用者会更加肆意妄为，不会因此受到任何社

① Aaron M. Johnson：The Morality of Autonomous Robots, Journal of Military Ethics，2013(12)，p.134.

② Bradley Jay Strawer：Killing by Remote Control：The Ethics of an Unmanned Military，Oxford University Press，2013，p.237-239.

③ Anja Seibert-Fohr：Prosecuting Serious Human Rights Violations, Oxford University Press，2009，p.17.

会谴责。①

由于自主武器是新兴武器技术的象征，目前国际法中没有明确的条款就其责任认定进行规定。国外学者 Perri 率先阐明了智能机器行为在法律责任上面临的严峻挑战。他认为，当机器达到一定的智能水平时，即达到"自己作决定"的程度时，就很难承担责任。② 无论机器的自主性如何增强，它们都没有道德的约束。因此，难以从道德上或法律上追究自主武器的责任。③ 此外，由于自主武器具有不可预测性，也使自主武器在责任归属上陷入困境。本书将讨论自主武器的使用违法国际人道法时，在追究不同主体责任上面临的挑战。

1. 自主武器使用的个人责任局限性

自主武器的使用不符合国际人道法时，在追究个人责任方面的潜在主体有自主武器本身、战斗员和指挥官。因此本书探讨追究自主武器、战斗员和指挥官个人刑事责任的局限性。

个人刑事责任是习惯国际法的一部分，并且可以据此确定是否在国际武装冲突中或者非国际武装冲突中进行了非法行为。个人直接参与犯罪或者通过指使、策划、教唆、煽动、共同参与、协助等直接参与犯罪的，应以个人身份承担刑事责任。此外，只有当个人具有故意或明知的意图，该行为人才负个人刑事责任。

（1）自主武器

自主武器本身无法承担个人责任，而且试图让自主武器承担责任毫无意义。但是仍有一些学者认为，自主武器可以被视为拥有和人类一样

---

① 曾宇：《"终结者"有多可怕？专家警示智能武器毁灭性危险》，界面新闻，2016 年 3 月 25 日，https://www.jiemian.com/article/584504.html。

② Perri. Ethics：Regulation And the New Artificial Intelligence，Part II：Autonomy And Liability，Information，Communication & Society，2001(4)，p.414.

③ Kenneth Einar Himma：Artificial Agency，Consciousness，And the Criteria for Moral Agency：What Properties Must an Artificial Agent Have to Be a Moral Agent? Ethics and Information Technology，2009(11)，p.24.

的行动能力，因此它们应该为自己的行为负责。然而，我们很难想象让一台机器负责会产生什么后果。人类承担责任的方式通常是对其进行惩罚，但我们应如何惩罚自主武器呢？即使对自主武器进行惩罚，也毫无意义。① 而且，自主武器作为非生命体，不具备法律意义上的"准人格"地位，追究其责任无相应的法律依据。② 此外，自主武器无法犯下战争罪的主要理由还有以下两点。

首先，自主武器不是战斗人员，其性质是武器。在武装冲突中，武器只是战斗员手中的工具，无法承担责任。从远古时代起，武器就被认为是战斗员手中的工具。人类对武器行使直接控制权，并对使用的武器负全部责任。③《日内瓦公约》中也载有人类对武器的直接控制。在武装冲突中，参加敌对行动以携带武器来表示。当敌方战斗人员放下武器时，即认为对方结束战斗。在战场中，双方投降的意思表示也是通过放下武器来表明。只有当敌方战斗人员仍然携带武器时，对其进行攻击才具有正当性。所以，在武装冲突和武器发展的历史中，武器只有在人类战士手中才被认为具有杀伤力。即使有了自主武器，其仍应该掌握在人类战斗员手中，因此其本身无法承担责任。

其次，自主武器不可能具备《罗马规约》中第 30 条规定的故意或者明知的犯罪意图。自主武器只是通过人工编辑的程序模拟人类的思维，并不能真正理解其程序化行为背后的含义，因此不能进行真正的思考。④ 人权观察组织曾在报告中指出，人工智能尚未发展到使自主武器与人类一样具备意识的地步。如果自主武器违反了国际人道主义法，但

---

① Robert Sparrow: Killer Robots, Applied Phil, 2007(24), p.71.

② 刘蔡宽：《新的战争形态下国际人道法适用研究——以比例原则为中心》，载《湖南科技大学学报(社会科学版)》，2020 年第 6 期，第 133 页。

③ Noel Sharkey: Presentation at the CCW Meeting of Experts on Lethal Autonomous Weapons Systems (Laws). http://www. unog. ch/80256EDD006B8954/% 28httpAssets % 29/78C4807FEE4C27E5C1257CD700611800/ $ file/Sharkey MXLAWS technical_2014.pdf,2014-5-13/2020-10-22.

④ John R. Searle: Minds, Brains, and Programs. Behavior and Brain Science, 1980(3), p.422.

是其是基于没有任何故意意图的情况下采取行动，那么自主武器目前无能力犯下战争罪。① 此外，国际刑事法庭的管辖权一般限于自然人，这将阻止对自主武器提起诉讼。本书认为自主武器的性质是武器，而不是战斗人员，这表明无论何时何地由于使用自主武器而发生犯罪，自主武器本身永远无法承担个人刑事责任。

（2）战斗员

在武装冲突中，战斗员什么时候具有明知或者故意的意图呢？只有当战斗员在充分了解法律禁止某些行为或禁止使用某种武器之后，仍然继续从事该行为或使用该武器时，才认定其具有故意或明知的意图。但是，如果战斗员部署自主武器之后，由自主武器在战场上自主作出决策并攻击目标，那么基于自主武器的破坏力和不可预测性，在追究战斗员的个人刑事责任方面存在局限性。

第一，在使用自主武器过程中，难以确定战斗员的真正意图。犯战争罪的人必须具有故意或明知的犯罪意图，而且检察官必须证明被告是故意犯下违法行为。如果认定行为人具有故意的犯罪意图，那么从行为方面来看，该行为人有意从事该犯罪行为；或者从结果上看，该行为人有意造成该犯罪后果，或意识到该后果将在正常的事件过程中发生。与此同时，如果认定行为人具有明知的犯罪意图，该行为人需要意识到某一情况的存在或某一结果是事件正常发展的产物。

但在武装冲突中，自主武器能够自主作出决定，并在战场上执行相关任务。因此，随之产生的问题是，自主武器的行为实际上是否为战斗员的真实意思表示，由此产生的责任是否可以由战斗员来承担。此外，一旦自主武器被激活，并且在一个非结构化的环境中运行，如果没有人为的干预，自主武器的行为很可能是不可预测的。在这种情况下，很难区分自主武器何时处于受控制的状态，同时也难以确定战斗员的意图。

---

① Human Rights Watch：Mind the Gap：The Lack of Accountability for Killer Robots. https://www.hrw.org/sites/default/files/reports/arms0415_ForUpload_0.pdf, 2015-4-9/2020-09-22.

因此，基于自主武器的不可预测性，很难将责任归咎于使用自主武器的战斗员身上。由于自主武器的技术和程序过于复杂，以至于部署它们的人可能无法理解它们如何运行。然而，Marco Sassoblit 认为，部署自主武器的人不需要了解其编程的复杂性，他们只需要了解自主武器能做什么和不能做什么。① 但是如果自主武器被认为是不可预测的，人类很难预测自主武器的下一步行动。

第二，自主武器的使用削弱了个人刑事责任的威慑力度。在武装冲突中，对犯罪行为的威慑作用体现在以下两个方面：一是当指挥官指挥战斗员时，指挥官因担心被追究个人责任而不下达非法命令；二是战斗员在战场上执行任务时，为了避免犯罪，一般会谨慎行事，并具有强烈的自我保护意识。因为他们担心自己一旦有违法行为，会面临被诉的风险，需要承担个人刑事责任。然而，在当代的武装冲突中，如果由自主武器在无人工干预的情况下，自行做出决策并执行攻击目标的任务，那么个人刑事责任的威慑力度会被大大削弱。因为自主武器是一种冷血无情的机器人，它们没有自我保护意识，既不会担心事后受到指挥官的惩罚，也不会恐惧因违法犯罪而被起诉。②

鉴于对生命的敬重，武装冲突中的人类战斗员一般情况下不会随意进行攻击，他们通常攻击的是合法的目标。因此，当面对目标时，人类战斗员一般会谨慎思考是否有必要在特定情况下攻击目标。这表明人类战斗员在攻击目标前，对法律和生命存有敬畏之心。尽管人类在进行犯罪活动之前不会时刻保持对生命的敬重，但至少也会考虑随之而来的刑事制裁。③ 然而，自主武器难以像人类战斗员一样谨慎行事，并持有对生命的敬重。一旦有程序员为自主武器编写了用于犯罪的程序，后果将

① Marco Sassoblit：Autonomous weapons and international humanitarian law：Advantages, Open Technical Questions and Legal Issues to be Clarified, International Law Studies, 2014(90), p.324.

② T. Markus Funk：Victims' Rights and Advocacy at the International Criminal Court, Oxford University Press, 2010, p.16.

③ Dave Grossman：On Killing：The Psychological Cost of Learning to Kill in War and Society, Little Brown and Company, 2009, p.3-16.

更加不堪设想。

（3）指挥官

另一种个人责任是指挥官的指挥责任。指挥责任是在国际刑事法庭和法院判例中发展起来的一种国际刑事责任认定模式。该责任方式是指军事指挥官或者其他上级因未能阻止或者惩罚下属的犯罪行为，而对下属的行为负责。指挥官必须要对下级进行有效的控制，才能对下属的行为负责。指挥官和战斗员之间必须存在上下级关系，允许指挥官控制他的下属，而下属则依赖指挥官的命令执行任务。因此，接下来要探讨的问题是，这种责任模式是否适用于自主武器。

首先，指挥责任的概念表明，指挥责任不适用自主武器。指挥责任中的关键因素表明，这是一个严格规范战场上人与人之间关系的概念。为了让指挥官对其有效管辖的下级人员的行为负责，必须满足以下三个重要的因素：第一，军事指挥官知道或应当知道其有效控制的下属即将或者正在实施犯罪，或者故意忽视此类罪行信息；第二，军事指挥官未能制止下级人员的犯罪活动；第三，军事指挥官事后没有对下级人员进行处罚。上述要素中提及的指挥官和下级人员，这两个术语一直被用来指代人类，而不适用于人类与机器。即使自主武器可以被认定为指挥官的下属，由于自主武器的不可预测性，指挥官难以知道自主武器的下一步行动，更难以及时制止自主武器的不法行为。

其次，上述的第三个要素中提到，指挥官在其下属违法犯罪时，应对其下属做出惩罚。然而，就自主武器而言，由于其没有道德能动性，不能像人类一样接受惩罚。从法律角度来看，自主武器无法成为犯罪的主体。指挥责任的概念从古至今都只适用于规范战场上人与人之间的关系。虽然法律概念有时会根据形势变化进行调整，其含义会进行扩大解释以适应新情况，但就自主武器中涉及的指挥责任而言，指挥责任的概念不能也不应进行扩大解释。①

如果自主武器在战场上自主作出攻击目标的决定，其不可预测性使

---

① Human Rights Watch：Mind the Gap：The Lack of Accountability for Killer Robots. https://www.hrw.org/sites/default/files/reports/arms0415_ForUpload_0.pdf, 2015-04-09/2020-09-19.

个人责任面临责任主体缺位困境。正如上文所提及的，武器是战斗员的工具，应加强战斗员对自主武器的控制。因此，如果由战斗员控制自主武器，应确定战斗员对使用自主武器的责任，追究战斗员的个人刑事责任。①

2. 自主武器使用的公司责任局限性

虽然公司的刑事责任目前为止并不是一个普遍接受的概念，因为某些司法管辖区认为公司没有真正的实体可以因违法行为而受到有意义的惩罚。然而，公司并不是完全不受国际人道法规制。条约、一般法律原则和习惯国际法都支持公司不能免除国际人道法规定的责任。如《联合国打击跨国有组织犯罪公约》承认了公司的刑事和民事责任。② 本书主要探讨参与自主武器设计和制造的公司在责任追究上是否存在局限性。

（1）程序员

在使用自主武器违反国际人道法的情形下，自主武器的实际操作员很容易将责任推卸给程序员、制造商等，指责因自主武器的设计存在缺陷而发生故障，或者因出现质量问题而导致失灵。这些主体一旦牵涉进来，就加剧了追究法律责任的难度。追究程序员的责任主要面临以下三个方面的问题。

第一，程序员无法预见自主武器做出的决策。自主武器在武装冲突中作出的决策取决于其内置的程序，但当使用自主武器违反国际人道法时，在是否应认定为技术故障或设计缺陷上存在很大争议，难以判断程序员是否履行应尽的职责，因此难以像传统武器那样容易追究程序员的

---

① Marco Sassolit: Autonomous Weapons And International Humanitarian Law: Advantages, Open Technical Questions And Legal Issues to Be Clarified, International Law Studies, 2014(90), p.324.

② 赵秉志、张伟珂:《中国惩治有组织犯罪的立法演进及其前瞻:兼及与〈联合国打击跨国有组织犯罪公约〉的协调》，载《学海》2012 年第 1 期，第 183 页。

责任。因为在武装冲突这一复杂的动态环境中，自主武器一旦启动，其作出的决策可能连程序员自身都无法预测。

第二，难以确定程序员是否具有犯罪意图。自主武器的设计非常复杂，往往是由一个庞大的开发团队共同合作，各个程序员之间相互依赖、相互联系。每个程序员往往只负责其中的一小部分，没有人知道整个程序。甚至有些程序员完全不知道自己研发的编码会被应用于自主武器，并最终被应用于武装冲突当中。在这种情况下，很难证明程序员是否有犯罪意图，即故意设计出违反国际人道法的自主武器，使其无法区分合法的军事目标。① 而且，如果试图对自主武器部署后违反国际人道法的行为追责，由于开发团队人数众多，很难确定谁应对此负主要责任。

第三，如果程序员故意设计违反国际人道法的自主武器，在武装冲突发生前对其定罪存在障碍。构成战争罪的行为必须发生于武装冲突中，但是如果程序员是在和平时代故意设计出违法的自主武器，该种自主武器一旦激活之后无法区分平民和战斗员，或者造成不必要的痛苦，那么在武装冲突前很难对其定罪。在目前的国际刑事审判案例中，尚未出现在和平年代开发者被诉构成战争罪的判例。② 在 Tadic 一案中，③法官采纳了检察官的意见，认为违反国际人道法的不法行为必须发生在武装冲突期间。如果制造商在武装冲突前故意生产非法的自主武器，也面临同样的追责困境。

（2）制造商

让制造商对自主武器承担责任是合理的，因为制造商生产并出售自

---

① 张卫华：《人工智能武器对国际人道法的新挑战》，载《政法论坛》2019 年第 37 期，第 151 页。

② Tim McFarland, Tim McCormack：Mind the Gap：Can Developers of Autonomous Weapons Systems be Liable for War Crimes? International Law Studies，2014（90），p.377.

③ International Criminal Tribunal for Yugoslavia. Prosecutor v. Tadic, Sentencing Judgment, （November11, 1999），case No. It-94-1-t. http://www. un. orgicty/index. htm,2012-11-21/2020-12-22.

主武器，应对其产品造成的损害负责。然而，要追究制造商的责任是极其困难的。

在讨论自主武器的问责制时，由于其使用结果无法预见，公司责任往往难以认定。因为在传统的产品责任中，产品制造商对其缺陷承担责任往往基于对产品可以预见的使用后果。然而，自主武器缺少这种可预测性，因为它们被赋予了自主学习能力，因此，通常与产品责任相关的法律标准不适用于自主武器。只有当自主武器在结构方面的缺陷清楚地归咎于其制造商时，才能追究其责任。例如，在制造自主武器时存在明显的失误，导致容易出现故障，使其从根本上变得非法时，则更容易承担公司责任；或者制造商提供的自主武器是非法的，并且此类行为违反国际义务，公司仍违法出售自主武器。

3. 自主武器使用的国家责任局限性

国家是对武器行为负责的适当主体。① 因此，如果自主武器在武装冲突中不分青红皂白地进行攻击，部署这种武器的国家应承担法律责任并作出充分的赔偿。但是，受害者为了救济自己的权利，在追究国家责任上充满挑战。

第一，由于自主武器的不可预测性，一些国家可能会以不可抗力为借口，以逃避自主武器做出不可预见的决定所带来的国际责任。《国家责任条款草案》第二十三条规定，如果一个国家由于不可抗力而没有遵守应有的义务，那么该国的行为不被认定为非法行为。自主武器不同于其他武器的关键之处在于，它具有深度学习的能力，能自主做出选择和攻击目标的决定。但这一特性使得有些国家以不可抗力为理由，推卸其应承担的国际责任。

第二，如果发生使用自主武器造成严重破坏的情形，可能无法确定

---

① Kenneth Anderson, Matthew Waxman: Law and Ethics for Autonomous Weapon Systems: Why a Ban Won't Work and How the Laws of War Can, Hoover Institution Press, 2013, p.17.

是哪个国家负责部署该自主武器。2018 年，有 13 架来路不明的无人机意图偷袭俄罗斯的军事基地;① 2019 年，世界上最大的石油生产公司沙特阿美遭遇了数架来历不明无人机的突袭。② 这些无人机突袭事件表明，将来也会有大批来历不明的自主武器出现在战场上，而且人类难以确定这些自主武器造成的损失该由哪个国家负责。

第三，目前尚未有专门的国际条约规范自主武器的发展，因此使用自主武器违反国际人道法时，也尚未明确规定哪种情形之下国家应该承担责任。在国际社会尚未对自主武器使用问题达成一致共识的情形下，一些国家会借此推卸自身的责任。如果各国不采取行动，自主武器只能继续受形同虚设的法律约束。③ 如果国际社会没有制定相关的条约来解决如何使用自主武器的问题，法律将会停滞不前。而且，国家是决定是否部署自主武器的主体，国家责任的确定促使国家在使用自主武器时权衡其利弊，从而更加谨慎、规范地使用自主武器。

四、自主武器的国际人道法规制完善建议

武器技术的发展往往会挑战现有国际人道法。飞机的出现扩大了潜在战场的范围;核武器的出现增加了全面战争甚至是人类灭绝的可能性。自主武器的出现同样也面临质疑，即自主武器的使用可能会导致滥杀滥伤的现象，这导致有些人呼吁全面禁止自主武器。

但是自主武器与过去被成功禁止的武器相比，几乎没有共同之处。自主武器不属于被禁止的武器。由于目前使用的自主武器具有强大的性

---

① 佚名:《毫秒间的识别与欺骗:揭秘雷达干扰四大手段》，载《电子产品可靠性与环境试验》2019 年第 A1 期，第 212 页。

② 潘金宽:《沙特石油设施遭无人机袭击，缘何震动全世界》，载《军事文摘》2019 年第 23 期，第 31 页。

③ Kenneth Anderson, Matthew Waxman: Law and Ethics for Autonomous Weapon Systems: Why a Ban Won't Work and How the Laws of War Can, Hoover Institution Press, 2013, p.22.

能和发展前景，很难说服各国自愿放弃自主武器的使用和研发。① 例如，自主武器在执行任务时不仅事半功倍而且很难被人类取代。② 此外，目前自主武器的部署尚未引起广大民众的强烈抗议。因此，各国不太可能得出禁止自主武器的结论，更不用说缔结禁止使用该武器的条约。

总而言之，对自主武器感兴趣的国家和国际社会组织不应把注意力集中于禁止自主武器上，而应把重点放在如何最好地监管这种迅速发展的新兴武器上，探讨在国际人道法的框架内，如何进一步规范自主武器的使用。

（一）强化自主武器的法律审查机制

国际社会应重视自主武器的法律审查机制。首先，制定专门的国际条约来增加该审查机制的可操作性。其次，颁布相关政策、指令或者法规和设立专门机构的方式，推动自主武器缔约国法律审查机制的落实。最后，建立自主武器审查实践交流的平台，加强各国对自主武器审查实践的交流。

1. 增加自主武器法律审查机制的可操作性

为了弥补自主武器法律审查机制的漏洞，进一步增强自主武器的法律审查机制的可操作性，应制定与自主武器相关的国际性条约，并明确自主武器的审查范围，促进自主武器法律审查机制的落实。

首先，应制定针对自主武器的国际性文件。制定针对自主武器的国际性审查条约，有利于更好地指导各国进行关于自主武器的实践。而且，制定针对自主武器的国际条约可以提高各国依法使用自主武器的可

---

① Noel Sharkey：Automating Warfare：Lessons Learnt from the Drones，Journal of Law，Information and Science，2011(21)，p.141.

② Mary Ellen O'Connell：The American Way of Bombing：How Legal and Ethical Norms Change，Cornell University Press，2013，p.224.

能性，有利于维护地区的和平与稳定。虽然目前国际社会尚未对自主武器的有关问题达成共识，自主武器还有很大的发展空间，具有许多不确定因素。但我们仍然有可能通过法律手段来引导这项新技术的发展和使用。在制定针对自主武器的国际条约时，各国应在协商谈判过程中，重点解决现今国际人道法尚未明确之处，从而推动自主武器的法律审查机制不断完善。

此外，在制定自主武器的审查条约时，为了弥补审查机制的不足，应该明确自主武器审查的范围，以增加审查机制的可操作性。自主武器的法律审查范围不仅应包括自主武器研发、生产、使用等全部过程，还应该考虑到自主武器的特点，将自主武器的预期效果与用途、算法及编程、使用方法纳入合法性审查的范围。①

2. 落实自主武器的缔约国法律审查机制

建立自主武器的缔约国法律审查机制，有利于事先评估自主武器是否符合国际人道法，避免违法武器的产生。在研发、制造和使用自主武器阶段，应对自主武器的各方面进行审查，确保其具有合法性。那么，各国应如何落实自主武器的法律审查机制呢？

首先，各国在落实自主武器的审查机制时，可以考虑颁布相关政策、指令或者法规的形式。英国于 2011 年发布了与自主武器相关的指令，即《英国对待无人机的立场》，对自主武器进行了法律规制。② 美国随后在 2012 年颁布了名为《武器系统的自动化》指令，该指令明确了自主武器发展的相关政策，同时提及了应对自主武器进行合法性审查。③ 因此，各国可以在立足本国国情的基础上，借鉴其他国家的新武

---

① 李寿平：《自主武器系统国际法律规制的完善和发展》，载《法学评论》2021 年第 1 期，第 170 页。

② UK Ministry of Defense：The UK Approach to Unmanned Aircraft. http://www.doc88.com/p-787493971158.html，2011-3-30/2020-9-27.

③ U. S. Department of Defense Directive：Autonomous in Weapon System. http://www.doc88.com/p-7794535028123.html，2012-11-21/2020-09-17.

器审查制度，采取颁布相关政策、指令或者法规的形式，建立符合本国国情的自主武器法律审查机制。

其次，各国还可以通过设置专门的审查机构，对自主武器进行合法性审查。比如，瑞典政府于1974年专门成立了"国际人道法武器监督代表团"。① 此外，各国在设置专门的审查机构时，应有各领域专家的加入，包括武器、法律、环境和军事等方面的专家，以确保合法性审查结果的客观性和权威性。

3. 加强各国对自主武器审查实践的交流

通过建立自主武器审查实践交流的平台，有利于破解当前各缔约国间关于自主武器审查实践交流不足的困境，加速各国设立自主武器法律审查机制的进程。不同国家间可以借助自主武器审查实践交流的平台，吸取其他国家的经验，从而减少设立该审查机制的成本。

对于综合实力相当的国家而言，其他国家的自主武器审查实践具有重要的借鉴意义，可以参考其他国家的自主武器法律审查机制，不断改进和完善本国的自主武器法律审查机制；而对于综合实力较弱的国家而言，发达国家的自主武器审查实践则为他们设立审查机制提供了蓝本，使他们在吸取发达国家经验的同时，避免重蹈覆辙，以最少的成本落实本国的自主武器法律审查机制。

(二)加强人类对自主武器的控制

自主武器的法律审查实施给国际人道法带来挑战。究其根源，除了其固有的不可预测性，自主武器还在很多方面尚未达到人类的水平。因此，应加强人类对自主武器的控制，充分发挥人类与自主武器的结合优势，既保留人类在判断方面的安全性和稳定性，也有利于发挥武器的自

---

① 赵亮：《新武器法律审查问题初探》，载《西安政治学院学报》2010年第2期，第94~95页。

动化优势。①

英国非政府组织于 2013 年最先提出，在决策方面要加强人类对自主武器的控制，即对自主武器进行"有意义的人类控制"。虽然目前国际社会尚未对此概念的定义达成共识，但该概念一经提出便得到国际社会的广泛支持。② 在 2014 年的《特定常规武器公约》的专家会议上，首次提出禁止使用没有加强人类控制的武器。③ 其他非政府组织和国际组织也赞成应由人类最终作出是否对目标攻击的决定。国际特赦组织认为，如果没有对自主武器进行"有意义的人类控制"，则无法正确评估复杂的战场情形，因而更容易发生侵犯人权比如生命权的事件。④

1. 人类在自主武器的控制中占据主导地位

为了应对自主武器的法律审查实施给国际人道法带来的冲击，应加强人类对自主武器的控制，对自主武器进行"有意义的人类控制"，即人类应始终占据主导地位。

自主武器法律审查实施对区分原则的挑战，要求加强人类对自主武器的控制，人类应占据主导地位。正如前文所述，自主武器可能会因技术限制而不能正确识别目标，或因技术故障问题而导致意外事件的发生。因此，自主武器应处于人类的控制之下，以便在自主武器不能正确识别目标和发生故障时，准确、及时撤销或者中止任务。不少专家学者

---

① 张茜、杨爱华：《致命性自主武器系统的伦理挑战与风险应对》，载《自然辩证法研究》2021 年第 3 期，第 45 页。

② 刘蔡宽：《新的战争形态下国际人道法适用研究——以比例原则为中心》，载《湖南科技大学学报（社会科学版）》2020 年第 6 期，第 135 页。

③ Laura Boillot：Program Manager for Article 36, Statement at the 2014 Informal of Expert on Lethal Autonomous Weapons Systems. http://www.aricle36.org/statements/remarks-to-the-ccw-on-autonomous-weapons-systems-13-may-2014/，2014-05-13/2020-09-20.

④ Brian Wood：Head of Arms Control and Sec. Trade for Amnesty Int'l, Statement at the 2014 Informal of Expert on Lethal Autonomous Weapons Systems. http://www.unog.ch/80256EDD006B8954/%28httpAssets%29/1E7C4FC2E94376D6C1257CD7006A8698/$file/NGO Amnesty MXLAWS_2014.pdf,2014-05-13/2020-09-20.

也持相同的看法。机器人专家 Noel Sharkey 在 2014 年《特定常规武器公约》会议上的发言中强调，人类必须保留对自主武器的适当控制。①Noel Sharkey 还指出，由于目前的技术不足以区分军用和民用目标，我们必须确保决策权仍然牢牢地掌握在人类的手中。②

自主武器法律审查实施对比例原则的挑战，要求加强人类对自主武器的控制，人类应占据主导地位。自主武器尚未达到人类对比例性进行评估的水平，容易带来附带损害。Noel Sharkey 也认为，如果人类没有加强对自主武器的控制，那么自主武器会因失去人类判断力而对比例原则带来冲击。③

自主武器法律审查实施对预防措施原则的挑战，要求加强人类对自主武器的控制，人类应占据主导地位。基于自主武器难以确定个人身份以及其不应被视为军事行动的策划者，在复杂的武装冲突中，应加强人类对自主武器的控制，使其符合预防措施原则。Noel Sharkey 曾提出，对自主武器的有效控制作为一种预防措施，可以应对任何由自主权引起的问题，如故障、通信退化、软件编码错误和敌人的网络攻击等。④

自主武器法律审查实施对军事需要原则的挑战，要求加强人类对自主武器的控制，人类应占据主导地位。自主武器的使用要求只有当军事力量成比例，仅仅为了达到合法的军事目的，并符合人类要求的情况下，才符合军事需要原则。然而，如果没有加强人类对自主武器的控制，自主武器各方面难以符合人类要求，更难以符合军事需要原则。

---

① Noel Sharkey: Presentation at the CCW Meeting of Experts on Lethal Autonomous Weapons Systems. http://www. unog. ch/80256EDD006B8954/% 28httpAssets% 29/78C48 07FEE4C27E5C1257CD700611800/ $ file/Sharkey MXLAWS technical _2014. pdf, 2014-05-13/2020-09-20.

② Noel Sharkey: Towards a Principle for the Human Supervisory Control of Robot Weapons, Politica & Societa, 2014(3), p.317.

③ Noel Sharkey: Automated Killers and the Computing Profession. Computer, 2007(40), p.122.

④ Noel Sharkey: Towards a Principle for the Human Supervisory Control of Robot Weapons, Politica & Societa, 2014(3), p.317.

自主武器法律审查实施对"马尔顿条款"原则的挑战，要求加强人类对自主武器的控制，人类应占据主导地位。自主武器无法像人类一样清楚辨别敌方是否将要投降，这违背了"马尔顿条款"原则。此外，只有人类占据主导地位，才能体现对人类的生命权和尊严的尊重。虽然在当前的武装冲突中，人类也可能会侵犯生命权和尊严。但是当使用传统的武器时，人类要为自己的行为负责。因此，尽管加强人类对自主武器的控制，可能无法禁止对生命权和尊严的侵犯，即人类自身仍可能侵犯生命权和尊严，但这一举措有利于确保人类对自己的行为负责。此外，虽然自主武器做出的某些决定需要人类做出快速反应，而这超出了人类大脑的能力。但是，即使是这种有限的人工监督和干预，也可能使自主武器受到控制，并确保即使不能避免所有不良后果，大多数情况下也可以避免。

人类加强对自主武器有意义的控制，充分发挥了人类判断力与自主武器自动化两者相结合的优势，有利于确保打击目标的准确性，减少附带损害，更好地遵守国际人道法。

2. 人类在自主武器的控制中行使决策权

自主武器在短期内不会拥有类似人类的认知能力。因此，为了避免自主武器做出违反国际人道法的决策，必须重点关注具有决定人类生死大权功能的委托权限。著名的美国王牌飞行员 John Boyd 提出决策过程的理论，即按照观察(Observation)、判断(Orientation)、决策(Decision)和行动(Action)的环路进行战斗，简称"OODA 环理论"。[1] 人类必须在OODA 环中占有一席之地，即对自主武器进行一定的控制。我们无法预测未来武器技术的发展趋势，但我们必须确保在 OODA 环中，即在目标决策的应用上要保留足够的人力投入，以免决定权在功能上被委派给自主武器。

---

① 周波、孔德培、耿宏峰、乔会东、戴幻尧：《一体化指挥信息系统试验问题分解》，载《强激光与粒子束》2018 年第 8 期，第 86 页。

人类对自主武器进行有效的控制，该控制内容为行使决策权。具体应该如何定义决策权呢？当今，国际社会对该决策权的含义存在不同的看法。在 2014 年《特定常规武器公约》的专家会议上，美国代表提出，应将自主武器的决策过程理解为接收输入信息并将其与人工编程的参数进行匹配的过程。①

然而，美国代表提出的观点仅仅是对战场上决策过程的浅层理解。在武装冲突中，自主武器做出攻击目标的决定至少分为两个步骤。首先，攻击或使用武力的决定是通过人工编程或设定参数来确定。其次，自主武器分析战场上的实际情况，将其与设定的参数进行比较。这个决策过程中的第二个步骤至关重要。因为在实际情况下，自主武器如果分析错误，必然会做出错误的决定。在非结构化的环境中，自主武器如果以不可预测的方式行事，会加剧这种情况的发生。②

这两个步骤的决策过程与人类指挥官指挥士兵作战的过程相类似。当指挥官下达一个特定的命令，例如，命令他的下属杀死敌方的战斗人员，士兵对敌方战斗人员的理解通常是通过某些特征和国际人道法规则来界定的。他们的目标是那些直接参与敌对行动的人。当人类士兵到达战场时，他们只会对那些符合预定条件的敌方战斗员进行攻击。虽然指挥官在士兵离开军事基地时下达了攻击目标的命令，但真正的决定是在战场上做出的。因为战争从根本上是一种人类活动，以人类行为为主导，因此应重点关注在战场上实时进行的人类兵力投入。

正是对战场上的实际情况进行分析，并使目标符合预先确定的条件，才构成了真正的决策。因此，当人类退出战场，而由自主武器来分析战况，那么他们就不能声称自己是做出杀戮决定的人。基于战场上变

---

① Anonymity：Statement by the United States at the 2014 Informal of Expert on Lethal Autonomous Weapons Systems. http://www. unog. ch/80256EDD006B8954/%28httpAssets% 29/6D6B35C716AD388CC1257CEE004871E3/ $ file/1019. MP3（audio file），2014-5-16/2020-09-23.

② Paul Scharre：Autonomous Weapons and Operational Risk, Center for a New American Security，2016，p.18-34.

幻莫测的性质,如果自主武器在分析战场情况和做出攻击时能够自主决策,那么,无论出于何种意图和目的,做出攻击目标的决定都是自主武器。但是在国际人道法中对决策者提出了具体的要求,明确该决策者应是人类。虽然人类为自主武器设置了在战场上运作的程序和参数,但是这并不能使自主武器做出的决定成为人类的决定。① 而且,如果自主武器拥有决策权,其不可预测性将难以区分该决策是否为人类的意思表示。

只有由人类作出关于生死大权的决定,才是可以接受的。因为只有人类才有道德意识,才能真正尊重战斗员的尊严和生命权。自主武器既不能理解自己行为的含义,也不能表达自己的想法。自主武器本身及其程序无法做出可以自主承担责任的决策。因此,应由人类做出攻击目标的决定。

(三)完善自主武器使用的责任机制

当自主武器的使用违反国际人道法时,应当追究个人、公司以及国家的责任。然而当追究这些责任陷入困境时,完善个人责任机制、公司责任机制以及国家责任机制不容迟滞。

1. 完善自主武器使用的个人责任机制

自主武器的不可预测性产生个人责任主体缺位的难题。为完善个人责任机制,破解该责任缺位难题,应该加强战斗员对自主武器的控制,对自主武器进行有意义的控制,从而确定责任主体,弥补责任真空的漏洞。

(1)确立战斗员行使决策权的原则

如上所述,应加强人类对自主武器的控制。那么,在此基础上考虑

① Thompson Chengeta: Defining the Emerging Notion of Meaningful Human Control in Weapon Systems, International Law and Politics, 2017(49), p.872.

自主武器的使用责任时，必须考虑应由哪些特定的行为人对自主武器进行控制。在国际人道法中，责任制具有举足轻重的地位，因为一旦责任缺位，不仅受害者得不到及时有效的法律救助，还容易出现相关各方相互推卸责任的现象。为了弥补这一责任缺位，应考虑追究谁的法律责任，以及以何种方式追究。如果加强人类对自主武器的控制是建立责任的法律标准，那么指定参与者对于设立切实可行的法律标准至关重要。同时，对自主武器的控制应集中于特定行动者，但这并不意味着应忽略其他行动者。笔者的观点是，该特定的行动者应由自主武器技术的最终用户，即战斗员来控制。

首先，自主武器由特定人员，即战斗员来进行控制，有利于解决责任缺位的问题。因为自主武器具有不可预测性，在一定程度上就很难确定犯罪人真正的犯罪意图，从而模糊个人刑事责任。正如前文所述，当战斗员使用自主武器违反国际人道法时，由于难以确定战斗员真正的意图，以及使用自主武器削弱了个人刑事责任的威慑力，使对其追责面临困境。此外，指挥官的指挥责任也面临困境，由自主武器的性质得知应由战斗员对自主武器进行控制。因此，如果让战斗员对自主武器进行有效控制，即所有致命的决定由战斗员实时做出并且可以中止自主武器的行动。① 该举措在一定程度上可以解决自主武器不可预测带来的问题，从而明确责任主体。②

其次，当确定战斗员作为特定的行动者对自主武器进行控制时，可以在此基础上确定相关主体的责任。因此，可以通过战斗员对自主武器进行有意义的控制这一行为制定一项新标准。在此基础上，其他行为者，特别是那些参与自主武器生产或开发的人的义务，可以据此制定。

最后，根据最密切联系原则，在确定自主武器使用违法的责任时，

① Michael C. Horowitz, Paul Scharre: Meaningful Human Control in Weapon Systems: A Primer. https://www.files.ethz.ch/isn/189786/EthicalAutonomyWorkingPaper_031315.pdf.2015-3-13/2020-10-27.

② UK Ministry of Defense: The UK Approach to Unmanned Aircraft. http://www.doc88.com/p-787493971158.html,2011-3-30/2020-10-27.

应重点追究战斗员的责任。这是因为由战斗员控制武器，并由他们选择使用哪种武器。但是，如果制造商帮助或教唆他人违法使用自主武器，包括成为武装冲突的一方，仍应追究他们的责任。

在由战斗员对自主武器进行控制时，应该采用个人刑事责任作为相关责任标准。这种情形之下，自主武器的行动应是部署该武器的战斗人员的预期结果。如果战斗员在使用自主武器时存在过失，仍应承担相应的责任。战斗人员的过失行为仍然受国际人道法规则的约束，因为该规则也旨在约束那些滥用武器的战斗员，他们未考虑到平民或受保护人员是否会受到伤害。① 此外，人类战斗员应该在每次单独攻击时有效控制自主武器，因为该控制内容对于确定战斗员的个人刑事责任至关重要。为了能够遵守国际人道法以及履行相应的责任要求，战斗员必须能够决定攻击目标，并且根据实际战场情况中止任务。

（2）明确战斗员的责任

根据最密切联系原则，战斗员对自主武器进行有效控制，因此对战斗员追究其刑事责任具有合理性。在进行责任认定时，应遵循严格的证据规则，通过证据链找到行为人，再根据其是否具有犯罪意图和犯罪行为确定是否应承担刑事责任。在加强战斗员对自主武器的控制时也确保了指挥官对战斗员的责任，而这种指挥责任可以在现有国际人道法的框架内确定。而战斗员是否应该承担刑事责任应分以下两种情形进行讨论。

首先，战斗员主观上存在故意或者过失时，应承担个人刑事责任。② 战斗员在对自主武器进行控制时，如果故意实施违反国际人道法的活动，应承担个人刑事责任。自古以来，武器只是战斗员手中的工具。虽然人类对自主武器进行远程控制，但这种自主武器仍然是战斗员

---

① Htcror Olasolo：The Criminal Responsibility of Senior Political and Military Leaders as Principals to International Crimes, International and Comparative Law, 2009 (4), p.101.

② 王秀梅：《国际刑事审判案例与学理分析(第 1 卷)》，中国法制出版社 2007 年版，第 191 页。

手中的工具。因此，如果战斗员故意利用自主武器犯罪，应承担刑事责任。此外，战斗员如果因过失造成人员伤亡，也应承担刑事责任。这有利于督促战斗员更加谨慎地使用自主武器，提高对战斗员注意义务的要求，保证相关责任落实到具体个人。

其次，战斗员主观上没有过错时，不承担个人刑事责任。如果战斗员履行了监督义务，但仍无法预见危害结果的发生，由此造成的危害结果不应由战斗员承担。此外，如果战斗员在使用自主武器时突然发生故障，而且该故障是由于设计缺陷或者部件失灵等原因导致的，战斗员也不对此承担个人刑事责任。

2. 完善自主武器使用的公司责任机制

对程序员和制造商的责任追究面临着许多挑战。为了减少自主武器因设计缺陷或者产品故障而发生的事故，程序员和制造商在自主武器部署前应加强其自身职责的履行。为了对自主武器进行有效控制，程序员和制造商在部署前应设计制造出符合要求的自主武器，并对自主武器的操作者提供配套的技术和设备，同时应定期进行人工检查。

在程序员和制造商尽到自主武器部署前的应尽义务之后，自主武器仍出现失灵，此时应视为意外事件，程序员和制造商应赔偿损失。在刑事责任上，应严格遵守证据链，确定程序员和制造商的犯罪心理和不法行为。虽然不能以战争罪对其定罪，但如果程序员和制造商故意设计、生产有缺陷的自主武器，符合危害人类罪的构成要件。

（1）履行自主武器部署前的职责

程序员和制造商在自主武器部署前应履行的职责包括：设计制造符合国际人道法的自主武器；提供自主武器配套的技术和设备；定期对自主武器进行检查。

第一，设计制造符合国际人道法的自主武器。自主武器的不可预测性导致相关的参与主体无法进行追责，同时在战场上容易出现违反国际人道法的事件。目前很难对自主武器进行严格控制并确保其合理的可预测性。那么，程序员和制造商应如何确保自主武器在武装冲突中具有合理的可预测性呢？当务之急应确定由人类对自主武器进行有意义的控制。程序员可以通过在自主武器的编程中对授予的权限进行绑定，确保其具有可预测性。同时，在自主武器的开发和测试阶段，确保自主武器的正常运作和与国际人道法兼容的技术，将人类的行动与自主武器、人类输入攻击命令和人类输入中止机制整合在一起。通过对自主武器施加限制，在一定程度上可以弥补其性能的缺陷，使人类和机器人两者间优势互补。① 为了更好地确定程序员和制造商的责任，应加强对其每一环节的监督，严守证据链规则。

第二，提供自主武器配套的技术和设备。自主武器需要相应的技术和设备支持其性能。人机集成的自主武器系统中可能会出现许多接口错误，从而影响其实际性能。因此，在这种情况下，除了应对人类操作员进行充分的培训，制造商还应提供备用机制，以便操作员在通信恢复之前可以中止任务。此外，在涉及人工监控的情况下，操作员更需要充分配备执行自主武器攻击和中止命令所需的技术和设备。

第三，定期对自主武器进行检查。程序员和制造商需要对自主武器进行定期的人工检查，以确保具有符合国际人道法的功能。这一过程可以用来解决自主武器的接口错误问题，以及动态学习系统出现的问题。对自主武器进行审查的具体范围和时间取决于技术的更新，但也应进行定期检查，以防患于未然。

(2)明确程序员和制造商的责任

程序员和制造商的责任承担方式不仅有民事责任，还有刑事责任。在民事责任方面，程序员和制造商应对其所设计和生产的自主武器承担无过错责任，这不仅能让程序员开发安全系数更高的程序，也能促使制造商严格把控自主武器装备的质量。在刑事责任方面，尽管对程序员和制造商以战争罪的罪名起诉存在障碍，但仍可以以危害人类罪追究其责任。

_____

① U. S. DoD Defense Science Board：Summer Study on Autonomy. https：//www. hsdl.org/？ abstract&did＝794641,2016-06-09/2020-09-24.

首先，在民事责任上，程序员和制造商应对意外事件承担赔偿责任。如果程序员和制造商充分尽到了自主武器部署前的职责，而自主武器发生故障的原因是无法预见的，此时应将这种情况视为意外事件。正如挑战者事故所证明的那样，即使是监管良好、安全意识强的行业也会有意外事件发生。而在情况复杂的武装冲突中，这样的事件更有可能发生。程序员和制造商对此应适用无过错责任原则。如果程序员和制造商没有尽到自主武器部署前的合理注意义务，则应承担民事上的赔偿责任。

其次，在刑事责任上，即使程序员和制造商符合战争罪的明知和故意的犯罪意图，但如果不是发生在武装冲突中，也难以对其定罪。那么应如何追究程序员和制造商的刑事责任呢？他们的行为可以以危害人类罪的罪名进行追责。对于程序员而言，如果程序员在开发阶段明知自己的编程用于自主武器，但仍故意编入错误的算法，最终导致自主武器无法遵守国际人道法，比如不能区分合法目标与平民。在这种情况下，程序员的犯罪行为虽然不是发生在武装冲突中，不符合战争罪的构成要件。但是，程序员的犯罪行为仍应当受到制裁。同理，在武装冲突发生前，如果制造商故意生产出有缺陷的自主武器，导致在武装冲突中造成大量平民伤亡，虽然不能以战争罪对其定罪，但也应追究其责任。程序员和制造商故意使自主武器出现故障，导致平民人口受到攻击，符合危害人类罪的构成要件。因此，可以以危害人类罪的罪名对程序员和制造商进行起诉。

3. 完善自主武器使用的国家责任机制

在使用自主武器违反国际人道法的情形下，有些国家以《国家责任条款草案》中第二十三条第一款规定的不可抗力为理由，企图推卸自身责任。但是这些国家却忽略了该法条中第二款的规定，如果国家自身的行为导致不可抗力的出现，那么国家行为的不法性不能解除。因此，只有国家加强监管并减少自主武器的不可预测性，国家才不会以此为借口推诿自己的责任。此外，在自主武器的监管上还应在自主武器的制造阶段明确其国籍并进行登记，以解决自主武器归属不明确的问题。

在责任承担上，国家责任不可或缺，这有利于国家在设计、制造和使用自主武器等环节时刻保持较高的警惕性，以最高的标准督促自主武器的设计和生产，并且严格监督战斗员合法使用自主武器。而且，各国应该致力于制定针对自主武器使用的国际条约，明确国家责任，进一步规范自主武器的使用。

(1)强化国家对自主武器的监管

第一，国家应加强对自主武器的监管，严格监督自主武器设计、生产和使用各环节，以确保其自主武器具备合格条件，能够符合国际人道法规定的武器标准，并确保其使用也符合国际人道法。

首先，在开发自主武器阶段，国家需要对自主武器的性能进行评估和测试，同时对自主武器进行一定的人为控制和监督，以确保关键功能的可靠性。这意味着自主武器的关键功能与授权识别目标、决定攻击有关，并且自主武器的效果应该符合国际人道法。但是如果由于技术规格不足或测试期间未发现设计缺陷，自主武器可能无法达到国际人道法的标准。同时，自主武器的目标识别需要较高的可靠性，才能最大限度地减少对平民的影响。如果由于预算限制等原因而无法实现这一目标，应对自主武器的使用施加适当的限制。① 国家在开发阶段可以限制自主武器独立做出攻击决定的功能，从而达到人类对自主武器的控制和监督，减少自主武器的不可预测性。

其次，在制造自主武器阶段，国家必须对自主武器的质量进行把控。在自主武器生产阶段可能会出现各种问题，比如，资金短缺、停产以及降低使用材料的质量等。这些问题都可能导致自主武器的性能不符合标准。为了确保在制造过程中，自主武器始终符合国际人道法的要求，国家必须对自主武器严加管控。此外，必须在此阶段明确自主武器

---

① Alan Backstrom, Ian Henderson：New Capabilities in Warfare：An Overview of Contemporary Technological Developments and The Associated Legal and Engineering Issues in Article 36 Weapons Reviews, International Review of the Red Cross, 2012(94)，p.512-513.

的国籍并进行登记。明确自主武器的国籍能够使受害者的权利得到及时的救济，追究相关国家的赔偿责任。

最后，在使用自主武器阶段，国家应该对自主武器进行持续的评估，并对战斗员进行充分的培训。国家在部署自主武器时，需要持续监视自主武器在实际任务中性能的可靠性，并从这些不同的任务中收集信息，以便能够建立起关于自主武器性能的历史数据库。这一举措将有助于评估自主武器在未来任务中的适用性，使其在武装冲突中更好地遵守国际人道法。此外，国家必须对战斗员进行培训。因为战斗员直接操纵着自主武器，所以战斗员只有经过充分的培训之后才能够在复杂的武装冲突环境下正确操作人机结合的设备，尤其是攻击和中止的命令。

第二，各国应达成共识，通过制定针对自主武器的国际条约，明确国家违法使用自主武器时应承担责任的情形，建立严格的责任机制，避免国家推诿自身责任。虽然国际条约只对缔约国有约束力，但是制定具体明确的条约，可以为其他国家如何使用自主武器提供范本，提高了依法使用自主武器的可能性。此外，通过该条约可以推动各国严格审查自主武器在开发、制造以及使用阶段的合法性，从而促使各国建立起对自主武器合法性审查的机制。

（2）明确国家的责任

在追究自主武器使用违法的责任上，国家责任具有举足轻重的地位。在国际人道法中，无论国家机关或者代理人是以合法还者非法的手段设计、制造、部署或使用自主武器，只要最终侵害了受保护者的权利，国家应对此承担责任。因为国家机构或者代理人的行为都是代表国家的利益，所以国家应该对此担责。

如果自主武器是由国家的武装部队所部署，并且在武装冲突中违反了国际人道法，给受害者造成了不必要的伤害和损失，那么该武装部队的所属国应当承担相应的责任。此外，由于自主武器的法律性质是武器，不具有主体地位，其本身只是战斗员手中的工具，因此如果程序员和制造商在自主武器的设计制造上存在故意或者过失，其所属国仍应当承担国家责任。

国家有责任并有义务通过提供赔偿来救济受害者的权利。当国家有违反国际人道主义法的行为时，赔偿是公约不适用时的最后兜底方式。就国家责任而言，虽然赔款通常被理解为适用于两国之间，即一国向另一国支付赔款。然而，它也承认个人有权直接向国家要求赔偿。国家对受害者进行补偿，有利于进一步严格监督自主武器的设计、制造和使用遵循国际人道法。一方面，相对于程序员和制造商，国家拥有雄厚的财力足以补偿受害者；另一方面，对国家责任的认定不存在主观上的判断，与个人刑事责任相比，能够更有效地制止滥用自主武器的行为，同时能够弥补个人刑事责任中无法追偿的缺陷。

五、中国关于自主武器的立场和对策

随着人工智能的不断发展，各国都在抢占科技的制高点，尤其是在军事这一敏感地带。英国最早公布了关于自主武器的官方文件，美国随后颁布了关于自主武器的指令。我国虽然在自主武器领域起步较晚，但是也紧跟时代发展的潮流，公布了相关的规划指导。2017 年，国务院公布《新一代人工智能发展规划》；[1] 2019 年，国家人工智能治理专业委员会发布《新一代人工智能治理原则——发展负责任的人工智能》；[2] 2020 年，国家标准化管理委员会联合其他部门印发《国家新一代人工智能标准体系建设指南》。[3] 本部分立足于我国的国情，分析我国在自主武器使用上持有的态度，探讨我国从自主武器使用的国际人道法规制中获得的启示。

---

① 中华人民共和国科学技术部创新发展司：《中华人民共和国科学技术发展规划纲要地方篇(2016—2020)》，科学技术文献出版社 2018 年版，第 224 页。

② 胡喆：《发展负责任的人工智能：我国新一代人工智能治理原则发布》，载《拂晓报》2019 年 6 月 18 日，第 3 版。

③ 布轩：《五部门印发〈国家新一代人工智能标准体系建设指南〉》，载《中国电子报》2020 年 8 月 11 日，第 1 版。

（一）中国在自主武器上持有的立场

在"互联网＋"的时代背景下，我国充分重视人工智能的发展。在
2018 年第九次集体学习会上，习近平同志指出，发展人工智能具有重
大意义，应将人工智能与经济社会的发展相融合，促进我国人工智能健
康发展。① 2019 年 5 月，习近平又一次提出，人工智能是引领新一轮
科技革命和产业变革的重要驱动力。② 国家领导人高度重视人工智能与
其他领域的结合发展，其中军事领域关乎政治经济形势，国家也对此高
度重视，并通过颁布一系列相关文件来指导其发展。

2017 年公布的《新一代人工智能发展规划》，提出了要加快推动各
类先进的人工智能技术应用于国防创新领域，促进军民融合。加强人工
智能技术向军民方向转化，推动人工智能发展成为军事领域的重要力
量。2019 年，我国专门成立了新一代人工智能治理专业委员会。该委
员会通过网上征集意见、专家进行反复论证等环节，公布了《新一代人
工智能治理原则——发展负责任的人工智能》。该指南强调了和谐友
好、公平公正和敏捷治理等原则。这些原则引领着人工智能在军事领域
的发展，并且确保人工智能在军事融合方面的安全性。2020 年公布的
《国家新一代人工智能标准体系建设指南》，从大局意识出发，提出了
人工智能体系建设的整体要求。该举措有利于促进军事领域人工智能创
新技术向标准化的转化，并加强标准的实施与监督。

此外，我国积极加入国际社会相关的武器条约。在《武器贸易条
约》的谈判会上，我国发挥了建设性的作用。我国于 2020 年 7 月完成了
加入该条约的法律程序。作为该条约的缔约国，我国不仅重视武器所产

---

① 佚名：《习近平在中共中央政治局第九次集体学习时强调加强领导做好规
划明确任务夯实基础　推动我国新一代人工智能健康发展》，载《新华每日电讯》
2018 年 11 月 1 日，第 1 版。

② 佚名：《习近平向国际人工智能与教育大会致贺信　数字丝绸之路建设成
为新亮点》，新华社，2019 年 5 月 16 日。

生的人道主义问题，而且履行条约的义务严格管理军品的进出口。此外，我国拥护国际社会对武器贸易进行规制的做法，坚决打击非法武器的贸易。欧盟认为我国加入《武器贸易条约》有利于推动该条约目标的实现，而且我国的加入是一个重要的进展。因为更多负责的大国加入该条约有利于构建和平、稳定与安全的国际环境，加强各国之间的合作与透明度，共同迈向可持续发展之路。①

（二）中国关于自主武器的对策

自主武器的使用事关国际和平与安全，我国作为联合国的常任理事国之一，应该充分发挥自身的积极作用，在保证自身战略利益的同时营造负责的大国形象。美国的国防高级研究计划局已经专门成立"颠覆性技术办公室"，并且启动相关项目；俄罗斯则成立了"未来研究基金会"，目标在于探索新兴先进技术的突破口。② 面对这一场无声的硝烟科技战，我国在抓紧进一步研究自主武器等尖端武器的同时，应规范自主武器的使用，树立一个负责任的大国形象。国际社会在国际人道法的框架内对自主武器使用进行规制，我国在立足本国国情的基础上，还应从中借鉴优秀的法律制度，并携手国际社会共同推动制定"自主武器使用条约"。

第一，应健全与自主武器使用相关的政策、指令或者法规，促进国内自主武器法律审查机制的建立。从我国近年来公布的与人工智能相关的规划和指南来看，都是从大局的角度出发，阐述了人工智能时代背景下自主武器的整体发展方向。然而，对于如何规范自主武器的使用，我国目前尚未制定相关的政策或者法律。此外，我国的相关武器审查程序仅停留在技术和质量等层面，在新武器的合法性审查上目前尚

---

① 参见新华网，http://www.xinhuanet.com/world/2020-07/07/c_1126208478.htm，2020 年 7 月 7 日访问。

② 王洋、左文涛：《认清智能化战争的制胜要素》，载《解放军报》2020 年 6 月 18 日，第 7 版。

未有进展。① 在立足于本国国情的基础上，当务之急是应先确定自主武器使用的原则。在自主武器的使用上，判断某一目标为有效的军事目标，这一决定必须由人类做出。由于我们无法预测自主武器可能出现的种种技术故障，因此应加强人类对自主武器的控制。除了在立法中确定自主武器的使用原则，还应对自主武器的各个环节作出具体规定，明确自主武器在开发、制造以及使用阶段的责任主体。通过建立起针对自主武器的严格问责机制，能够明晰不同主体间的分工和职责，从而进一步保障自主武器的合法性。

第二，推动国际社会制定"自主武器使用条约"。作为联合国的常任理事国之一，我国除了健全与自主武器使用相关的政策、指令或者法规，还应该积极推动各国达成共识并制定"自主武器使用条约"。自主武器的兴起在一定程度上对构建国际和平稳定的形势造成威胁。虽然国际社会对自主武器的关注度越来越高，其中不乏一些非政府组织和民间团体自发的行动。联合国也针对自主武器问题召开过多次专门会议，但是目前国际社会在涉及自主武器的问题上，仍然未达成统一的意见。我国可以通过自身对自主武器的立场，作为促成条约达成的契机。同时，我国不能忽视周边发展中国家的力量，应联合这些国家一起推动条约的达成，不断增强我国的话语权，使国际社会意识到规制自主武器使用的重要性。②

---

① 赵亮：《新武器法律审查问题初探》，载《西安政治学院学报》2010 年第 2 期，第 94~95 页。

② 管建强、郑一：《国际法视角下自主武器的规制问题》，载《中国海洋大学学报(社会科学版)》2020 年第 3 期，第 114 页。

第五章 网络恐怖主义犯罪的管辖权冲突及其解决

一、网络恐怖主义概述

网络空间是一个超越地缘政治国界的场所，在国际社会中常见的"国家""领土"等概念在这片新的"土地"中变得模糊和渺小。网络活动家约翰·佩里·巴洛在 1996 年的《网络空间独立宣言》中生动地将互联网描述为一个超越国界的地方："工业世界的旧政府们，你们这些令人厌烦、脑满肠肥与充满钢锈味的庞然大物们，我来自'网络空间'，一个属于'心灵'的新家园……我宣布，我们创造的全球社会空间（social space）将独立于你们试图强加给我们的暴政！你们没有任何道德权利来统治我们，也没有任何方法来恐吓我们……网络空间不在你们的管辖范围之内。"①

正如约翰·佩里·巴洛所说，网络空间缺乏地理界限，传统的属地管辖、属人管辖制度并不能很好地应用于这一空间。虽然这种司法困境早已存在，也被大多数学者所认可，但很少有国家采取有效措施解决这一困境。恐怖分子意识到利用网络空间开展恐怖活动的便捷性和有效性，"网络恐怖主义"逐渐成为恐怖活动的最佳方式，不断刺激和威胁全球安全。如何制止网络恐怖主义犯罪已经成为一个刻不容缓的问题。

---

① John Perry Barlow: A Declaration of the Independence of Cyberspace, (1996-2-8), http://www.slat.org/OnLineLibrary/IndependenceCyberspace_trans16.html, 2021 年 7 月 31 日访问。

一方面，由于网络互联互通的特征，网络恐怖主义犯罪天然地具有跨国性和全球性，这已经超出了传统国家以地理区域为界限划分的管辖范围；另一方面，由于缺乏专项的国际公约和各国出于国家利益的考虑，国际社会一直未能就网络恐怖主义活动的管辖方式和管辖权冲突解决机制达成共识，管辖权积极冲突和消极冲突发生的可能性越来越高，致使受害国无法开展强有力的司法行动。网络恐怖主义作为一种新型国际犯罪，现有区域协定、双边协定和国内立法中的管辖规定尚不足以制止此类袭击事件，我们需要明确网络恐怖主义犯罪的管辖原则，调和网络恐怖主义犯罪的管辖权冲突，真正实现打击恐怖主义犯罪的目标。

(一)研究背景及研究意义

1. 研究背景

随着网络技术的发展，特别是 21 世纪以来计算机水平迅速提升，国际恐怖主义活动形式不断发生变化。以"9·11"事件为标志，恐怖分子开始利用网络空间的特殊性开展恐怖活动。一方面，越来越多的恐怖分子以互联网作为工具沟通联络、传递信息、宣扬恐怖思想；另一方面，国际政治经济网络化的发展趋势使得恐怖分子将国家重要基础设施网络和个人客户端视为攻击目标，发动网络攻击。根据联合国反恐执行工作组(CTITF)于 2011 年发布的《打击互联网恐怖主义行为的法律和技术问题》工作纲要，基地组织、"埃塔"等恐怖组织为了达成其宗教和民族主义目的，不断利用互联网实施具有政治意义的网络攻击，随着攻击次数的不断增加，已经严重威胁到世界和平，我们必须提高警惕。① 近几年，联合国大会和安理会也不约而同地将利用互联网实施恐怖主义犯

---

① CTITF Working Group：Countering the Use of the Internet for Terrorist Purposes—Legal and Technical Aspects，(2011-5-12)，https://www. un. org/es/ terrorism/ctitf/pdfs/ctitf_interagency_wg_compendium_legal_technical_aspects_web. pdf，2020 年 4 月 14 日访问。

罪的行为纳入大会决议和安理会决议,号召各成员国重视和加强打击网络恐怖主义犯罪。①

1963年以来,十余项国际反恐公约及协定书在联合国的主持下制定,以联合国为主导的国际反恐法律框架基本成立,但是打击网络恐怖犯罪的专门性国际法律文件却尚未制定。目前适用范围最广的,也是最早制定的针对网络犯罪的国际公约是欧盟于2001年颁布的《网络犯罪公约》。但该公约受参与国的国家性质、社会制度、发展环境等因素影响,在关于管辖权的具体内容方面缺乏明晰的规定,在管辖规定实施方面受到多国阻碍,其实际效果远小于预期。《网络犯罪公约》在制定的过程中出于平衡相关国家利益的考虑而刻意规避了管辖权冲突问题,以确保国家最大限度地加入公约。但是,网络恐怖主义的发展不同于网络犯罪,其所具有的危害性更广、更深远,解决网络恐怖主义犯罪管辖权的冲突、管辖权与国家主权之间的冲突等问题迫在眉睫。

2. 研究意义

(1)理论意义

管辖权是国家主权的体现,是指国家制定和实施国内法的权力,包括立法权、司法权和执法权。国家行使刑事管辖权通常基于领土联系,但网络时代给传统司法管辖带来了强烈冲击。一方面,网络空间的无国界性使得犯罪分子容易跨越不同的国家,导致不同国家管辖范围内的管辖权积极冲突更加频繁;另一方面,由于不同国家对网络恐怖主义犯罪界定范围、入刑标准不同,恐怖分子有意识地规避那些管辖范围广、刑罚重的国家,从而使自己的行为不被列入法律制裁范围,形成消极的管辖权冲突。更为重要的是,传统的管辖权冲突解决机制更适用于现实物

---

① 如2000年联合国大会作出决议,授权经社理事会下的预防犯罪和刑事司法委员会进行网络犯罪研究;2004年联合国预防犯罪和刑事司法委员会在当年的年度报告中提议联合国组织制定一个网络犯罪公约;2006年联合国大会通过一项"全球反恐策略",由联合国大会特别委员会领导筹备《国际恐怖主义全面公约》,其中就将网络恐怖主义列为重点。

理空间，对于网络这样虚拟空间的管辖权冲突没有形成普遍的、有约束力的解决方案。网络恐怖主义犯罪具有无国界、影响范围广、手段复杂等不同于传统恐怖主义犯罪的特征，原有的治理恐怖主义犯罪的方式无法实现打击犯罪的目的。因此，探索网络恐怖主义犯罪的管辖冲突问题，有利于推动各国制定和完善相关法律法规，从理论上明确网络恐怖主义管辖归属和冲突解决方案，为各国打击网络恐怖主义犯罪提供更好的法律理论支持。

（2）现实意义

网络恐怖主义犯罪和网络安全问题不仅是单个国家的治理责任，更是需要国际社会合力解决的问题。面对网络恐怖主义犯罪，除了传统的国家治理机制外，更需要的是国际社会的合作与配合，其中网络恐怖主义管辖权条款的制定与完善无疑是重要环节之一。本书通过研究网络恐怖主义犯罪管辖权的现有法律规定，发现部分条款在适用时容易引发管辖权冲突，参照国内外研究成果和笔者的思考，针对管辖权冲突问题提出相应的对策，意图达到以下目的。第一，明确网络恐怖主义犯罪的定义，使国家在治理和规范网络恐怖主义犯罪时有明确的目标定位，提高打击网络恐怖主义犯罪的有效性和针对性。第二，网络恐怖主义犯罪的管辖权问题在国际社会还没有统一结论，存在着不同的观点，管辖权冲突事件时有发生。本书试图通过梳理和整合当前理论学说、国际公约和国家实践，探索、创新网络恐怖主义犯罪的管辖机制，为各国加强打击网络恐怖主义犯罪提供国际法依据。第三，网络恐怖主义犯罪往往面临管辖权冲突，本书在对管辖权冲突问题进行梳理和整合后，从国际和国内两个方面提出完善建议，建立新的网络空间治理规则。

（二）文献综述

1. 网络恐怖主义定义

"网络恐怖主义"一词最早由美国情报与安全研究机构工作人员柏

林·科林(1997)①提出，他将网络恐怖主义理解为"利用信息网络技术攻击特定目标以达到特定政治目的，从而引发社会恐慌的智力行为，是网络与恐怖主义相结合的产物"。科林对网络恐怖主义的定义主要从行为性质出发，强调"政治性"和"恐怖主义"。随着研究的深入，许多学者开始尝试从不同角度对网络恐怖主义进行解读。

有的学者从网络恐怖主义的主观目的出发，认为出于"恐怖主义目的"或"政治目的"的网络行为是网络恐怖主义。美国乔治敦大学著名反恐专家多萝西·丹宁教授(2000)②提出的定义侧重强调攻击目的和攻击对象，其认为"网络恐怖主义是恐怖主义与网络空间的融合，这其中包括对计算机、网络和存储在其中的信息进行的非法攻击，以威胁或迫使政府和其人民达到政治和社会目的"。在丹宁教授的定义中可以看出，区分网络恐怖主义的关键是攻击的目的是否带有政治性。皮勇教授(2004)③则强调网络攻击的恐怖主义特征，他认为网络恐怖主义带有恐怖主义的共性，通过实施攻击、威胁等手段制造恐怖氛围，造成人员伤亡和财产损失，以达到某种政治、宗教或意识形态的目的。凯莉·加布尔(2010)④也强调网络恐怖主义犯罪背后的政治意图，认为："首先，网络恐怖主义一词仅指个人、团体或基地组织等采取的恐怖主义行动。其次，网络恐怖主义仅指恐怖分子为破坏或煽动恐怖活动而采取的行动，通常是出于宗教或政治目的。"高铭暄教授(2015)⑤也认为网络

---

① Collin B.：The Future of Cyberterrorism：Where the Physical and Virtual Worlds Converge，Crime and Justice International，1997(13)，p.15.

② Dorothy Denning：Cyberterrorism：Testimony Before the Special Oversight Panel on Terrorism, Committee on Armed Service, (2000-4-15), http://www.house.gov/hasc/testimony/106thcongress/00-05-23denning.htm，2021年7月20日访问。

③ 皮勇：《论网络恐怖活动犯罪及对策》，载《武汉大学学报(人文科学版)》2004年第5期，第582页。

④ Kelly A. Gable：Cyber-Apocalypse Now：Securing the Internet Against Cyberterrorism and Using Universal Jurisdiction as a Deterrent, Vanderbil Journal of Transnational Law，2010(43)，p.63.

⑤ 高铭暄、李梅容：《论网络恐怖主义行为》，载《法学杂志》2015年第12期，第2页。

恐怖主义是传统恐怖主义的延伸，在其文章中写道，网络恐怖主义的性质没有改变，只是从形式上发生了变化，即网络恐怖主义是以计算机作为攻击武器或攻击目标的恐怖主义行为，这并不是一个新恐怖主义形式，而是新的"恐怖战术"。

还有的学者认为，应从客观行为分析是否带有恐怖主义性质。如德国教授西贝尔(2006)①通过行为描述给网络恐怖主义下了一个定义，他认为"网络恐怖主义是指通过网络攻击计算机系统、通过网络传播非法内容、利用计算机技术和网络组织恐怖袭击的三种行为"。以色列海法大学的加伯利尔·威曼教授②指出：网络恐怖主义是恐怖分子长期在互联网领域招募成员、传播思想、筹集资金、沟通联络、煽动情绪的行为。

近年来，国内学者尝试将两种区分标准结合分析，如于志刚教授(2015)③认为："现阶段，网络恐怖活动犯罪是指出于恐怖主义目的，针对计算机、信息网络，或者利用信息网络进行的攻击行为和威胁行为……"朱永彪教授(2016)④在其文章中强调，"网络恐怖主义是为了开展、服务恐怖活动，利用网络作为工具或把网络视为攻击对象(不论采取何种方式)，以及同时将网络作为工具和攻击对象的恐怖主义活动"。王秀梅教授(2018)⑤认为，区分网络恐怖主义要从主观因素和客观结果两个部分分析，主观上意在达到某种特定的宗教、政治目的，制造社会恐慌或扰乱社会正常治理秩序；客观上必须造成严重的社会恐慌、经济损失、人员伤亡的结果。

---

① Ulrich Sieber: International Cooperation against Terrorist Use of the Internet, Revue Internationale du Droit Penal, 2006(77), p.367.

② 于志刚、郭旨龙：《网络恐怖活动犯罪与中国法律应对——基于 100 个随机案例的分析和思考》，载《河南大学学报(哲学社会科学版)》2015 年第 55 期，第 13 页。

③ 于志刚、郭旨龙：《网络恐怖活动犯罪与中国法律应对——基于 100 个随机案例的分析和思考》，载《河南大学学报(哲学社会科学版)》2015 年第 55 期，第 13 页。

④ 朱永彪、魏月妍、梁忻：《网络恐怖主义的发展趋势与应对现状评析》，载《江南社会学院学报》2016 年第 18 卷第 3 期，第 25 页。

⑤ 王秀梅、魏星星：《打击网络恐怖主义犯罪的法律应对》，载《刑法论丛》2018 年第 3 期，第 30 页。

与专业学者字斟句酌的定义不同，世界各国对网络恐怖主义的定义通常大而泛之。如 2000 年英国《反恐怖主义法案》首次提到"网络恐怖主义"，其被认为是世界上第一部规定网络恐怖主义的法律。然而，法案中对网络恐怖主义的定义仅围绕"可能损害或影响政府和社会公共利益的计算机行为"。2001 年美国颁布《爱国者法案》，① 其中提出了网络恐怖主义的定义：在美国和其他地区使用计算机干扰国内和国外的商业通信，损害数据、程序、系统和信息存储的完整性。2014 年 7 月，我国公安部出版的《公民防范恐怖袭击手册》②中提出，利用网络散布恐怖信息、组织网络恐怖主义活动、攻击电脑程序和信息系统等行为属于网络恐怖袭击。

2. 网络恐怖主义犯罪管辖方式

针对网络恐怖主义犯罪的管辖方式，国内外学界观点众说纷纭，目前没有一个统一的理论。

有的学者将网络恐怖主义犯罪与海盗相提并论，认为其属于危害人类罪，应当适用普遍管辖原则。如凯莉·加布尔（2010）③和亚历山大·皮乐福（2018）④都在文章中强调，应对网络恐怖主义最合适的方式是确立普遍管辖机制，网络恐怖主义犯罪作为危害全人类并且极为严重的犯罪，对于这类犯罪行为，世界各国都有管辖权，各国应当在此基础上确认自己的管辖范围。克里斯蒂安·莫奇（2006）⑤通过分析《罗马

---

① US Patriot Act Title viii Terrorism criminal law.

② 公安部：《公民防范恐怖袭击手册（2014）版》（2014-7-22），https://www.mps.gov.cn/n2255079/n4242954/n4599133/c4601569/content.html，2020 年 4 月 14 日访问。

③ Kelly A. Gable：Cyber-Apocalypse Now：Securing the Internet Against Cyberterrorism and Using Universal Jurisdiction as a Deterrent, Vanderbil Journal of Transnational Law, 2010（43），p.63.

④ Alexandra Perloff-Giles：Transnational Cyber Offenses：Overcoming Jurisdictional Challenges, The Yale Journal of International Law, 2018（43），p.202.

⑤ Christian Much：The International Criminal Court（ICC）and Terrorism as an International Crime, MICH. ST. J. INT'L L, 2006（14），p.126.

规约》中规定的受普遍管辖的几类罪行，认为网络恐怖主义犯罪作为一种国际罪行，应当纳入《罗马规约》受普遍管辖，这可协助各国将恐怖分子绳之以法，同时克服国内管辖的弱点，加强对恐怖主义的打击。我国学者王秀梅、魏星星（2018）①也认为，制定一项国际公约是解决网络恐怖主义犯罪管辖问题的最佳手段，"普遍管辖权"与"或引渡或起诉"原则相互配合，从而能避免一些恐怖分子利用"政治庇护"逃避法律制裁。蔡艺生、王歆钰（2018）②认为，网络恐怖主义犯罪属于国际社会公认的、危害特别严重的国际犯罪，应当依照普遍管辖原则，所有国家都享有制裁该类犯罪的权利。宋杰（2015）③则是在肯定了普遍管辖权对管辖国际罪行的作用的同时，进一步提出我国还应在刑事诉讼法中增加有关程序法上的普遍管辖条款，只有实体法与程序法均完备，普遍管辖条款具有可操作性，最终才能有效地发挥其相应的功能。

有的学者则认为，以传统管辖方式为基础，兼采多种新管辖理论更能适应网络恐怖主义的特殊性。如帕提斯·摩勒扎德·特拉尼（2013）④在其文章中认为，从当前的国际实践来看，普遍管辖权只是其他传统管辖权的补充，领土主权原则更适合应对网络恐怖主义，可以更好地激发国家打击网络恐怖犯罪的积极性。美国律师加里·伯恩（1992）⑤提出，涉及网络的刑事犯罪"法院在审判案件时可以假定国会已将联邦法律扩展至美国境外"。换言之，应扩大属地管辖权的管辖范围，不仅包括国

---

① 王秀梅、魏星星：《打击网络恐怖主义犯罪的法律应对》，载《刑法论丛》2018年3期，第51页。

② 蔡艺生、王歆钰：《跨国网络犯罪刑事管辖权冲突的解释与规范——以"一带一路"为分析背景》，载《广西警察学院学报》2018年第5期，第4页。

③ 宋杰：《我国刑事管辖权规定的反思与重构——从国际关系中管辖权的功能出发》，载《法商研究》2015年第4期，第156页。

④ Pardis Moslemzadeh Tehrani, Nazura Abdul Manap：A rational jurisdiction for Cyber Terrorism, Computer Law & Security Review, 2013(29), p.699.

⑤ Gary B. Born：A Reappraisal of the Extraterritorial Reach of U. S. Law. Law and Policy in International Business, 1992(24). p.82.

家领土内实施的行为，还包括在域外实施的、对领土内产生影响的行为。无独有偶，美国佐治亚州立大学教授埃伦·S. 波德戈（2002）①也支持这种观点，他认为涉及计算机的恐怖主义犯罪适用客观领土原则的管辖方式已经在美国得到了普遍认可。于志刚（2003）②提出，某一法域对具体的某一网络犯罪行为是否拥有刑事管辖权，应当以传统的刑事管辖作为基础和原则，以实害标准作为判断的前提性根据之一。李晓明、李文吉（2018）③认为，对于缔约各国共同认定的国际犯罪，如网络恐怖主义、网络传播淫秽物品等犯罪，普遍管辖会加剧管辖权的积极冲突，传统管辖原则优先于普遍管辖。刘艳红（2018）④提出，以结果及行为关联度为标准，紧紧围绕刑法规定的行为与结果及其之间的因果联系建构属地原则在网络空间的具体适用规则，能够适用于网络空间，具有一定的普遍理论意义。

还有一些学者虽然没有提出应对网络恐怖主义犯罪的管辖方式，但给出了一些确定管辖权的原则。简华和桑杰·巴布娜（2012）⑤认为，应当加强不同管辖国家之间的合作，可以利用司法管辖区的基础来起诉网络恐怖分子。曼莫汉等人（2014）⑥认为，2001 年《网络犯罪公约》失败的原因在于地缘政治的干扰，网络恐怖分子是所有民族国家的共同敌人，只有充分信任的合作以及不受限制的跨国界执法合作才能减轻这种

---

① Ellen S. Podgor：International Computer Fraud：A Paradigm for Limiting National Jurisdiction，University of California. Davis，2002（05），p.267.

② 于志刚：《关于网络空间中刑事管辖权的思考》，载《中国法学》2003 年第 6 期，第 105 页。

③ 李晓明、李文吉：《跨国网络犯罪刑事管辖权解析》，载《苏州大学学报（哲学社会科学版）》2018 年第 1 期，第 95 页。

④ 刘艳红：《论刑法的网络空间效力》，载《中国法学》2018 年第 3 期，第 99-100 页。

⑤ Jian Hua, Sanjay Bapna. How Can We Deter Cyber Terrorism？Information Security Journal：A Global Perspective，2012（21），p.110.

⑥ Manmohan Chaturvedi，Aynur Unal，Preeti Aggarwal，Shilpa Bahl，Sapna Malik：International Cooperation in Cyber Space to cmbat Cyber Crime and Terrorism，Norbert Wiener in the 21st Century，2014，p.2.

国际威胁。周振杰(2019)①认为，应该在联合国主导下，由各成员国通过平等磋商来确定网络犯罪管辖原则，而非直接采纳《布达佩斯公约》(《网络犯罪公约》)中的相关规定(依靠技术优势获得网络主宰权)。孙尚鸿(2008)②建议在自由结构主义的基础上确立网络案件的管辖权，首先要考虑两个前提条件，即管辖权对不同价值取向的权力制衡以及可能对其他群体利益的影响。舒洪水、党家玉(2017)③认为，传统管辖原则与网络恐怖主义犯罪的管辖权存在冲突。国际组织和国家需要在平等协商、维护各国网络主权的基础上，就国际条约的内容达成统一意见，明确网络恐怖主义犯罪的管辖标准。

3. 网络恐怖主义犯罪管辖权冲突

如何解决因网络恐怖主义引发的管辖权冲突问题，学界观点众说纷纭，主要可以分为两类。

第一类，交由国际刑事法院管辖。1998年，国际刑事法院预备委员会提议将恐怖主义罪行列入法院的管辖范围，这将提高国际社会制裁此类罪行的能力，并且在特殊情况下，各国将案件提交国际刑事法院，能有效避免国家之间的管辖权冲突。凯兰·哈代(2011)④也探索提出国际刑事法院不失为解决网络恐怖主义犯罪管辖权冲突的一种思路。国际刑事法院是基于国际管辖权的多边条约而设立的，在遇到国家管辖争端时，国际刑事法院可以行使补充的管辖权，在国家超越其权力或无法进行调查或起诉的情况下，自动接受国际刑事法院的管辖。

第二类，确立优先管辖原则。香农·L.霍普金斯(2003)⑤强调，

---

① 周振杰：《网络犯罪管辖权争议的主要分歧与中国立场》，载《中国信息安全》2019年第5期，第33页。

② 孙尚鸿：《传统管辖规则在网络背景下所面临的冲击与挑战》，载《法律科学(西北政法大学报)》2008年第4期，第167页。

③ 舒洪水、党家玉：《网络恐怖主义犯罪现状及防控对策研究》，载《刑法论丛》2017年第1期，第414页。

④ Keiran Hardy：WWWMDs：Cyber-attacks Against Infrastructure in Domestic Anti-terror Laws, Computer Law & Security Review, 2011(27), p.158.

⑤ Shannon L. Hopkins：Cybercrime Convention：a Positive Beginning to a Long Road Ahead, Journal of High Technology Law, 2003(2). p.55.

"疏导"才是解决管辖冲突的关键，建立管辖权的冲突协商解决机制和优先管辖原则，是解决网络犯罪管辖权积极冲突的最佳方式。李汉军（2007）①提出，国际合作观是解决国际恐怖主义犯罪管辖冲突的重要基础。各国应从国际安全大局出发，妥善处理国家主权和管辖权之间的关系，明确管辖权的先后行使顺序，避免产生国家间不必要的司法冲突。《塔林手册2.0版》②明确提出采用属地管辖优先原则解决网络犯罪的管辖权冲突问题，同时援引管辖合理性原则和国际礼让原则作为补充。于志刚、李怀胜（2017）③认为，在国际刑事管辖权冲突的情况下应建立优先管辖的常态化规则，根据常见的几种管辖权冲突的类型，从国家的国际地位、话语权、政治意志等方面考量，政治意志对于管辖归属的影响更具有决定性。

由此可以看出，近年来学界对于网络恐怖主义犯罪管辖权冲突的解决思路主要是确立优先管辖原则。但在具体的实践中，优先管辖的依据是什么、标准如何确定，一些具体规则设计还需要继续探索研究。

二、网络恐怖主义犯罪的基本理论

（一）网络恐怖主义犯罪的定义及主要表现形式

1. 网络恐怖主义犯罪的定义

目前，恐怖组织对计算机的使用已不仅仅是简单的通信交流，更是开始利用互联网实施恐怖活动。然而，网络恐怖主义犯罪的兴起时间不

---

① 李汉军：《国际恐怖主义犯罪的刑事管辖原则》，载《南阳师范学院学报（社会科学版）》2007年第2期，第2页。

② ［美］迈克尔·施密特总主编，黄志雄等译：《网络行动国际法塔林手册2.0版》，社会科学文献出版社2017年版，第100页。

③ 于志刚、李怀胜：《关于刑事管辖权冲突及其解决模式的思考——全球化时代中国刑事管辖权的应然立场》，载《法学论坛》2017年第6期，第52页。

长，世界各国对其研究也起步较晚，无论是在学术界还是法律规范中，对网络恐怖主义犯罪尚未达成一致的定义。

恐怖主义犯罪活动近年来愈演愈烈，其影响范围辐射全球，造成的人员伤亡和财产损失不计其数，但网络的特性让我们在界定网络恐怖主义时不得不采取谨慎的态度。如果采用过于狭隘的定义，将排除很大一部分网络攻击活动，致使部分恐怖分子逃脱法律制裁，不利于打击恐怖主义犯罪；过于宽泛的定义又会将普通网络犯罪活动纳入网络恐怖主义的类别，侵犯了人权和国家主权。

本书认为，由于网络恐怖主义具有犯罪行为的暴力性、攻击对象的无差别性、攻击行为的隐蔽性和组织性、行为目的的政治性等特征，在分辨是否成立网络恐怖主义犯罪时可以从行为主体、主观意图、客观结果三个方面进行界定，能够很好地点明网络恐怖主义的本质特征，适应其发展态势，更能协助打击网络恐怖主义犯罪。因此，本书采用学者王秀梅、魏星星(2018)①对网络恐怖主义的观点，从行为主体、主观意图、客观结果三个方面进行分析后总结得出，网络恐怖主义犯罪是指个人或组织、团体基于政治目的或其他社会目的，以网络为辅助工具或者以网络为攻击目标而实施的，导致严重公众恐慌或经济损失等后果的恐怖犯罪行为。

2. 网络恐怖主义犯罪的主要表现形式

在网络世界中，互联网为恐怖分子提供了实施恐怖主义行为的平台和机会，由此产生的网络恐怖主义主要有以下几种表现形式。

（1）以互联网为媒介：传播、收集、获取恐怖主义信息

联合国反恐执行工作组（CTITF）曾就恐怖分子利用互联网等问题对成员国进行调查，绝大多数成员国认为恐怖分子利用互联网进行募集资金、收集信息、宣传等行为活动属于其表现形式。② 传播恐怖信息是最

---

① 王秀梅、魏星星：《打击网络恐怖主义犯罪的法律应对》，载《刑法论丛》2018年第3期，第31页。

② United Nations Counter-Terrorism Implementation Task Force Working Group on Countering the Use of the Internet for Terrorist Purpose, 2009. p.3-4.

常见的网络恐怖主义活动形式，学术界将其分为六大类：第一，威胁、实施恐怖活动；第二，煽动和美化恐怖主义；第三，训练恐怖组织成员；第四，招募恐怖组织成员；第五，筹款和资助恐怖主义活动；第六，散布种族主义、仇外心理，支持种族灭绝思想。恐怖分子借助网络，将含有暴力、极端思想的内容扩散开来，一旦这些文件被上传到网络，就会被数以千计的网民下载，其传播速度之快、影响范围之广远超传统恐怖主义活动。

以"伊斯兰国"（ISIS）为例，可以说它是世界上利用互联网宣传恐怖主义思想最熟练的恐怖组织之一。"伊斯兰国"在2014年5月成立了"哈耶特媒体中心"（Al-hayat Media Center），出版了电子杂志"DABIQ"，并定期和不定期更新各种视频。① 此外，"伊斯兰国"社交网络工作人员还经常利用标签功能，通过"病毒营销"的方式传播相关信息，吸引网民关注，比如在相关信息中添加"世界杯""GRE"等热门标签或"@"名人，让人们在搜索这些热词时，看到"伊斯兰国"的相关信息。美国布鲁金斯学会（Brookings Institution）发布的报告②显示，武装恐怖组织"伊斯兰国"的支持者在2014年使用了至少4.6万个Twitter账户，其中约1/5的人用英语发送信息。多个国家的"伊斯兰国"支持者使用这项服务，包括沙特阿拉伯、意大利、瑞士、法国、比利时、英国和西班牙等国。"伊斯兰国"支持者的Twitter账号平均关注人数为1004人，远远高于普通账号，这反映出他们在社交媒体上的广泛影响力。2014—2016年初，Twitter公司已经删除了12.5万个威胁发动或宣传恐怖主义的账号。③ "伊斯兰国"还会定期发布"季度报告"或"年度报告"，对在社交媒体上表现突出的成员

---

① Olivia Becker: ISIS Has a Really Slick and Sophisticated Media Department, (2014-07-13), https://news. vice. com/article /isis－has－a－really－slick－and－sophisticated-media-department, 2019年7月15日访问。

② Brookings: The ISIS Twitter Census, (2015-11-2), https://www.brookings.edu> isis_twitter_census_berger_morgan, 2019年12月12日访问。

③ 《ISIS社交账号封不完 Twitter一年内已删除12.5万个涉恐账号》，凤凰网，2016年4月14日，http://www. techweb. com. cn/internet/2016-04-14/2315754. shtml, 2019年7月15日访问。

进行专题报道。美国西点军校反恐行动中心研究员亚伦·布兰特利在"伊斯兰国"论坛和聊天室中发现了一本"网络安全行为手册",被业内人士评为"最佳安全行为手册之一"。该手册提供了一些简单易行的建议,例如如何保护通信和定位数据的隐蔽性等,还提供了数十个隐蔽和安全应用服务链接,包括 Tor 浏览器、Tails 操作系统、Cryptocat、Wickr 和 Telegraph 加密聊天工具、Red Phone 和 Signal 等加密电话通信工具。手册中还介绍了如何取消手机的 GPS 定位功能,避免拍照时泄露拍摄位置。①

近年来,"伊斯兰国"的宣传手段层出不穷。2015 年 11 月,其视频宣传片 *No Respite* 以"伊斯兰国"的"哈耶特媒体中心"为标志开头,画面内容充满了"伊斯兰国"成员引以为豪的暴力场面,火焰、鲜血、枪支和"伊斯兰国"旗帜,视频以红色和黑色为主色调,十分具有视觉冲击力。"伊斯兰国"在视频中煽动支持者献身革命,鼓励自杀式袭击,展示武器和设备,并将包括中国在内的国家纳入"敌对阵营",鼓励支持者反抗。"伊斯兰国"的专业拍摄和特效技术手段远远超越了传统的恐怖组织,其视频堪称具有好莱坞的"大片感",传播效果大大增强。

(2)以互联网为目标:发动网络攻击

互联网是人类通信史上最重要的发明,它将个人、机构以及他们之间的所有东西连接到前所未有的程度。网络空间影响着人们生活的方方面面,大到大部分国家的重要基础设施是通过计算机网络控制,小到人们日常使用的通信工具(如电子邮件、Facebook 等)依赖互联网提供平台。互联网的普及为网络恐怖分子提供了一个比任何物理目标更为庞大的"新目标",恐怖分子无须制造炸弹或牺牲自己,就可以摧毁一个国家的重要基础设施,破坏全球经济,在并在数十亿人群中制造混乱和恐慌。

臭名昭著的"爱虫"病毒(Love Bug)就是一个例子。从 2000 年 5 月

① 《ISIS 有一本网络操作安全手册教他们逃避追踪》,腾讯科技,2015 年 11 月 22 日,https://tech.qq.com/a/20151122/007461.htm,2019 年 7 月 15 日访问。

开始，数百万台微软计算机受到病毒攻击，每个受攻击的电子邮件中都会显示短语"I LOVE YOU"。该病毒通过扫描计算机上的登录名和密码，破坏图像和声音文件，并通过电子邮件附件传播到目标用户地址簿中的每个人。据报道，它至少侵入了美国14个联邦机构的计算机系统，英国议会、比利时银行、美国州政府也是被攻击的对象，此外，还有包括国际货币基金组织、华盛顿邮报和美国广播公司、AT&T和福特汽车公司等大公司在内的其他机构被入侵，造成了大约100亿美元的损失。2017年5月，WannaCry勒索软件①攻击感染了150多个国家约23万台计算机。其中受影响最严重的是俄罗斯，俄罗斯的电信和公共事业公司、银行、大学、政府办公室、加油站和铁路公司的电子支付系统都受到病毒感染。WannaCry勒索软件同时还入侵了我国部分高校，学校的校园网被入侵，机密文档被破解，病毒通过校园网传播到学生个人电脑，包括山东大学、东北财经大学、南昌大学、广西师范大学等十余所高校都遭受过网络攻击。除教育系统网络外，北京、上海、天津、广东等多地的出入境管理中心、地方派出所等公安网络也遭受过网络攻击，部分计算机宕机甚至网络瘫痪。② 在英国，WannaCry勒索软件严重扰乱了英国国家卫生服务局（NHS），禁止医生获取病人档案，迫使医院在急诊室将病人赶走，一些手术被迫取消，一名NHS工作人员告诉记者，在其中一些案例中，病人"几乎肯定会死亡"。③

---

① WannaCry（又叫Wanna Decryptor），一种"蠕虫式"的勒索病毒软件，由不法分子利用NSA（美国国家安全局）泄露的危险漏洞"Eternal Blue"（永恒之蓝）进行传播。勒索病毒肆虐，俨然是一场全球性互联网灾难，给广大电脑用户造成了巨大损失。最新统计数据显示，100多个国家和地区超过10万台电脑遭到了勒索病毒攻击、感染。勒索病毒是自"熊猫烧香"以来影响力最大的病毒之一。WannaCry勒索病毒全球大爆发，至少150个国家、30万名用户中招，造成损失达80亿美元，已经影响到金融、能源、医疗等众多行业，造成严重的危机管理问题。

② Ransomware cyber-attack: Who has been Hardest Hit?, （2017-5-15），BBC, http://www.bbc.com/news/world-39919249, 2019年7月15日访问。

③ Global Cyber Attack Strikes Dozens of Countries, Cripples U. K. Hospitals, （2017-5-12），CBS NEWS, http://www.cbsnews.com/news/hospitals-across-britain-hit-by-ransomwarecyberattack, 2019年7月15日访问。

（3）以互联网为基地：联络、招募恐怖分子

联合国大会决议和安理会决议中都曾提到，恐怖组织利用互联网招募人员、筹措资本、煽动恐怖情绪等行为属于恐怖主义活动的表现形式。① 在大数据时代，海量的互联网信息充斥着我们的生活，由于信息数量的庞杂，网络监管部门几乎不可能做到全覆盖监管，恐怖分子用于联络、招募的信息就悄无声息地淹没在计算机网络浪潮中，在网络空间大肆宣扬恐怖主义思想，招募新成员。

如前文所述，"伊斯兰国"（ISIS）已经开始通过视频宣传的方式吸引年轻人加入"伊斯兰国"组织。根据法国《费加罗报》的报道，虽然"伊斯兰国"组织在伊拉克、叙利亚等国家和地区战败，但其在欧洲的活动却愈演愈烈。在法国，未成年激进分子受到网络恐怖主义信息教唆加入恐怖组织的事件越来越多。恐怖组织在互联网中上传"圣战"宣传视频，专门吸引年轻人加入，一旦建立安全的联系，恐怖组织便会每天发送上百条宣传信息，进行洗脑和精神蛊惑，使其对"圣战"产生信仰。② 除了招募新成员，互联网还是恐怖分子沟通联络的工具。2015 年 8 月 21 日发生的巴黎高速列车恐怖袭击事件、随后不久 11 月 13 日在巴黎多地发生的恐怖袭击事件以及 2016 年 3 月 22 日比利时首都布鲁塞尔机场和地铁站的爆炸事件，这几起事件中"伊斯兰国"组织都宣布对其负责。在对犯罪嫌疑人审讯后召开的新闻发布会上，警方表示，在上述一系列的恐怖活动中，恐怖分子使用名为 WhatsApp 的社交软件进行沟通和联络，恐怖分子对互联网的利用程度在加深，③ 并且由于该软件消息经过加密，警方很难掌握恐怖分子的实施计划，这无疑增加了全球打击网络恐怖主义行为的难度。

---

① UN, Guide to UN Counter terrorism, （2006-3-15）, http://dagdok.org/un-system/security-council/counter-terrorism-committee/, 2020 年 4 月 14 日访问。

② 陈雨桐、王莉兰：《法媒：法国未成年激进分子数量激增》，环球网，2016 年 9 月 23 日，http://world.huanqiu.com/exclusive/2016-09/9479399.html? agt = 373, 2019 年 7 月 15 日访问。

③ 杨凯：《国际法视角下的网络恐怖主义及我国的应对》，载《科学经济社会》2017 年第 4 期，第 101 页。

（二）网络恐怖主义与传统恐怖主义的区别

1. 犯罪活动的隐蔽性

在传统的恐怖主义犯罪活动中，恐怖分子通常要采取现实行动，如爆炸、绑架人质、屠杀等。受到活动现实性的影响，在活动实施之初就很容易受到各国反恐武装力量的监控，对于恐怖活动的打压和制止都比较及时。但网络普及为这样的恐怖活动提供了新的方式，既能以网络为攻击对象和武器，发动网络攻击、入侵政府和私人电脑等，又可以将网络视为攻击工具，联络恐怖成员、传播恐怖信息、吸纳新成员等。对于各国反恐行动来说，人们使用网络不需要实名认证，黑客技术的进步可以将电脑 IP 地址定位到世界上任意一个国家，我们不知道那一串串虚拟代码后面究竟是怎样一张面孔，行为人的国籍、身份、位置都无法在短时间内查清。这种网络的便利性使得网络恐怖主义相较于传统的恐怖主义活动更加隐蔽，"安全系数"更高。

2. 影响范围的广泛性

传统恐怖主义犯罪受限于地理和空间，通常只能针对一个地区的少数目标发动恐怖袭击，所造成的影响范围有限。但网络的出现改变了这种现状，互联网逐渐成为恐怖袭击的首选。恐怖分子可以利用网络的无国界性和隐蔽性，将攻击范围辐射全国，甚至是全世界。由于各国的网络安全技术水平参差不齐，对网络安全的重视程度各不相同，近年来，一些安全防护等级较低的政府门户网站和重要基础设施频繁遭到网络攻击，造成网络瘫痪、病毒袭击、信息失窃等结果，严重影响到社会运转秩序和国家安全。网络不仅成为恐怖分子的攻击目标，还为恐怖分子的沟通联络提供"桥梁"。有证据显示，近年来大部分恐怖袭击事件中，恐怖分子充分利用互联网聊天软件联络、策划恐怖袭击，传播恐怖主义思想，不断扩大恐怖主义的影响范围和深度。

3. 活动成本的低廉性

与传统的恐怖主义相比，网络恐怖主义犯罪不需要花费金钱购买枪支、弹药、重型武器等装备，只需要一台电脑或是一部手机就可以实现对数十万人乃至一个国家的网络攻击。这样低廉的成本是传统恐怖主义犯罪完全不能比的。低廉的成本、"零"人员伤亡、巨大的破坏性，网络恐怖主义犯罪的"优越性"正在逐步吸引更多恐怖分子参与进来，参与人员越来越多，攻击范围越来越广，打击网络恐怖主义犯罪的难度也越来越大。

(三) 网络恐怖主义犯罪对管辖权的挑战

在国际范围内，对恐怖主义犯罪的管辖依照属地管辖原则为主，属人管辖、保护管辖和普遍管辖原则为辅的刑事管辖规则，在互联网还未兴起时确实可以很好地实现打击恐怖主义犯罪、避免刑事管辖权冲突、维护国际安全等多种目的，但随着网络时代的到来和网络犯罪愈演愈烈的态势，网络空间的即时性和无国界性对过去具有合理性的恐怖主义犯罪管辖原则产生了强烈的冲击。一方面，网络数据瞬时到达多个国家的多个网络服务器，这意味着犯罪行为地和结果地可以分散至数个国家和地区，由于世界上绝大多数国家对恐怖主义犯罪普遍采取高压态势，坚决打击恐怖主义活动，依照传统管辖原则确立管辖权的数个国家间必然产生管辖权的积极冲突；另一方面，由于网络空间的无国界性，网络恐怖主义犯罪能够危害至全世界，而各国刑法对恐怖主义犯罪的入刑标准不一，刑罚程度不一，在一国被认定为犯罪的行为在另一国可能不构成犯罪或只受到轻罚。恐怖分子极有可能利用国内法的差异，可以选择一个"不入刑"的国家作为经常居住地，致使没有一个国家能够最终起诉该行为，以此为挡箭牌逃避刑事制裁，国家间的管辖权消极冲突日益增多。因此，国际社会急需建立一种针对网络恐怖主义犯罪的新管辖方式，用于解决管辖权冲突问题，更好地遏制恐怖主义犯罪。

需要注意的是，网络恐怖主义犯罪管辖权冲突问题背后不仅是为了维护国家和民族利益，更重要的是对国家司法主权的维护。因此，在建立管辖方式时应加强国际合作和沟通，在兼顾网络活动特性的同时平衡国家间的司法主权，正如有学者说，对于传统法律体系而言，网络是一个全新的影响因素，所有国家和地区在此之前都没有治理网络空间的经验，各国对网络法律问题的理论研究、规则制定都处在一个摸索、探索阶段，大家都是从零开始。因此，无论是英美法系还是大陆法系，都应该相互借鉴和学习。① 本书认为，在研究网络恐怖主义犯罪管辖权冲突问题时，可以以网络犯罪管辖权问题的研究作为基础和指引，因为二者都涉及网络的无国界性问题以及由于网络特性引起的对传统刑事管辖权的挑战。

三、网络恐怖主义犯罪的管辖权冲突

（一）网络恐怖主义犯罪管辖权冲突的内涵和主要表现形式

1. 网络恐怖主义犯罪管辖权冲突的内涵

网络恐怖主义犯罪的刑事管辖权冲突是指在不同国际法主体间，由于在法律或事实上对网络恐怖主义犯罪管辖权的意见不一致或因政治利益矛盾引起的国家司法主权的对立。② 本书以"9·11"恐怖袭击为例，对当前国际和国家适用的管辖原则进行简单分析。从属地管辖的角度分析，犯罪发生地和结果地——美国，以及策划地、预备地国家都享有管辖权。从属人管辖的角度分析，袭击世贸中心和五角大楼、劫机以及参与预备行为的恐怖分子国籍国也有管辖权。从保护管辖的角度分析，世

---

① 潘新睿：《网络恐怖主义犯罪的制裁思路》，中国法制出版社 2017 年版，第 90 页。

② 梁淑英主编：《国际公法》，中国人民大学出版社 1993 年版，第 453 页。

贸中心本身就是多个国际公司的办公场所，该事件的遇难者中，除美国公民外，其他任何受害者的国籍国都可以提出保护管辖的主张，以保护本国公民的利益。从普遍管辖的角度分析，恐怖主义犯罪威胁到全世界人民的共同利益，世界各国都可以对本案拥有刑事管辖权。在此基础上，网络作为一个全球性的开放系统，网络 IP 地址与实际地理位置之间没有必然的联系，产生的管辖权冲突比传统的恐怖主义犯罪更加严重。一方面，网络空间的全球性和不确定性使得网络行为不可能指向某个特定的管辖因素；另一方面，网络空间的虚拟性和无形性无法划分出明确的管辖区域，网络行为或网络结果可能涉及互联网所触及的所有国家和地区。正是由于网络犯罪的隐蔽性和网络犯罪结果地的不确定性，使得以传统刑事管辖权来治理网络犯罪的愿望难以实现。

2. 网络恐怖主义犯罪管辖权冲突的主要表现形式

(1) 多国属地管辖权的冲突

网络恐怖主义犯罪可能从世界的任意地点攻击整个计算机系统，并且此类攻击的影响(犯罪开始、发生和影响的地理位置)非常难以确定，可能涉及多个国家，犯罪行为和以属地原则为基础的犯罪地点之间的关系变得模糊，影响刑事诉讼管辖权的认定，可能发生多个司法机关竞相争夺管辖权的积极冲突。例如，在 Grokster 公司和 Streamcast 公司诉 Kazza 软件侵犯音乐作品版权一案中，Kazza 软件公司注册地在瓦努阿图，实际经营地在澳大利亚，计算机服务器设置在丹麦，提交诉讼时公司的源代码位置显示在爱沙尼亚。最终，美国、澳大利亚等多个国家都依据属地管辖原则对该案作出判决。[1] 该案虽是民事案件，但从中反映出的网络犯罪的跨国性和复杂性足以引起刑法学界的重视。在网络恐怖主义犯罪中，恐怖分子极有可能利用属地管辖原则，对刑事司法管辖权设置障碍，通过网络活动形成数个犯罪行为地或结果地，引发国家间管辖权的积极冲突，从而逃避法律制裁。另一个案例中同样反映出这个问

---

[1] Jane C Ginsburg, Sam Ricketson：Inducers and Authorisers：A Comparison of the US Supreme Court's Grokster Decision and the Australian Federal Court's Kazaa Ruling, Media & Arts Law Review, 2006(11)，p.6.

题。一名澳大利亚居民用澳大利亚服务器建立了一个名为"大屠杀否认"（Holocaust Denial）的网站，这个网站可以在德国访问，根据德国反纳粹立法，该网站对德国的国家利益产生了实际影响，德国作为犯罪结果地理应拥有管辖权，而与此同时，作为服务器所在国的澳大利亚也拥有管辖权。①

"抽象越境"行为也可能造成多国属地管辖权的冲突。"抽象越境"是指网络犯罪的数据信息传播途经多个国家和地区，但对其中一些国家和地区没有造成实质性损害的网络犯罪行为。在这个过程中，犯罪行为人并没有出现在数据途经的国家，其犯罪行为也并未对传播途经的国家实施。以德国克格勃事件为例，几名克格勃安排在德国的学生为获取美国国防部军事机密，使用德国的服务器登录后跳转地址到日本的服务器，再通过日本的服务器获取美国一所大学的网络 IP 地址和账号密码，最终成功登录美国国防安全系统。② 该案中，行为人的犯罪行为借助互联网以跳转 IP 地址的方式跨越了德国、日本和美国国境，这个过程中日本作为途经国并没有遭受人员伤亡和财产损失，但在其国家管辖范围内确实发生了犯罪行为，那么作为途经国的日本是否拥有该网络犯罪的刑事管辖权，是个值得深思的问题。如果认定成立，则必然会造成途经国和犯罪地国、多个途经国之间对该网络犯罪的管辖权冲突。

（2）属地管辖与属人管辖的冲突

传统管辖理论中，当属地管辖与属人管辖发生冲突时，属地管辖具有优先权。③ 但在涉及网络犯罪方面，则不必然。一方面，网络空间没有固定的管辖范围和有形的物理界限，弱化了属地管辖原则的适用基础；另一方面，网络犯罪手段的多样化和后果的严重性使得各国不断扩张原有的属人管辖范围，导致属地管辖与属人管辖之间的冲突更加激烈。以美国为例，美国法院在应对网络空间犯罪时将网络活动分为三

---

① Michael Whine: Expanding Holocaust Denial and Legislation Against IT, Jewish Political Studies Review, 2008（20），p.3.

② 赵秉志、于志刚：《计算机犯罪及其立法和理论之回应》，载《中国法学》2001 年第 1 期，第 154 页。

③ 王世洲：《现代国际刑法学原理》，中国人民公安大学出版社 2008 年版，第 85 页。

种：活跃的网站、与主机交换信息的网站、被动的网站。法院只对活跃的网站进行管辖。一旦通过了"最低联系标准"和"合理性标准"，美国法院就可以对另一个国家或地区的人行使管辖权，因为其行为对美国产生重大影响，并已经有足够的关联性，满足正当程序的要求。根据《美国对外关系法》的规定，在下列情况下行使管辖权是合理的：第一，当事人是国家的公民、居民或者家属的；第二，如该人，无论是自然人还是法人，已经考虑行使管辖权；第三，经常在国内经营的；第四，该人在该国进行过与案件相关的活动；第五，该人在国家内进行了与案件相关的具有实质性、直接性和可预见性的活动；第六，如果作为裁决主体的涉案因素在该国拥有或使用。①

这种"最低联系标准"中对本国公民的过度保护会使其他外国当事人处于不利地位。美国行使管辖权时以"最低联系"和"合理性"确定管辖权限，无疑会使得美国在个案中适用属人管辖权时与其他国家的属地管辖权相冲突。"美国赌博案"②就是实例。被告人 Jay Cohen 在安提瓜岛注册赌博公司并开设网络赌场，该赌场对美国网络开放。美国警方以被告人是美国公民为由行使属人管辖权，然而依照安提瓜岛当地法律，在线赌博属于合法行为。因此，安提瓜岛政府认为，其公司总部设在安提瓜岛，网络活动服务器也设在安提瓜岛，安提瓜岛享有的属地管辖权优先于美国的属人管辖权，遂向联邦地区发言提出管辖权异议，认为此案不应由美国法院管辖，但美国法院不予理会，仍做出判决。赌博业是安提瓜岛国民经济的重要产业之一，此案对安提瓜岛无疑产生了很大的负面影响。③

（3）属人管辖与保护管辖的冲突

保护管辖本意是为了维护本国国家和公民的合法权益，将发生在域外的、针对或损害国家和公民利益的犯罪行为列入管辖范围。但网络活动的兴起让这样的犯罪活动变得异常简单，受害国与犯罪者国籍国之间

---

① The Foreign Relations Law of the USA Section 421 of the Restatement (Third).

② Jay Cohen 成立了一个名为 WSEX 的在线赌博组织，总部设在安提瓜岛，通过在线网页支持用户赌博并接受赌注。

③ 罗汉伟：《美国赌博案：最小国的胜利》，载《中国经济周刊》2010 年第 42 期，第 69 页。

的保护管辖与属人管辖冲突在所难免。例如，1997 年三名克罗地亚学生入侵美国国防部网络安全系统，浏览到一批绝密文件。美国政府依照保护管辖原则向克罗地亚方面提出引渡申请，但克罗地亚司法部门认为，本国法律中没有规定入侵计算机相关犯罪，三名学生的行为不构成犯罪，因此该引渡请求不符合双重犯罪原则，遂拒绝。①

(4)属地管辖与保护管辖的冲突

网络活动的跨国性和由此产生的跨国网络犯罪的严重性，使得属地管辖丧失了处理案件时本有的优先地位，一些国家出于国家利益的考虑，开始利用保护管辖原则来规范网络犯罪，维护国家主权，如德国"T ben 案"。② 该案件中，网络的跨国性让 T ben 使用位于澳大利亚的服务器发布危害德国国家利益的消息，使得澳大利亚的属地管辖权与德国的保护管辖权产生冲突。由于各国刑事立法存在差异，某种行为可能在 A 国是合法的，但是违反了 B 国的法律规定。长期居住在 A 国的国民并不需要了解其他国家的刑事法律规定，而 B 国依据保护管辖原则行使管辖权的行为则使 A 国公民受到不应有的惩罚，A、B 两国的管辖权冲突局势也随之形成。

(5)多国普遍管辖权的冲突

在网络恐怖主义犯罪案件中，恐怖分子的网络行为往往有着高强度、大范围、高隐蔽性、影响极其恶劣等特征，受到攻击的国家多数会出现重大经济损失或人员伤亡。若具有管辖权的国家的网络反恐力量不能及时出手，而一些有实力制止、反击、监视的国家希望行使普遍管辖权，积极主动出面打击网络恐怖主义，则会产生多国争夺管辖权的情形。此时如果因为国家间的管辖权认定和分歧较大，甚至造成摩擦，那么对网络恐怖主义犯罪的打击力度则会大打折扣。

---

① 杨正鸣：《网络犯罪研究》，上海交通大学出版社 2004 年版，第 106 页。

② 德国"T ben 案"：澳大利亚人 T ben 在澳大利亚的网站上发布消息，否认大屠杀事实。这种行为在德国的反纳粹法中被严格禁止。随后，德国法院认为其行为触犯了煽动种族仇恨罪，在 T ben 出入德国时将其逮捕。T ben 以在澳大利亚发布消息不能适用德国刑法为由提出抗诉，但德国法院认为其行为严重侵害了德国的权益，依据保护管辖原则对其进行审判。

（二）网络恐怖主义犯罪管辖权冲突产生的原因

1. 网络本身的不安全性和隐蔽性

在互联网诞生之初，美国军方为了尽可能简单和及时地在政府机构之间进行通信，软件开发人员编写了可以自由地使用和修改 TCP/IP 的核心协议，① 这就意味着有能力的人可以自由地进入任何普通网络以及加密的网络或计算机。恐怖主义者可以轻松利用常见的系统漏洞，通过欺骗（或伪造）用户的登录名和密码，获得进入网络的合法连接。一旦该连接打开，其就可以在未被检测到的情况下发动网络攻击。常见的网络攻击包括篡改消息、② 伪造、③ DOS 攻击（拒绝服务攻击）④、流量分析⑤以及窃听。⑥ 恐怖分子可以利用这些手段来攻击互联网本身，关闭重要基础设施或发起任何其他的攻击。2009 年 7 月，美国和韩国的许多网站受到来自英国的网络攻击而陷入瘫痪，包括美国的交通运输部和财政部、联邦贸易委员会，韩国的总统办公室、国民武

---

① TCP/IP 协议始于美国国防部，其本质是网络空间的"语言"，是网络传输所依赖的基础框架。

② 篡改消息是指一个合法消息的某些部分被改变、删除，消息被延迟或改变顺序，通常用以产生一个未授权的效果。如修改传输消息中的数据，将"允许甲执行操作"改为"允许乙执行操作"。

③ 伪造指的是某个实体（人或系统）发出含有其他实体身份信息的数据信息，假扮成其他实体，从以以欺骗方式获取一些合法用户的权利和特权。

④ 拒绝服务攻击会导致对通信设备正常使用或管理被无条件中断，通常是对整个网络实施破坏，以达到降低性能、终端服务的目的。这种攻击也可能有一个特定的目标，如到某一特定目的地（如安全审计服务）的所有数据包都被阻止。

⑤ 流量分析攻击方式适用于一些特殊场合，例如敏感信息都是保密的，攻击者虽然从截获的消息中无法得到消息的真实内容，但攻击者还能通过观察这些数据报的模式，分析确定出通信双方的位置、通信的次数和消息的长度，获知相关的敏感信息，这种攻击方式称为流量分析。

⑥ 窃听可以用无限截获方式得到信息，通过高灵敏接收装置接收网络站点辐射的电磁波或网络连接设备辐射的电磁波，通过对电磁信号的分析恢复原数据信号从而获得网络信息。

装部,以及驻韩美军都受到影响。① 2007 年 5 月,爱沙尼亚遭到大规模的针对重要国家基础设施的计算机网络攻击,爱沙尼亚全国六大新闻机构中有 3 家遭到攻击,此外还有两家全国最大的银行和多家从事通信业务的公司网站陷入瘫痪。② 2008 年 8 月,俄罗斯对格鲁吉亚政府网站发起分布式拒绝服务攻击(DDoS)。一时间,大量的数据包涌入格鲁吉亚政府网站,造成网站完全瘫痪。总统萨卡什维利的照片被替换成希特勒,格鲁吉亚的政府网站、媒体、通信和运输系统停止运转超过 24 小时。③ 随着"网络社会"的发展,以互联网为攻击目标的网络攻击数量会越来越多,对国家安全和国际局势造成的危害不容小觑。

2. 国家主权观念的冲突

除了传统刑事管辖权的局限外,国家主权观念也是管辖权冲突背后的推手。管辖权是建立在国家主权基础之上的,一个国家行使管辖权的权利是以它的主权为依据。④ 国家主权在国际关系中非常敏感,国家管辖权冲突实质上就是国家间为了维护国家主权的斗争与矛盾。在网络时代,随着全球一体化的发展,国家主权观念发生了巨大变化,主权平等和主权限制的观念得到进一步强化,但这种平等仍以对抗为基础,绝大多数国家仍然推崇国家主权的自主性、独立性和排他性,与之相对应的是网络恐怖主义犯罪的无国界性和跨地域性,这就导致了国家在涉及网络恐怖主义犯罪时必然产生管辖权冲突。

---

① Wikipedia:July 2009 cyberattacks, https://en.wikipedia.org/wiki/July_2009_cyberattacks, 2019 年 12 月 11 日访问。

② Wikipedia:2007 cyberattacks on Estonia, https://en.wikipedia.org/wiki/2007_cyberattacks_on_Estonia, 2019 年 12 月 11 日访问。

③ Wikipedia:Cyberattacks during the Russo-Georgian War, https://en.wikipedia.org/wiki/Cyberattacks_during_the_Russo-Georgian_War, 2019 年 12 月 11 日访问。

④ [英]詹宁斯·瓦茨修订,王铁崖等译:《奥本海国际法》,中国大百科全书出版社 1995 年版,第 328 页。

3. 传统管辖理论的不足

世界范围内仅有少数英美法系国家简单地规定了网络恐怖主义犯罪的管辖权，大多数国家在面对网络犯罪案件时通常延续传统的刑事管辖原则。正如前文所述，随着互联网不断深入人们的日常生活，网络活动的跨国性、隐蔽性使得传统刑事管辖原则在应对网络恐怖主义犯罪时显得力不从心，同时，由于传统刑事管辖原则主要针对产生于现实生活的犯罪活动，网络活动的虚拟性让管辖连接点变得模糊，国家间的管辖权积极冲突和消极冲突不断发生，无法实现对恐怖主义活动的遏制和打击。

（1）属地管辖理论及其不足

属地管辖权是建立在国家领土主权基础上的刑事管辖权。在传统理论中，国与国之间的属地管辖权按照国家领土边界确定，只要犯罪行为地或犯罪结果地之一发生在一国境内，该国政府理应享有司法管辖权。但是，由于网络恐怖活动发生在虚拟空间中，其活动范围超越了真实的国土边界和领土范围，恐怖活动的结果不再局限于某一国家或地区。网络恐怖分子可以轻松修改网络 IP 地址和进行服务器跳转，从理论上讲，只要有网络终端和服务器的地方，都可以成为网络恐怖活动的结果发生地，网络恐怖活动的犯罪地可以遍布世界，属地管辖原则只会使每个国家都享有管辖权，国家间的管辖冲突愈加严重。

（2）属人管辖理论及其不足

设立属人管辖的本质是为了保护公民的合法权益。属人管辖权的行使前提是犯罪行为人是本国公民，但犯罪发生在本国领域之外。但是，在网络空间中缺乏有形的物理边界，属人管辖在实际操作中有着诸多障碍。一方面，网络的开放性削弱了对网络用户身份的限制，行为人不需要暴露国籍或者可以使用特殊软件掩盖国籍便可在网络空间畅通无阻，这样的网络活动方式弱化了国家与犯罪行为人之间的管辖联结，致使属人管辖在实务操作中耗费过多的时间和财力。另一方面，国际引渡规则中通常要遵循"双重犯罪原则"，网络恐怖分子能够利用国籍国和犯罪地国在网络恐怖主义犯罪方面的法律漏洞，在犯罪地实施一些对非犯罪地、非本人国籍国公民危害较大，但在犯罪地国不构成刑事犯罪或刑罚较轻的犯罪，使得受害人即使受到损害也无从追诉，或者所判处刑罚与损害结果不相称。可以看出，由于网络恐怖主义犯罪的特性，传统的属人管辖原则不仅在实际操作上存在难点，还可能违背公平正义原则。

（3）保护管辖理论及其不足

保护管辖原则是为了保护本国国家或公民的合法权益，对来自境外的侵犯国家利益或者本国公民利益的犯罪行为，即使行为人非本国公民的，国家也可以适用保护管辖原则行使管辖权。当前各国针对恐怖主义活动普遍采取积极措施，即但凡涉及国家利益或国民利益，无论大小，皆主张行使管辖权。这样的管辖操作固然能够加强打击恐怖主义犯罪的力度，但在网络恐怖主义犯罪活动中，恐怖分子可以利用国家间传统文化、法律规定的差异，选择在一个国家（依照该国法律不构成犯罪或只构成轻罪）实施针对另一个国家（依照该国法律构成犯罪或构成重罪）的网络恐怖主义行为，将自己置于"惩罚真空区"。[①] 由于不同国家的刑法理论研究进度和国内司法力量差距甚大，如果每个国家都依据国内法进行管辖，在没有统一国际公约的情况下，管辖权滥用和冲突的情况将不可避免。

（4）普遍管辖理论及其不足

普遍管辖原则被称为世界主义原则，是国际刑事管辖中最重要也是最富争议的一项原则。[②] 普遍管辖原则赋予每一个独立国家能够参与、逮捕、起诉某些罪行，而不需要考虑犯罪地和受害者国籍的管辖权利。[③] 表面上看，普遍管辖权能举全球之力打击网络恐怖主义犯罪，最

①　于志刚：《"信息化跨国犯罪"时代与〈网络犯罪公约〉的中国取舍——兼论网络犯罪刑事管辖权的理念重塑和规则重建》，载《法学论坛》2013 年第 2 期，第103 页。

②　朱海波：《论国际犯罪的刑事管辖机制》，载《山东社会科学》2010 年第 10期，第 115 页。

③　Kenneth C. Randall：Universal Jurisdiction under International Law, Texas Law Review，1999(66)，p.785.

大限度地抑制和惩治网络恐怖活动，但就目前局势而言，其可行性较小。首先，国家适用普遍管辖权的前提是该犯罪是国家缔结或参加的国际条约中规定的某一类犯罪，由于该类犯罪严重危害世界共同利益，故世界各国均享有管辖权力。但这一标准并不能应用于网络恐怖主义犯罪。世界各国对网络恐怖主义犯罪的界定还没有一个明确的标准，网络恐怖主义犯罪也没有明确成为国际公约规范的对象。其次，各国刑事实体法对网络恐怖主义犯罪的规定不尽相同。如果没有与罪行相对应的罪名，审判工作就难以开展，其结果就是放弃案件诉讼或者将管辖权转移给别的国家。最后，普遍管辖权的行使可能会影响其他国家的利益，存在跨国调查、证据收集等诸多障碍，国家间刑事司法调查工作沟通烦琐、交接复杂，导致多数国家不愿主动行使普遍管辖权，在司法实践中也较少应用。

4. 新管辖理论的缺陷

传统管辖理论在网络空间的适用主要通过网络与现实社会的交叉点，将司法主权拓展到网络空间中。面对网络空间的发展和网络恐怖主义犯罪对国际刑事管辖权的挑战，理论学界百家争鸣，针对网络特性提出了不同的管辖权理论。

（1）虚拟世界主权独立说

有些学者①认为网络空间属于"虚拟世界"，"虚拟世界"的主权不属于世界任何一个国家或国际组织，"虚拟世界"的主权是完全独立的。根据这一理论，网络空间应当独立于现实世界，不受任何国家管辖，也不允许任何国家通过制定国内法的方式企图将管辖权延伸至网络空间。此外，现实世界的法律管辖原则上不超出国境范围，而"虚拟世界"不存在国界，或者说一个国家的国界根本不包括虚拟空间，任何国家都不可能控制这片区域。由此可见，这一理论从根本上否定了国家对网络空间以及发生在该空间犯罪行为的刑事管辖权。

---

① 以美国乔治城大学 David Post 教授和网络活动家 John Perry Barlow 为代表。

"虚拟世界主权独立说"在互联网普及之初十分流行，其实质上是将网络空间视为公共领域。然而，随着网络空间的战略地位逐渐提升，国际社会和各国政府越来越重视网络开发和网络安全问题。国家主权在网络空间的主导地位进一步增强，对网络空间逐渐形成"条块化"管辖方式，即以网络服务器所在地和 ICP 地址为划分边界。国家的"网络主权"思潮已逐步成为主流，超过 60 个国家发布网络安全战略，强调网络主权独立性的思想影响力和呼声早已日渐式微。各国普遍主张对网络空间享有主权，认为网络空间属于国家的管辖范围，大多数国家也都在完善涉及网络领域的法律规定，试图通过专门立法的方式解决网络犯罪管辖问题。

（2）管辖权相对理论

管辖权相对理论将网络空间看作一个"新开发"领域，就像公海、外太空和南极洲一样，应当制定一部国际公约，建立独立的管辖方式和管辖原则。① 该理论还认为，网络空间还需要创设自己的法律体系和司法机构，并交由网络自身进行管理。② 该学说与前述"虚拟世界主权独立说"的相同之处在于，二者皆排斥现有主权国家对网络空间的管辖。但区别在于，"虚拟世界主权独立说"反对任何针对网络的管辖形式，而管辖权相对理论则主张一套独立的网络空间管辖规则体系，实质上是主张网络自治。

很多学者不认同这种理论，认为该理论违背了主权国家行使管辖权的基本规则，③ 并且该理论的适用范围较小，对于网络恐怖主义犯罪这类危害程度极高、成员分布广泛的犯罪而言，脱离国家主权构建的新管辖规则，在没有国家强制力作为保障的前提下，刑事管辖权的规定形同

---

① 王德全：《试论 Internet 案件的司法管辖权》，载《中外法学》1998 年第 2 期，第 28 页。

② David R. Johnson：Law and borders：the Rise of Law in Cyberspace, Stanford Law Review, 1996(1)，p.2.

③ 谷永超：《网络犯罪刑事管辖权初探》，载《科技与法律》2012 年第 6 期，第 80 页。

虚设，不具有可操作性。

（3）有限管辖原则与实害联系原则

实害联系原则是对有限管辖原则的补充。根据有限管辖原则，应当有条件地限制网络犯罪的管辖权，网络犯罪刑事管辖权的归属取决于该犯罪行为对某一国家或其公民的侵害和影响程度，受侵害和影响越重的国家优先享有管辖权。实害联系原则在这个规定的基础上，明确了侵害和影响的标准。这种侵害或影响具体是指该犯罪行为对国家和公民产生现实损害的严重程度，关联程度越高、损害最严重的国家优先享有管辖权。然而，无论是有限管辖原则还是实害联系原则，其对"严重性"的标准界定都十分含糊，在实际审判中往往取决于法官的自由裁量权。实害联系原则更适合用于对结果犯、特定危险犯的管辖，但网络恐怖主义犯罪往往表现为网络宣传、煽动或预备犯罪，无法衡量其实际损害。因此，在网络恐怖主义犯罪中不能单独适用实害联系原则。同时，"实际损害"的标准有时过于抽象，在处理一些影响范围大、持续时间长的网络恐怖主义犯罪时难以做出适时的判断。

（4）网址来源国原则

一般来说，网址所在的服务器通常有一个固定的 IP 地址，其产生和变化只能通过更改域名服务器，这一操作十分烦琐，因此无法随意变更。从这个角度看，网址来源国原则有一定的合理性。① 然而，随着网络普及率的上升和网络技术的进步，熟知网址设置规则的人可以通过设置动态 IP 地址、IP 互换等方式不停地更换、隐藏真实网址，打破了网址原有的稳定性。因此，仅仅依据网址和网址所在的位置就决定一个国家享有刑事管辖权，而没有考虑到行为人所在地和犯罪行为结果地等关键因素，过于草率也难以令人信服。此外，在现实生活中，一个网址可以同时接收来自全球各地的访问，如果每次访问行为都构成网络犯罪，那么是否每一个访问来源国都享有刑事管辖权？因此而产生的管辖权积

---

① 张俊霞、傅跃建：《论网络犯罪的国际刑事管辖》，载《当代法学》2009 年第 3 期，第 44 页。

极冲突如何解决？由此可见，网址来源国原则无法成为解决管辖权冲突的最佳途径。

（5）小结

通过对上述主要观点的分析可以发现，对于网络犯罪的管辖诸学说的立足点与出发点皆有所不同。虚拟世界主权独立说和管辖权相对理论都强调网络空间的独立性，任何国家都无权染指，但无论是独立主权还是独立管辖，其所要求的做法都与现实情况完全相悖，不具备可行性，也无法实现对网络恐怖主义犯罪的制裁。有限管辖原则与实害联系原则虽然将目光从虚拟的网络中移到了现实的生活中，并提出以"实害"作为管辖的联结点，但所谓"实害"的关联性判断理论还不够成熟，缺乏具体的关联性判断依据，在实际运用中容易造成管辖权滥用，致使管辖冲突更甚以往。网址来源国原则从一个具体的指标中寻找管辖的依据，但却受制于网络技术的发展，陷入看似稳定实则多变的网址陷阱。

（三）网络恐怖主义管辖权冲突的危害

在如何应对网络恐怖主义犯罪的管辖权冲突问题上，国际社会目前没有一个统一的方案，传统管辖理论的不足和新管辖理论的缺陷使得各国在行使刑事管辖权过程中产生冲突，由此产生的诸多负面问题也不可避免。

首先，世界各国积极行使网络恐怖主义犯罪管辖权，必然导致管辖权相互冲突，国家之间毫无疑问会基于维护本国国家主权的考虑开展司法对抗，彼此互不认可对方的管辖权。此时，同一犯罪便会受到多国的同时管辖，受到多次审判，这违反了"禁止双重危险"原则。其次，各国争相扩大对网络恐怖主义犯罪的刑事管辖范围，即使一国享有管辖权利，但如果没有妥善处理好国家间的司法协作，仅凭一国之力完成一项跨国网络犯罪的调查、取证、逮捕等多项操作几乎是不可能的，国家间的司法冲突为司法合作设立了无形的障碍，不仅无法打击恐怖主义活动，反而会助长其态势。最后，不同国家对同一网络恐怖主义犯罪的法律规定不同，入刑标准和量刑幅度也不同，可能出现有的行为在一国被认为是犯罪，在另一国不被认为是犯罪而免于被起诉。一些西方国家出于政治考虑要求行使管辖权，但这种消极的、流于形式的管辖只会让一些恐怖分子逃脱法律制裁，甚至更加猖獗。

四、网络恐怖主义犯罪管辖权的国际立法考察与国家实践

（一）国际立法考察

1. 联合国框架下的"涉恐"公约

联合国框架下的"涉恐"公约主要有《制止向恐怖主义提供资助国际公约》《制止恐怖主义爆炸事件国际公约》《制止核恐怖主义行为国际公约》。上述三项公约中并没有限定犯罪方法，故利用互联网实施规定的恐怖活动也构成犯罪。

《制止向恐怖主义提供资助国际公约》第 7 条规定了管辖方式，采用"属地优先管辖"和"属人优先管辖"的传统原则，并规定缔约国可依照国内法的行使习惯排除部分条款。第 7 条第 1 款规定，各缔约国均应当酌情采取措施，确立对第 2 条所述犯罪的管辖权：（1）犯罪发生在该国；（2）犯罪发生在悬挂该国国旗的船舶上或者依法登记的航空器上；（3）是该国国民所犯的罪行。第 7 条第 6 款规定，在不影响一般国际法准则的情况下，本公约不排除缔约国行使其国内法所确立的任何刑事管辖权。

《制止恐怖主义爆炸事件国际公约》第 6 条第 1 款和第 2 款分别规定了属地管辖、属人管辖和保护管辖，对管辖权的确定更为详细。《制止核恐怖主义行为国际公约》中规定的管辖原则同样以传统管辖原则为主。由此可见，传统管辖原则定位清晰、划分明确、国际认同度高，在

打击犯罪、维护国际稳定方面依旧具有优势。

2. 欧洲委员会《网络犯罪公约》

欧洲委员会下属的欧洲犯罪问题委员会于 1997 年成立了网络空间专家委员会。网络空间专家委员会在 2001 年制定了《网络犯罪公约》，包括欧盟成员国及美国、加拿大、日本等 30 多个国家于 11 月签署该公约，它被称为"第一个针对网络和其他计算机犯罪的国际宣言"。该公约试图协调不同国家与计算机网络刑事犯罪有关的调查程序，使成员国之间就网络犯罪问题更加紧密地联系起来。

《网络犯罪公约》采取传统的"属地优越"和"属人优越"管辖原则。其中，"属地优越"领域范围还包括"拟制领土"。①《网络犯罪公约》第22 条规定，各缔约国应完善相应的国内法规定，确保对公约中确立的犯罪均享有刑事管辖权：(1)犯罪地位于该缔约国领土内；(2)犯罪地是悬挂该缔约国国旗的船舶或合法登记注册的航空器；(3)该罪行根据犯罪地刑法应予惩处，或者犯罪发生在任何国家的领土之外，但该犯罪是该缔约国国民实施。与之前国际公约不同，《网络犯罪公约》允许缔约国保留不适用上述管辖规则的权利。除第(1)款规定的"犯罪发生在缔约国境内"的管辖规则外，缔约国可保留不适用上文第(2)(3)款的管辖规则的权利。在管辖权方面，公约赋予缔约国过于宽泛的保留权利，这表明各国之间仍有必要就网络犯罪管辖这一非常棘手的问题进行进一步的讨论和协商。直到现在，网络犯罪的管辖权还不能形成一个统一的、有强制性的规定。公约还强调了有限的普遍管辖原则。根据公约，如果犯罪人在他国被发现，受害国可以向发现国请求引渡，被请求国必须遵循"或引渡或起诉"的原则。

3. 北约《塔林手册》

2013 年发布的《塔林手册 1.0》，是对网络空间法制化治理的一次尝

---

①　拟制领土又称"浮动领土"，一般指一国的船舶、航空器等。

试。在手册第 2 条中明确订立，国家在网络空间中享有管辖权，① 这为各国开展后续的网络空间治理行动奠定了基础。《塔林手册 1.0》在管辖方式上延续传统的属地管辖原则，以犯罪行为发生地和结果地作为管辖权的判定标准，同时，将"网络基础设施"纳入损害范围，进一步扩大了国家行使管辖权的范围。

2017 年 2 月发布的《塔林手册 2.0》从一般原则、属地管辖权、立法管辖权、执行管辖权、国际执法合作、国家管辖豁免等方面总结了网络活动的国际管辖权，形成网络活动国际管辖的一般规则体系。除原有的属地管辖原则外，第 10 条还规定了一国对发生在其境外的网络活动可行使域外立法管辖权的范围(满足下列条件之一即可)：(1)行为主体是本国国民；(2)行为的地点是在本国登记的船舶或航空器上；(3)外国公民实施的，严重损害本国国家利益；(4)外国公民对本国公民实施的；(5)依照普遍管辖原则构成国际法上犯罪的。在域外管辖权和国际执法合作方面，虽然手册中没有要求各国有义务在侦查和起诉网络犯罪方面开展国际合作，但这种合作义务可以由各国另附条约加以规定。与《塔林手册 1.0》相比，《塔林手册 2.0》的管辖范围更为广泛。它不仅强调国家对网络空间拥有管辖权，而且确立了域外管辖权的基础，这实际上是现代国际法属人管辖、保护管辖和普遍管辖原则在网络空间的适用。②《塔林手册 2.0》还创造性地提出了颇具争议的"数据主权"概念，明确将数据作为国际管辖的对象，认为数据作为网络活动的必然结果应当受到属地管辖限制。③

---

① 《塔林手册 1.0》第 2 条：在其领土内实施网络行动的人员；位于其领土内的网络基础设施；符合国际法的域外管辖情形。第 3 条：船旗国和注册国的管辖规定：位于国际空域、公海或外空的飞机、船舶或其他平台上的网络基础设施受船旗国或注册国管辖。

② 甘勇：《〈塔林手册 2.0 版〉网络活动国际管辖权规则评析》，载《武大国际法评论》2019 年第 4 期，第 125 页。

③ 黄志雄：《网络空间国际规则制定的新趋向——基于《塔林手册 2.0 版》的考察》，载《厦门大学学报(哲学社会科学版)》2018 年第 1 期，第 6 页。

4. 小结

当前国际社会并没有形成一个统一的网络空间刑法典，也没有一个全球性国际组织制定一份适用于网络空间的国际公约，因此在现行法下对网络恐怖主义犯罪的管辖规定都只能散见于针对特定罪行的国际公约或区域性公约，在专项公约尚未制定前，国际社会打击网络恐怖主义犯罪只能依靠国际组织个别行动和国家间的互助协议，影响范围远小于网络恐怖主义犯罪的活动范围。本书挑选其中与网络犯罪或跨国恐怖主义犯罪有关的公约作为研究参考，从这些特定罪行的法律文件中探寻合理的管辖方式。无论是联合国框架下的公约，还是《网络犯罪公约》《塔林手册》，其对于管辖权的规定都体现出国际社会在处理此类跨国严重犯罪时秉持着传统的属地管辖原则为主，属人管辖、普遍管辖为辅的管辖方式。从现今的国际形势看，属地管辖确实是最合适应对网络恐怖主义犯罪的管辖方式，但是网络恐怖主义是一个新兴的恐怖主义活动方式，其管辖的复杂程度超过以往的国际罪行，倘若无法确定属地管辖的绝对优先管辖地位，依旧把属人管辖、保护管辖、普遍管辖作为补充手段，将极易造成各国出于国家利益和政治考虑而滥用管辖权，从而加剧国家间的管辖权积极冲突。

(二) 国家实践

许多国家开始意识到网络恐怖主义犯罪带来危机，纷纷加强网络反恐力度，建立网络恐怖主义专项防控机构、完善国内网络反恐立法，积极应对和遏制网络恐怖主义的蔓延。前述国际公约中对网络恐怖主义犯罪的管辖权规定都较为保守，为了确保尽可能多的国家参与缔结公约，公约在规定管辖权限时通常允许缔约国保留依据国内法行使管辖权的规定，因此，分析世界主要国家的网络犯罪管辖规定对形成网络恐怖主义犯罪的管辖规则、打击恐怖主义犯罪有着重要意义。

1. 美国

美国政府采取的一系列措施已经足以让大众认识到互联网和网络恐怖主义对美国国家和国际安全的威胁。在美国和韩国政府遭到网络袭击之前，奥巴马政府就发布了《网络空间政策审查报告》，从国家安全角度对美国的网络安全状况（包括网络犯罪和网络恐怖主义问题）进行了分析。《网络空间政策审查报告》中已经认识到美国仍然"需要制定一种网络安全战略，将志同道合的国家聚集在一起，例如在可接受的法律规范内约定技术标准、领土管辖权、主权责任和使用武力等"。在报告的开头，美国政府承认，基于互联网的国家数字基础设施架构存在不安全因素，如果这些系统的安全性没有重大改善或者运行这些系统没有产生重大变化，那么美国将无法在日益增长的网络犯罪威胁和入侵行动中保护自己。①

美国对网络恐怖主义犯罪的管辖适用长臂管辖原则，即"即使被告人不在法院地州居住，但与该州存在某种最低限度联系时，该州司法部门可以依据属人管辖原则对被告人行使管辖权"。所谓最低限度联系，美国联邦最高法院认为，只要行为人在法院地州实施了犯罪活动或者犯罪活动可能发生的结果地在法院地州，就可以认定与该州存在最低限度联系。这一"联系"的范围相当广泛，既包括犯罪预备、犯罪实施，也包括犯罪未遂，可以说只要犯罪行为与美国存在关联，美国法院都有权进行管辖，这极大地扩张了美国的管辖范围。就网络恐怖主义犯罪而言，只要恐怖分子对美国开展网络恐怖主义活动，就可能或已经侵害美国国家和公民利益，无论犯罪行为处在何种阶段，无论是否造成实际损害结果，无论犯罪行为人是否居住在美国，美国政府均有权行使管辖权。如2015年的阿迪特案，美国最终依据长臂管辖原则成功地将阿迪

---

① 鲁传颖：《奥巴马政府网络空间战略面临的挑战及其调整》，载《现代国际关系》2014年第5期，第57页。

特引渡回国，并由美国法院对阿迪特定罪量刑。①

2. 英国

欧洲地区是恐怖组织活跃的高发区，英国政府为应对网络恐怖主义犯罪，在管辖权规定上采取广泛的属地管辖原则。1990 年，英国出台《滥用计算机法》，专门针对网络犯罪作出规定。首先，英国行使属地管辖权的依据是犯罪地发生在英国境内，即犯罪行为地或结果地位于英国，其中计算机服务器所在地属于行为地之一。其次，对利用互联网实施的其他犯罪行为，如联络沟通、非法集资、窃取个人信息等网络犯罪的预备行为正犯化，只要该行为符合英国法律规定的犯罪构成，无论是否产生危害结果，也无论是否已经着手实施，英国司法机关均可行使管辖权。

由此可见，对于网络犯罪，英国秉持着"宁错杀，不放过"的管辖态度，在沿用传统属地管辖原则的基础上不断拓宽管辖联结点的范围，并增设计算机服务器等网络犯罪的特殊联结点，使属地管辖的适用范围超出国家物理边界。与此同时，通过将网络犯罪预备行为正犯化，只要行为与英国产生关联，英国司法机关就享有管辖权，这种大幅度的扩张属地管辖范围在一定程度上能够最大限度地发挥一国司法权力打击网络犯罪的效果，但也容易与其他国家的管辖权发生积极冲突。

"伊尔哈比 007 案"就是英国属地管辖原则的体现。基地组织成员"伊尔哈比 007"在 2004 年 7 月入侵美国阿肯色州公路和交通运输管理局网站，并在网站上公然宣传本·拉登。次年 5 月，"伊尔哈比 007"在网上发布恐怖信息，组织策划了英国伦敦地铁站爆炸案。10 月，波斯

---

① 2015 年 6 月，"伊斯兰国"恐怖组织成员阿迪特入侵美国一家商业网络服务器，从中窃取大量个人身份信息，其中包括美国军方和政府工作人员的个人信息，意图利用这些信息策划恐怖袭击。随后不久，阿迪特在马来西亚被逮捕。美国法院认为，阿迪特为恐怖组织提供情报、非法入侵电脑、窃取商业数据，企图针对美国发动恐怖袭击的行为已经严重侵犯了美国的国家利益和国民安全，遂行使长臂管辖权向马来西亚政府提交引渡申请。2016 年，马来西亚认可美国的管辖权利，同意提供司法协助，将阿迪特移送至美国接受审判。

尼亚警方逮捕了 2 名预备实施恐怖袭击的年轻人，伦敦警方根据证词迅速展开追捕，逮捕了 3 名穆斯林青年。英美两国情报机构在核实情报信息后，通过调查和证据证明，"伊尔哈比 007"正是其中一名叫尤尼斯·特苏里的年轻人。① "伊尔哈比 007 案"影响巨大，在本案的管辖问题上，美国和英国均有权行使管辖权，但由于"伊尔哈比 007"在英国被抓获，出于诉讼便利和证据收集方面的考虑，英国的属地管辖权优先于美国的属地管辖权，故本案在英国法院审判。

3. 德国

德国《信息和通信服务一般条件的联邦法令——信息和通信服务法》于 1997 年 8 月生效，是世界上第一部全面规范网络空间行为的法律。在刑法领域，德国学者提出了结果地限制理论、双重可罚理论等学说，并在司法实践中有所体现。《德国刑法》第 9 条对犯罪行为地采取较为宽泛的定义："属于构成要件的结果发生地，或者嫌疑人想象中的犯罪结果应该发生的地方，皆是行为地。"据此，德国法院大幅度扩张其领土管辖范围，即网络犯罪的发生地、犯罪结果地和犯罪目的地，其中之一在德国境内或位于挂有或涂有德国国旗或国徽标志的船舶、航空器内，都属于德国刑法管辖的范围。对于在德国境外发生的，侵犯德国公民利益的网络犯罪，无论依照犯罪行为地国家法律是否构成犯罪，德国都对其有刑事管辖权，这是保护管辖原则的要求。例如，在德国计算机服务器案中，位于加拿大多伦多的一个新纳粹网站涉嫌传播纳粹思想，德国检察官据此警告德国电信网上服务公司，以涉嫌煽动种族仇恨为由，屏蔽了德国网民对这个网站的访问。通过上述法律法规和司法实践可以看出，德国对于网络犯罪也有着较为宽泛的刑事管辖权。

4. 新加坡

新加坡为打击网络犯罪制定了专门法规——《反计算机滥用法》。其

---

① 朱永彪、任彦：《国际网络恐怖主义研究》，中国社会科学出版社 2014 年版，第 68 页。

中规定，被告人实施了触犯法律的罪行，无论犯罪行为实施地在新加坡境内还是境外，只要案发时被告人身处新加坡，或涉案的计算机、服务器、网址、数据存储设备位于新加坡，新加坡均可以依法起诉。因此，新加坡的网络犯罪属地管辖原则考虑到网络犯罪的空间特殊性，以行为人所在地和涉案相关工具所在地为地域标准，使管辖权的确定规则更加明确。

5. 中国

2015 年 11 月正式施行的《刑法修正案（九）》（以下简称《刑（九）》）增加了恐怖主义犯罪的有关条款，第 120 条在原有基础上新增 5 款，将恐怖活动预备行为正犯化，同时对培训恐怖组织成员、宣扬恐怖主义思想、煽动实施恐怖活动等行为进行法律规制。① 同年 12 月，我国通过的《反恐怖主义法》不仅明确了恐怖活动形式、人员认定、部门责任、案件调查、应对处置、法律责任等内容，还在第 11 条②中规定，我国对发生在域外的、针对国家或本国公民实施的恐怖活动，或者该恐怖活动是我国缔结参加的国际条约中所规定的罪行享有刑事管辖权。从文义理解，利用或通过计算机实施《刑（九）》第 120 条规定的恐怖主义行为同样属于恐怖主义犯罪。当发生网络恐怖主义犯罪时，犯罪行为的发生

---

① 《刑法修正案（九）》第 120 条第 2 款：有下列情形之一的，处五年以下有期徒刑、拘役、管制或者剥夺政治权利，并处罚金；情节严重的，处五年以上有期徒刑，并处罚金或者没收财产：（1）为实施恐怖活动准备凶器、危险物品或者其他工具的；（2）组织恐怖活动培训或者积极参加恐怖活动培训的；（3）为实施恐怖活动与境外恐怖活动组织或者人员联络的；（4）为实施恐怖活动进行策划或者其他准备的。

第 120 条第 3 款：以制作、散发宣扬恐怖主义、极端主义的图书、音频视频资料或者其他物品，或者通过讲授、发布信息等方式宣扬恐怖主义、极端主义的，或者煽动实施恐怖活动的，处五年以下有期徒刑、拘役、管制或者剥夺政治权利，并处罚金；情节严重的，处五年以上有期徒刑，并处罚金或者没收财产。

② 《反恐怖主义法》第 11 条：对在中华人民共和国领域外对中华人民共和国国家、公民或者机构实施的恐怖活动犯罪，或者实施的中华人民共和国缔结、参加的国际条约所规定的恐怖活动犯罪，中华人民共和国行使刑事管辖权，依法追究刑事责任。

地或结果地之一归结在我国境内，或者犯罪行为侵害到我国的国家利益和公民利益，都可以认定我国享有管辖权。因此，我国对网络恐怖主义犯罪采取属地管辖、保护管辖和普遍管辖的传统刑事犯罪管辖原则。

6. 小结

综合上述各国司法实践可以看出，目前各国针对网络犯罪的刑事管辖规定主要是在属地管辖权的基础上，通过拓宽连结点的范围，扩大属地管辖权的管辖范围，网络犯罪的行为发生地、结果地、犯罪行为人目的地中有一项在本国领域内的都属于刑法管辖范围。但这样的规定没有考虑到互联网能够产生大范围的网络跨国界行动，与此有利害关系的国家可能有数个，这样的规定等同于把本国刑法在互联网领域扩张至世界各地，管辖权冲突不可避免。此外，美国的长臂管辖原则中还规定，当犯罪嫌疑人有意发动网络恐怖袭击或计划侵害国家和公民利益时，即使其身在国外，美国对于该嫌疑人也具有管辖权。这样过宽解释保护管辖的方式，造成人们常批评美国是"世界警察"，企图追诉全世界的人，并且不断扩张管辖权带来外交冲突、诉讼爆炸。①

五、调和网络恐怖主义犯罪管辖权冲突的新思考

(一) 网络恐怖主义犯罪管辖的基本原则

1. 尊重国家主权原则

尊重国家主权原则是主权国家在国际活动中首要遵守的原则，也是国际法的重要原则。国家主权是一个国家的基础，代表着国家独立处理

---

① 李庆明：《论美国域外管辖：概念、实践及中国因应》，载《国际法研究》2019 年第 3 期，第 11 页。

和管理国内外各项事务的权利，其中，管辖权是国家主权的重要表现之一。管辖权冲突问题实质上就是各国为了维护国家主权而产生的争端，因此，在处理国际性犯罪问题时，注意平衡好各国的司法主权，在确保本国司法主权的同时尊重他国管辖权，避免由于管辖权过度扩张带来的冲突问题。

网络恐怖主义犯罪是一个典型的国际犯罪，犯罪行为往往涉及多个国家和地区，受害国家为了能更好地维护本国利益和公民权益，通常会积极争取管辖权，甚至可能侵犯到其他受害国的合法管辖权益，引发国际争端。因此，在处理网络恐怖主义犯罪管辖权冲突问题时，首先应当做到尊重国家主权，在相互尊重和平等的基础上明确网络恐怖主义犯罪的管辖规则。

2. 诉讼可能性原则

诉讼可能性是指案件能否最终付诸司法实践，犯罪行为能否切实受到法律制裁。这是司法机关的立案标准之一，也是各国在明确管辖权归属问题时应当考虑的因素之一。

在确定诉讼地法院是否具备诉讼条件时，应当考虑以下几个问题：第一，能够确保被告人或证人出庭应诉；第二，该国司法力量是否充足，是否具备强制出庭的可行性；第三，证据的搜集和获取是否容易；第四，国内法规定是否完善，是否有针对特定犯罪的具体法律条文和刑罚规定；第五，法院判决结果能否得到充分的执行，能否确保判决结果的公正合理。①

跨国网络恐怖主义犯罪往往涉及多个国家、多个地区，不同国家间的国内法规定不尽相同，那么案件由哪个国家管辖则要考虑到该国（地区）诉讼的可能性。如果在这个国家（地区）的司法系统中有着较为完善的法律制度、司法资源、诉讼证据，那么其他有管辖权的国家应当主动

---

① 吴华蓉：《浅谈网络犯罪刑事管辖权的建构》，载《犯罪研究》2006 年第 4 期，第 73 页。

放弃不必要的管辖争执。

3. 公平正义原则

公平正义原则包括程序正义和实体正义，二者缺一不可。首先，程序正义要求管辖国司法程序的合理性和合法性，对犯罪嫌疑人进行引渡、起诉、审判、执行等程序时应严格遵守法律规定，这是对行为人正义。其次，实体正义体现在管辖权配置的合理性和有效性。若一行为在国内合法，在他国非法，他国依据属地管辖原则行使管辖权时应当注意行为人的主观意图，如果行为人明知其行为违反他国法律而实施，他国可以追究刑事责任，但如果行为人不知道其行为在他国是违法的，或者在不知情的情况下实施了违反他国法律的行为，那么无论是行为人国籍国还是犯罪地国都无权追究刑事责任。最后，公平正义原则还包括对受害国的公平。当犯罪行为涉及多个国家，犯罪行为的发生地国、结果地国和途经国都主张行使属地管辖权时，应当考虑到各个受害国损害程度的轻重，损害结果越严重的国家越优先享有管辖权，没有受到实质损害的国家不享有管辖权，这样的操作一方面有利于犯罪证据的调查搜集，另一方面有利于受害国维护本国的合法权益。

网络恐怖主义犯罪的犯罪结果通常影响多个国家，且由于恐怖主义性质带来的强烈宗教属性和政治属性，宗教国家在处理此类案件时不可避免地会将个人或国家、民族情感倾向代入调查和审判环节，有悖于审判结果的公正性。因此，在规定网络恐怖主义犯罪的管辖权时应严格遵守公平正义原则，对案件的处理就事论事，从实际出发，避免受到情感因素的干扰。

4. 及时有效打击犯罪原则

明确管辖权归属的根本目的是严厉打击犯罪活动，确保犯罪分子受到正义的审判，保护公民的合法权益，维护国际经济政治活动的正常运转。因此，在管辖权问题上需要考虑到打击犯罪的及时性和效率性，考虑到证据收集、司法调查、诉讼活动能否及时、有效、顺利地进行，确保犯罪分子在最短的时间内受到法律的制裁，彰显司法权威。

网络恐怖主义犯罪的管辖权冲突矛盾比其他跨国犯罪更严重，其危害性也远远超过普通的网络犯罪，造成的危害甚至在很长一段时间内难以去除。因此，国家和地区争夺管辖权的同时，也应当考虑惩治网络恐怖主义犯罪的时效性，不能为了扩大本国的司法主权而纵容恐怖分子利用法律漏洞逃避法律责任。

(二)明确网络恐怖主义犯罪管辖规则

就网络恐怖主义犯罪的管辖问题而言，应满足两个条件：一是确保可以有效地打击和预防网络恐怖主义犯罪，使得网络恐怖分子受到应有的法律惩罚；二是在司法权力的配置上保持国家间的基本公平，并尊重其他国家的司法主权。结合当前国际立法和国家实践经验来看，传统的刑事管辖权论依旧适用于网络恐怖主义犯罪，但在具体管辖规则中应当考虑到网络活动的特殊性和恐怖主义犯罪危害的严重性，坚持与时俱进的原则，随着网络技术的发展不断地调整。

1. 属地管辖优先原则

从当前社会发展和司法动态来看，属地管辖原则无疑是国际社会中各国优先选择的管辖方式，英美法系国家更是对属地管辖有着特殊的偏好，通常采取保守的态度、排他性的做法。属地管辖之所以能成为优先管辖原则，一是属地管辖权原则与国家管辖权一般不冲突。根据犯罪行为地理论，犯罪行为发生地国家对犯罪当然地享有管辖权，外国的刑法不能适用于本国领土，否则涉嫌干涉他国主权。二是属地管辖原则有利于提高案件处理效率，犯罪行为发生地国能在较短时间内发现并控制犯罪嫌疑人，从时间成本和经济成本双方面考虑有利于案件处理。属地管辖原则的要素是国家领域，包括领土、领水、领空和拟制领土，只要犯罪行为的构成要件之一发生在该国领域内，该国就享有管辖权，以该国领域为划分管辖的边界简单明了，不易发生管辖冲突。网络恐怖主义犯罪管辖权冲突中的属地管辖问题，关键在于犯罪地的认定。

关于犯罪地，实务中通常适用遍地说，① 即犯罪地包括犯罪行为发生地和行为结果地，行为发生地、结果地之一发生在本国内，该国就可以行使相关的刑事管辖权。在网络恐怖主义犯罪中确定属地管辖原则时需要注意两点：一是对行为发生地需严格识别，根据计算机终端、服务器所在地确定；二是对犯罪结果地的认定，应尽可能避免管辖的积极冲突。

(1) 网络恐怖主义犯罪行为发生地

网络恐怖主义犯罪行为发生地是指恐怖分子实施恐怖行为时计算机终端或 ICP 服务器的所在地。网络恐怖主义犯罪是恐怖分子利用计算机设备实施访问、存取信息、传播、联络等一系列犯罪行为，这些行为均会在计算机终端和 ICP 服务器上被复制或存储，这就意味着恐怖主义犯罪的网络信息数据可长期保存在计算机终端和 ICP 服务器中。计算机终端和 ICP 服务器是网络运营商用于连接全球网络的基础设备，无论是移动、便携式还是台式设备，其计算机终端在取得入网许可证的时候就已经固定在接入的设备或网卡上，无论 IP 地址如何变化，只要使用设备不变，网络技术人员都可以通过技术手段查找到计算机设备所在地。随着网络技术的发展，计算机终端设备从原来的电脑显示器拓展到 iPad、车载 GPS 系统和银行 POS 机等设备，这为确定犯罪行为发生地增添了新的联结设备，提升了刑事侦查和证据搜集的效率。ICP 服务器在设立之初需要向国家工信部提交信息资料，由工信部对其进行严格审查和备案工作，因此所有的 ICP 服务器都可以在工信部查找到相关的备案资料。由于 ICP 服务器安装复杂，需要埋藏在建筑墙内，安装成本高、网线布局烦琐，很难更换和变更。在网络恐怖主义犯罪中，恐怖分子必须通过计算机终端设备连接进入互联网才能实施网络恐怖主义犯罪，ICP 服务器就是犯罪的终点和犯罪结果被感知的场所，因此，将计算机终端和 ICP 服务器作为确定网络恐怖主义犯罪行为发生地点，一方面符合网

① 中国、法国、德国、瑞士、意大利等国均在立法中采用了该学说。

络活动的特性，使传统管辖理论在网络空间中更好适用；另一方面又能及时、准确地查明网络行为来源，为之后的侦查、证据搜集、逮捕等工作提供便利，使恐怖分子能够尽早得到审判。如果同时有不同国家的多台计算机终端发起网络攻击，受害国数量众多，则可以将主要犯罪行为发生地、最严重受害国作为确定刑事管辖权的参考因素，依照实害联系原则确立管辖顺位。

　　除上文提到的计算机终端、ICP 服务器位置外，有人还建议可以通过网址进行确定。一些观念认为，在一定时间内，网址在物理空间上类似居住场所，各国对于网址的管理有着严格的审查和备案规定，不同国家的网址域名构成也各不相同，可以通过反向调查网络恐怖主义活动的来源地网址确定计算机服务器或网络行为 ICP 终端的地理位置。但也有人反对，主要原因是：首先，网络空间不是现实存在的物理实物，网址只是网络空间中的虚拟指标，其可以变动成任何其他国家的网址形式，因此，将虚拟接触视为管辖权的基础不具备充足的理由；其次，由于网络技术的普遍性和规则性，恐怖分子可以通过软件程序或黑客技术完全隐藏或修改网址，将网址定位到相隔数千公里以外的地区，误导司法机关的调查。因此，网址无法确保客观真实地反映犯罪发生地，而且当恐怖分子的地理空间位置显而易见时，也无须再增加网址作为新的连接点。网址虽不能作为确定犯罪行为发生地的依据，但不可否认，这种技术追踪方式可以作为一种辅助手段，协助案件侦查。

　　（2）网络恐怖主义犯罪行为结果地

　　网络恐怖主义犯罪行为结果地是指犯罪行为结果被发现时的计算机终端或 ICP 服务器所在地。这种结果可能是网络系统瘫痪、基础设施失灵等严重后果，也可能是浏览恐怖主义网站、传播恐怖主义信息等程度较轻的后果。造成网络信息泄露、网络系统瘫痪等后果的网络恐怖主义犯罪行为严重影响国家安全和稳定，作为受害国当然有权利依据属地管辖原则行使管辖权，但浏览恐怖主义网站、传播恐怖主义信息等犯罪行为的结果地能否行使管辖权，则要视情况而定。网络恐怖主义犯罪最普遍的行为模式就是通过互联网传播、收集和获取恐怖信息。因此，本书认为，对网络恐怖主义犯罪结果地的认定应以行为人的主观目的为依据，依据行为人的主观目的来限制结果地。如果行为人明知在 A 国发表恐怖主义言论将违反国家法律，但仍在 A 国网络上收集和传播恐怖信息，这无疑是使自己的行为结果发生在 A 国，那么 A 国可以据此主张属地管辖权。

2. 实际控制原则和实害联系原则为补充

依据属地管辖优先原则可以基本确定享有管辖权的国家范围，最大限度避免管辖权的消极冲突。但当同时存在两个或两个以上管辖国家时，如何避免国家间的管辖权积极冲突，则需要实际控制原则和实害联系原则作为补充。

实际控制原则来源于普遍管辖原则，是对普遍管辖原则的细化和补充。在传统管辖原则的定义中，如果逮捕犯罪行为人的国家既不是犯罪行为地国，也不是行为人国籍国，那么即使该国实际控制了犯罪行为人，当地法院也无权进行司法审判工作。但是，实际控制原则填补了这一管辖漏洞。如果犯罪行为地和结果地发生在多国的网络恐怖主义犯罪案件，有多个受害国处在同一管辖顺位，且各国均积极主张行使刑事管辖权，那么将由实际控制犯罪行为人的国家优先行使管辖权。这样的管辖设置能够起到及时、有效打击犯罪的作用，同时减少不必要的司法程序，符合诉讼经济的要求。如果实际控制犯罪行为人的国家放弃管辖权，则其他受害国可以依法申请引渡犯罪行为人回本国接受审判。这就要求实际控制国应当遵循"或引渡或起诉"原则，对网络恐怖主义犯罪行为人要么在本国法律框架内进行诉讼，要么引渡至其他有管辖权的国家。在适用这一原则时，实际控制国应当注意考虑两个条件。第一，充分评估本国的司法资源是否能够满足诉讼需求。如果实际控制国缺乏针对网络恐怖主义犯罪的法律规定，无法将恐怖分子纳入司法审判，那么，出于严厉遏制和打击恐怖主义活动的目的，实际控制国应当主动放弃管辖权，移交给司法资源充足、积极主张管辖权的受害国。第二，由于互联网的无国界性和隐蔽性，网络恐怖主义犯罪行为可能不会在每个受害国被及时发现，出于诉讼效率考虑，实际控制国在无法确定哪个国家具有最优先管辖权的情况下可以直接行使管辖权，确定管辖的先后顺序。

实害联系原则是指某一国家或地区对某一特定犯罪行为是否具有刑事管辖权取决于该国家或地区所受到的损害程度。① 国家或地区对网络恐怖主义犯罪行使管辖权的前提是犯罪行为与国家或公民利益存在最低联系标准，即该国是网络恐怖主义犯罪的实际受害国。实害联系原则可以作为多国属地管辖发生冲突时的补充原则，当多个国家同时提出属地管辖优先原则时，可以通过评估国家实际受到的损害程度来决定管辖顺位，受损害程度高的国家优先享有管辖权。如何确定国家受到实际损害，主要取决于以下几个因素。第一，客观方面，要求网络恐怖主义犯罪行为对一国管辖范围内的事物或公民造成实际的损害结果，不仅要符合犯罪构成的客观要求，还要符合该国国内刑法规定的犯罪构成要件。对客观行为的严格限定能够避免网络恐怖主义犯罪中因"抽象越境"造成的管辖权冲突问题，在确保实际受害国能正当行使刑事管辖权的同时限制途径国的管辖权利。第二，主观方面，犯罪行为人的主观目的是希望网络恐怖主义犯罪结果能够发生在受害国境内。仅通过客观行为判断网络恐怖主义犯罪的受害国还不够明确，过于泛化的受害国范围容易造成新的管辖权冲突，还需结合犯罪行为人的主观意图进行判断。在判断主观意图时可以将网络行为的对象、使用的语言、主要活跃国家、关注者国籍等因素作为判断依据。首先，网络行为的对象。如果网络恐怖主义犯罪是针对特定的一个或数个国家实施的，则可以认定具有主观犯罪意图。例如，我国工信部对世界绝大多数的恐怖主义网站采取了技术封锁措施，因此，恐怖分子通常采用发送电子邮件、建立 QQ 群、建立微信群聊、创建专门论坛等方式传播恐怖信息、招募组织成员，这就足以认定该行为存在以我国为目标实施恐怖主义犯罪的主观意图。其次，网

---

① 于志刚：《缔结和参加网络犯罪国际公约的中国立场》，载《政法论坛》2015 年第 5 期，第 101 页。

络行为使用的语言。以我国为例，我国的常用语是中文，如果相关恐怖主义网站页面不是以中文显示，大部分中国网民并不会点击浏览，那么这种行为机会不会对我国造成实质性损害。但如果网站使用中文，其内容包含大量恐怖主义思想，企图传播、煽动恐怖主义情绪，这就已经对我国产生实质性损害。当然，语言只是犯罪行为人主观意图的判定依据之一，还需要结合其他因素综合判断受害国。最后，网络行为主要活跃国家、关注者国籍。若该网络行为主要在我国网站活跃，或者浏览网站的 IP 账号大多来自我国，那么可以认定行为人应当知晓我国法律，不能以不了解我国法律为由抗辩，我国是该行为的受害国。

（三）完善网络恐怖主义犯罪管辖权冲突协商机制

在处理网络恐怖主义犯罪管辖权冲突时，不应轻易否定在各国适用已久的传统刑事管辖理论，而是应该对网络恐怖主义犯罪深入分析讨论，特别是对犯罪行为地和结果地的认定达成共识，制定统一的标准，使网络恐怖主义犯罪的行为地和结果地的确定变得简单易行。当前解决国际管辖冲突的最好方式是开展国际合作。以亚太经合组织、东盟为代表的区域性合作已有雏形。亚太经合组织电信和信息部长于 2002 年发布了《关于信息安全和通信基础设施安全的声明》，支持成员国采取措施打击网络犯罪行为。第六届亚太经合组织电信和信息产业部长级会议结束后共同发表声明，鼓励所有经济体制定一套符合国际法律条约的有关网络安全和网络犯罪的全面法律。东盟已就跨国犯罪举行了四次部长级会议，重点是跨国犯罪问题和打击跨国犯罪的合作。第四届东盟地区论坛（ARF）研讨会重点讨论了有关网络恐怖主义崛起和信息泛滥所涉及的一系列网络问题，包括东盟内部的网络安全合作问题，这提供了一种解决机制，以避免成员国之间的管辖冲突。网络恐怖主义犯罪的管辖权冲突本质上是属于一种国与国之间的利益冲突，鉴于恐怖主义的蔓延和嚣张态势，我们需要通过国际立法、建立磋商制度、完善国际引渡制度等途径来解决。

1. 制定网络反恐公约

实施网络恐怖主义犯罪的门槛很低，对于恐怖分子来说，既不需要高层次的教育水平，也不需要专门的知识储备。因此，互联网已成为恐怖分子的"数字天堂"。但是，不同国家对网络恐怖主义犯罪的刑罚规定不同，甚至世界上大多数国家没有制定适用于网络恐怖主义犯罪的法律，这就导致网络恐怖主义犯罪的刑事管辖权存在空白。解决这个问题不能仅依靠单个国家的努力，而是需要全球动员。最切实可行的方法就是在联合国的主导下制定一部专项公约，并采用各国普遍认可的统一国际标准。

首先，应明确界定网络恐怖主义。由于国际社会对网络恐怖主义犯罪的认识存在盲区，网络恐怖行为变化多端的模式加之各国之间的利益博弈不断，很难准确界定网络恐怖主义犯罪。为了打击此类犯罪，我们可以借鉴现有的联合国反恐公约立法模式，将已经得到普遍认可的网络恐怖主义犯罪表现形式以列举的方式纳入法规，从而使各国在遇到网络恐怖主义犯罪时能有一个更加明晰的定义。

其次，在传统的属地管辖原则基础上加以实际控制原则和实害联系原则为补充，在公约中应该在遵守属地管辖优先原则的基础上，考虑到可能由此产生的管辖权冲突问题，以实际控制原则和实害联系原则作为补充，解决网络恐怖主义犯罪的管辖权冲突问题。

最后，应敦促缔约国及时完善和规范本国关于网络恐怖主义犯罪的国内法规。一是，有必要明确区分网络恐怖主义犯罪的类型，加强国家网络安全机构的建设，加大数据搜索和扣押计算机数据的力度。二是增加网络恐怖主义犯罪的刑罚规定。专项公约中可以规定一些一般性的条款，以避免由于公约条款的模糊性而导致国内法适用范围过大的问题，并在一定程度上明确可能的刑事处罚范围。

2. 建立网络犯罪刑事管辖权磋商制度

网络恐怖主义犯罪的出现、发展和壮大是网络信息时代的新产物。由于各国对网络恐怖主义犯罪的认识程度还不足，加之国家间国际、政治、经济等方面的差异，短时间内很难形成一套完整的网络恐怖主义犯罪管辖体系。但可以先采取一些措施缓和现有的管辖矛盾。《网络犯罪公约》第22条第5款规定，缔约国之间发生网络犯罪管辖权冲突时，可以适用案件磋商制度，相关国家相互磋商解决管辖权冲突。以欧盟为平台建立磋商制度能够有效地协调国家间管辖权竞合问题，在减少司法资源浪费的同时，提高处理案件效率，增强打击恐怖主义活动的力度。

在建立网络恐怖主义犯罪刑事管辖磋商制度时，需要考虑以下几个因素：第一，管辖磋商制度必须在联合国主导下建立，联合国是国际社会最具权威、影响范围最广的国际组织，在联合国的主导下建立才能保证磋商制度运行有效；第二，管辖磋商只能在依据属地管辖原则享有管辖权的国家中进行，网络行为的途径国和无实际损害国无权参与；第三，管辖磋商时应考虑到受害国的实际损失、司法体系完备程度、犯罪审判和执行是否到位、能否实现打击和惩治网络恐怖主义犯罪的目的等因素综合考量。

3. 完善国际引渡制度

引渡问题一直是惩治国际犯罪的一大难题，网络恐怖主义犯罪也不例外。国际公约中对网络恐怖主义犯罪采用非强制性引渡制度的原因包括两方面：一方面，许多国家认为网络恐怖主义犯罪涉及政治、民族和宗教背景，需要特别谨慎；另一方面，引渡是一个长期的事项，如赖昌星从加拿大引渡回国耗时十多年的时间。被引渡人为了拒绝引渡，通常会想方设法逃避被引渡的命运，因此被引渡国会长期受到引渡相关事务的困扰，这将耗费大量的时间和成本。迄今为止，多数国家仍将引渡制度视为一种政治交易的工具，仅将引渡罪犯视为国际交易中的互惠工具，而没有从更高层次的国际合作中就惩治网络恐怖主义犯罪达成共识。各国应顺应世界发展的实际需要，建立现代引渡制度，更加注重维护国际社会和世界人民的共同利益，而不仅仅是考虑各国的一己私利。

恐怖主义犯罪的危害后果和影响可与危害人类罪、战争罪等罪行相媲，将恐怖主义犯罪排除在政治犯罪之外，使其受到应有的司法制裁，才能够更好地实现打击恐怖主义犯罪的目的。目前，一些国家和国际组织已经开始认同恐怖犯罪非政治化。例如 1985 年英、美两国签署的《英美引渡条例》补充协议①、1997 年《制止恐怖主义爆炸国际公约》第 11 条、2005 年《中西引渡条约》第 3 条第 1 款中均认为恐怖主义犯罪不属于政治犯罪，可以引渡。

因此，在完善网络恐怖犯罪引渡制度时，首先确立恐怖主义犯罪的非政治化是一个重要环节。其次，放宽双重犯罪原则的适用条件也十分重要。对于一些新型的恐怖主义犯罪形式，无论其使用何种工具、载体，无论是否在引渡国和被引渡国，均构成犯罪，只要符合犯罪基本特征，被请求国就可以开展引渡工作。这样宽松的引渡标准在打击网络恐怖主义等性质严重的犯罪时起到加快司法进度，避免因国内法认定不明而逃脱法律制裁的可能性。再次，简化引渡程序，放宽对引渡恐怖分子的限制，克服引渡障碍。对于犯罪事实清楚、证据确实充分、犯罪背景不复杂的恐怖主义案件，可以适用简易引渡程序，加快办理引渡手续，节约司法资源。最后，被引渡国可以适当时候放宽引渡恐怖分子的证据要求，依据平等互惠原则适度放宽对引渡恐怖分子的证据审查，确保引渡工作顺利进行。

4. 建立良好国际合作机制

由于网络恐怖主义犯罪的特殊性，单一国家难以有效地遏制网络恐怖主义犯罪的发生，因此国际合作成了必然选择。联合国安理会第 1373 号决议中提到，成员国之间应当开展广泛合作，加强国家间反恐信息沟通和交流，开展双边、区际、洲际的反恐行动，形成全球反恐统一战线。考虑到网络活动的隐蔽性和专业性，我们有必要在全球范围内

---

① 1985 年《英美引渡补充协议》中规定：对于劫持或破坏民用航空器的犯罪、侵害应受国际保护人员的犯罪、劫持人质罪、谋杀罪、屠杀罪、绑架罪、涉及武器和爆炸物并造成严重财产损失的犯罪，无论出于怎样的理由，均不得援引政治犯罪例外原则免除对犯罪嫌疑人的引渡。

建立一个网络预警通信系统。在这个系统中，所有国家可以公开和共享恐怖主义信息，系统由专业的计算机人才进行管理，当参与国受到网络攻击时发出警报，并及时反击和保护国家网络。目前，欧盟委员会在《网络犯罪公约》中确立了"24/7 网络"的合作模式，在每一个欧盟成员国内设立专门的网络监管机构，每天 24 小时，每周 7 天不间断地与各成员国保持网络互联互通。加强国际合作的另一个重要方面是技术合作。我们可以在世界范围内招募网络专家，建立独立的网络警察队伍，这不仅可以打击网络恐怖主义犯罪，还能加强国家间的计算机技术交流，科技实力较强的国家帮助科技实力较弱的国家建立网络反恐系统，维护世界人民的共同利益。

六、中国应对网络恐怖主义犯罪管辖权冲突的对策

我国超过半数的国民使用互联网，人们通过网络获取外界信息、开展网络活动也越来越普遍。以"三股势力"为代表的恐怖组织已经逐步意识到利用互联网达到传播恐怖思想、组织招募成员、筹集资金等目的的便捷性和快速性，与以往的"自杀式"恐怖袭击相比，利用互联网制造恐慌、宣传恐怖思想更加高效便捷，成本更低，风险几乎为零。越来越多的恐怖组织试图进入新兴的网络平台，特别是我们每天常用的社交媒体——微博、微信、QQ 等传播媒介。恐怖组织在社交媒体上发布和传播恐怖音像，秘密招募和训练"圣战战士"，煽动极端分子使用残忍手段制造恐慌。在反恐道路上，我国必须与时俱进，不能忽视网络恐怖主义犯罪的重大威胁。

（一）我国网络恐怖主义管辖制度存在的问题

1. 网络恐怖主义犯罪管辖规定缺失

当前，我国刑法中并没有明文规定网络恐怖主义犯罪，《反恐怖主义法》第 11 条对跨国恐怖主义犯罪适用何种管辖方式进行了一般性规

定，即外国人在境外对中国国家或公民实施犯罪，或我国缔结、参加的国际条约中规定的恐怖主义犯罪，我国享有管辖权。这项规定中沿用传统的管辖原则，我国可以依照属地管辖、保护管辖和普遍管辖原则对恐怖主义犯罪嫌疑人行使管辖权。但这样的规定将属地管辖和保护管辖并重，没有明确管辖的先后顺序，在具体操作中极易造成我国与其他国家的管辖权冲突，特别是在我国尚未将网络恐怖主义犯罪入刑的形势下，我国可能会丧失打击网络恐怖主义犯罪的先机。

《反恐怖主义法》第 11 条规定，我国对已经缔结、参与的国际条约中规定的恐怖主义犯罪拥有管辖权。《刑法》第 9 条也规定，我国对缔结或参加的国际条约中规定的罪行承担管辖义务。有学者认为，这意味着我国司法界认可对恐怖主义犯罪适用普遍管辖方式，但同时，学界也注意到其中的一些问题，即缺乏相关的程序法规定，普遍管辖原则形同虚设，很难实现立法意图。目前我国加入的与恐怖主义犯罪相关的国际公约主要有《防止及惩治灭绝种族罪公约》、《禁止酷刑和其他残忍、不人道或有辱人格的待遇或处罚公约》、四个日内瓦公约和两个附加议定书、《制止核恐怖主义行为国际公约》、《制止恐怖主义爆炸国际公约》以及《反对劫持人质国际公约》等。我国刑法分则中与之相关的罪名规定仅有第 120 条组织、领导、参加恐怖组织罪；第 121 条劫持航空器罪；第 123 条暴力危及飞行安全罪；第 244 条强迫劳动罪，第 247 条刑讯逼供罪、暴力取证罪和第 248 条虐待被监管人罪等。可以看到，迄今为止仍有许多我国已缔结或参加的国际公约规定的罪行没有加入刑法，使它们成为国内法上的罪行。[①]

2. 缺乏管辖权冲突的操作规程

我国的管辖制度中缺乏解决网络恐怖主义犯罪管辖权冲突的必要操作规则。在国际司法实践中，为解决国家间管辖权冲突带来的管辖困

---

① 马呈元：《论中国刑法中的普遍管辖权》，载《政法论坛》2013 年第 3 期，第 98 页。

境，许多国家都会制定一套完备的管辖争端解决机制，如代理管辖、刑事诉讼移管、判刑人移管等，按照平等互惠原则协商解决管辖权冲突。但这些规定在我国法律中均没有体现。我国的管辖规定更多的是文义上的管辖规定，以明确本国司法主权为主，其对立场的宣示成分远大于对于具体问题的解决，发生管辖冲突时通常以个案协商的方式解决，不具备普遍性意义，在网络恐怖主义犯罪活动逐渐高涨的背景下，缺乏解决管辖冲突的有效措施将降低我国处理网络恐怖主义犯罪的力度和效果。客观来讲，管辖制度本身就是管辖权冲突的产物，如果没有管辖权冲突，也不需要规定管辖制度，因此，我国在完善管辖制度规定的同时更需要考虑制定发生管辖权冲突时合理的应对措施。

（二）我国应对网络恐怖主义管辖权冲突的对策

我国完善网络恐怖主义犯罪管辖权规定的思路，不应是制度重建，也不是小修小补，我国应站在国际宏观角度，考虑到网络恐怖主义犯罪的威胁程度、维护国家利益的现实需求和国际合作的接受程度等因素，从国际和国内两个层面进行完善。

1. 国际层面

（1）建立"环中国"的网络恐怖主义司法合作体系

目前，我国已加入了联合国主持制定的一系列国际反恐公约，但事实上，加入依照别国需求和习惯制定的国际公约只是在单纯地接受别人制定的游戏规则，我国无法享有充足的话语权。而且国际反恐公约的内容主要针对中东、北非和欧美等恐怖活动频繁地区实施打击措施，与我国的国内实际情况不同，直接适用国际公约可能存在"水土不服"的情况。因此，构建以我国为核心的区域反恐平台显得越来越重要。在网络反恐的问题上，我国应抓住机遇，主动出击，结合国内网络恐怖主义犯罪现状和国际恐怖组织对我国发动恐怖活动具体特点，构建"环中国"网络恐怖主义犯罪司法合作机制。

在合作的方向上，首先要建立环中国区域合作机制，特别是重视与"一带一路"沿线国家司法部门在反恐情报收集、资源共享、司法互助等领域的合作，全力保障"一带一路"沿线重要基础设施和经济合作的安全运行。① 其次要加强我国与东盟国家的区域反恐合作。东南亚地区恐怖活动猖獗，马来西亚、菲律宾、新加坡等国家在打击网络恐怖主义犯罪方面有着丰富的实践经验，新加坡、菲律宾等国已经将网络恐怖主义犯罪纳入国内法管辖。我国加强与东盟国家合作，一方面能形成区际网络反恐系统机制，加大对网络恐怖主义犯罪的打击力度；另一方面能学习他国的网络反恐规定，早日完善国内反恐机制。最后要加强与我国周边重要邻国的网络反恐合作，特别是与日本、韩国、俄罗斯等网络技术较为先进的国家开展深度反恐合作。近年来，我国已经与日本、韩国签署《关于加强网络安全领域合作备忘录》，与俄罗斯签署《中俄维护国际信息安全合作协定》，不断努力构建"环中国"网络恐怖主义司法合作体系。

（2）推动双边刑事司法协定

双边司法协定有利于提高办理跨国刑事案件的调查取证效率、彰显反恐高压态势。近年来，我国也一直致力于完善刑事司法互助体系，积极寻求与其他国家建立稳定的刑事司法合作，目前已和 30 多个国家签署引渡条约，批准 54 项双边刑事司法互助条约，② 并与加拿大签署了第一份刑事资产返还和分享协定。但目前双边刑事司法互助条约的进展仍不足以满足实际需要，具体表现在：一是与我国签署双边刑事司法互助条约的国家中，亚洲、非洲、拉丁美洲和我国周边国家的数量占比远超过欧美发达资本主义国家，而欧美国家正是犯罪嫌疑人主要逃往的地区；二是双边司法互助条约政治敏锐性强，层次低，涉及恐怖主义犯罪的条约数量少。因此，要加强与各国的政治互信和司法沟通，推进双边

① 陈健、龚晓莺：《"一带一路"沿线国家共同应对网络恐怖主义研究》，载《新疆社会科学》2017 年第 5 期，第 82 页。

② 傅莹：《关于〈中华人民共和国国际刑事司法协助法（草案）〉的说明》，中国人大网，2018 年 10 月 26 日，http://www.npc.gov.cn/npc/c12435/201810/75ca8d61a3a74f118ac40684643fc2df.shtml，2020 年 4 月 1 日访问。

或多边刑事司法互助制度建设。

2. 国内层面

（1）增设网络恐怖主义犯罪相关罪名

我国的互联网技术起步较晚，与一些发达国家相比，相关法律制度尚处于起步阶段。我国在网络恐怖主义犯罪方面的立法数量少、层次低，在现有的法律框架下很难实现对网络恐怖主义犯罪的打击效果。因此，有必要加快对网络恐怖主义犯罪立法，增设网络恐怖主义犯罪相关罪名。

虽然我国没有明文规定网络恐怖主义犯罪的管辖原则，但网络恐怖主义犯罪无疑属于恐怖主义的表现形式之一。首先，我国有必要将网络恐怖主义犯罪定为刑事犯罪，并根据我国已加入的国际公约的规定，将其转化为国内法中犯罪构成完备的具体犯罪。由于网络恐怖主义犯罪已经在国际社会得到高度认可，将其罪名刑事化并纳入我国刑法，不仅可以体现我国打击国际恐怖主义犯罪的诚意，而且可以协助其他国家打击恐怖主义犯罪，容易得到其他国家认可。其次，在刑事诉讼法中增加管辖权条款。网络恐怖主义犯罪的刑事管辖基础可以参照传统恐怖主义犯罪的管辖方式，以属地管辖作为优先管辖原则，考虑网络活动的特殊性，以犯罪行为发生地和犯罪行为结果地为属地依据，行为发生地根据计算机终端和 ICP 服务器的物理地址确定，行为结果地以造成实质性损害为依据，兼以考虑行为人的主观目的确定。在属地管辖的基础上，辅以实际控制原则和实害联系原则。发生管辖权冲突事件时，从打击犯罪的实效性和实际损害的严重性角度出发，实效性高、损害严重的国家优先享有管辖权。

鉴于网络恐怖主义犯罪的特殊性，还必须设立突破传统恐怖主义犯罪和一般网络犯罪的刑事诉讼程序，这是刑事诉讼的价值取向。[1] 具体

---

① 丁志刚：《恐怖主义犯罪与我国立法应对》，载《人民检察》2011 年第 21 期，第 56 页。

来说，就是要增设区别于传统的恐怖主义犯罪和一般网络犯罪的程序规则，包括权利和限制（强制措施的范围和期限）、法律的适用、特殊的侦查手段和措施、证人保护、被害人赔偿、国际刑事司法援助等。

（2）采取引渡替代措施和被判刑人移管制度

由于引渡受"双重犯罪原则"的限制，在实务中可能出现没有符合引渡条件的国家。因此，为了充分打击网络恐怖主义犯罪的嚣张气焰，可以考虑根据犯罪嫌疑人的具体情况采取多种引渡替代措施。第一种，刑事诉讼移管。如果犯罪嫌疑人的行为后果对管辖国的危害不大，或者其所造成的危害与高昂的诉讼费用相比差距过大，那么可以采取刑事诉讼移管措施，将犯罪嫌疑人移送至国籍国、犯罪行为地国接受惩罚。第二种，加深国家间司法协助深度和广度。司法协助是我国开展国际刑事司法合作的最新形式，在无法引渡"涉恐"公民时，通过加强与受害国、行为地国、逮捕犯罪行为人国家开展深度司法协作，在证据搜集、逮捕、起诉等方面互惠合作，协助管辖国司法机关起诉我国公民。

如果我国无法对犯罪嫌疑人采取引渡或引渡替代措施，那么下一步可以采取被判刑人移管措施。被判刑人移管，是指国家将被判处刑事实刑的犯罪分子转移到被判刑人的国籍国或者永久居住地国的行为，被判刑人的国籍国或者永久居住地国接受移管，继续执行刑罚。由于不同国家的语言、民族、风俗习惯、价值观念和宗教信仰存在差异，羁押国在本国管理外国罪犯时往往会遇到诸多阻碍和不便，在对罪犯的管教和思想引导方面远不及罪犯国籍国或永久居留地国来得有效，不利于罪犯的教育改造和社会回归。将被判刑人移管至国籍国，不仅可以减轻羁押国的经济负担，而且有助于准确评价罪犯在监狱中的表现。同时，犯罪嫌疑人移送回国籍国执行刑罚后，我国司法机关也可以继续对嫌疑人其他罪行和犯罪同伙进行追诉。特别是那些在国外从事针对我国的恐怖主义活动并受到犯罪地国司法机关审判的我国罪犯，我国更不能放弃提出移管被判刑人的要求，确保这些罪犯能长期处在我国的监管之下。

1997 年，我国司法机关将两名在我国监狱服刑的乌克兰籍罪犯移交给乌克兰政府继续执行刑罚，这是我国首例被判刑人移管实践。目前，我国内地、香港和澳门特别行政区均已建立被判刑人移管制度，其中我国香港特别行政区还与美国签署了被判刑人移管协议。但从具体实践看，当前我国移交给别国管辖的罪犯较多，别国移交给我国管辖的罪犯较少，中外司法协助呈现"外多我少"的特征。在网络恐怖主义犯罪日渐猖獗的形势下，我国应改变被判刑人移交回国的惰性心态，积极争取把在外国监狱服刑的中国罪犯移送回我国服刑，特别是对恐怖分子的移送管辖，以加强对国内反恐局势的控制。

（3）完善我国《引渡法》

《反恐怖主义法》第70条①仅用概括性的语言规定，引渡涉恐犯罪嫌疑人依照有关法律进行，但缺乏具体的适用法律，实际可操作性较差。因此，有必要修改完善《引渡法》，解决网络恐怖主义犯罪引渡实践中的困惑。

明确规定死刑不引渡原则。由于我国是世界上保留死刑的国家之一，因此对于死刑不引渡原则一直采取回避的态度，而这正是许多国家拒绝我国引渡申请的理由之一。从当前的国家司法形势来看，短期内废除死刑制度是不可能的，若因国内死刑而导致国际引渡难题无法得到解决，我国对境外恐怖主义犯罪的打击力度将被严重制约。事实上，死刑制度和死刑不引渡原则并不存在本质上的冲突，一些国家如菲律宾、印度尼西亚等就同时适用死刑制度和死刑不引渡原则。因此，为了消除部分国家认为我国对申请引渡人员适用死刑的顾虑，建议将死刑不引渡原则纳入我国《引渡法》第8条"应当拒绝引渡"的情形之一，向引渡国，特别是那些已经废除死刑的国家提出引渡申请时，我国可保证不判处死刑或不执行死刑，以便推进引渡工作。

引入本国国民相对不引渡原则。《引渡法》第8条将本国国民列为应当拒绝引渡的情形之一。但近年来，越来越多的国家开始意识到，如果严格奉行本国国民不引渡原则，只会放纵部分犯罪嫌疑人，加大打击

---

① 《反恐怖主义法》第70条：涉及恐怖活动犯罪的刑事司法协助、引渡和被判刑人移管，依照有关法律规定执行。

跨国刑事犯罪的难度。因此，我国有必要考虑将本国国民绝对不引渡原则转变为相对不引渡原则。本书建议《引渡法》应与时俱进，将本国国民不引渡原则纳入《引渡法》第 9 条规定的"可以拒绝引渡"情形，并结合第 3 条第 1 款规定的引渡互惠原则，在实践中引渡双方基于互惠原则向他国引渡本国国民，增强打击网络恐怖主义犯罪的可行性。

（4）建立专门的网络反恐机构

联合国前秘书长安南在《团结起来消灭恐怖主义：关于制定全球反恐战略的建议》的报告中指出，1998 年全世界仅有不到 20 个恐怖主义网站，到了 2005 年，据专家估计这个数字已经达到了上千个。① 我国作为"金砖国家"之一，在网络恐怖主义犯罪率不断攀升，犯罪组织日益多样化、规模化的情况下，可以借鉴外国政府在打击网络恐怖主义犯罪中积累的经验，弥补自身的不足。例如，我国可以借鉴美国的相关经验，成立针对网络恐怖主义犯罪的专门机构，实现对恐怖主义犯罪活动的实时监控和预警。美国 2009 年成立了国家网络安全与通信集成中心，对全国网络实施 24 小时连续网络监测和预警，完善与网络使用者、重要基础设施所有者和运营商信息资源的共享方式，国家技术和执法人员可访问保密级别的网络安全信息，并通过当地信息整合中心召开视频会议。② 2011 年，欧盟推出"Check the Web"（网络监测）和"Clean IT"（网络清理）两个网络信息安全监管项目，利用大数据支持和内容分类算法，通过对内容的综合分析和检测，在社交媒体上收集恐怖主义信息和网络恐怖信息活动数据，清除或屏蔽与恐怖主义有关的网络信息。建立网络反恐情报机构的主要作用是能够整合网络上的"涉恐"信息，对可疑数据和邮件进行分析和处理。此外，网络监管体系还能对国家重要基础设施领域，即关系经济、民生和保障经济发展和生活的基础设施网络

---

① 秘书长报告：《团结起来消灭恐怖主义：关于制定全球反恐战略的建议》，联合国，2006 年 5 月 27 日，https://www.un.org/chinese/unitingagainstterrorism/report.htm，2020 年 4 月 14 日访问。

② 靳婷、李敏：《简评网络恐怖主义犯罪惩治的域外司法实践》，载《中国检察官》2017 年第 7 期，第 78 页。

系统进行侦查，并提出相应的对策。该机构的任务是监控恐怖分子在网络上发布的涉恐信息，并在必要时强制他们下线或屏蔽他们，在面对日益增多的网络恐怖主义犯罪时，国家便不会惊慌失措，同时也能有效打击恐怖主义犯罪。

参 考 文 献

一、中文文献

(一) 中文著作

[1] 崔国斌：《专利法：原理与案例》，北京大学出版社 2012 年版。

[2] 程兆奇：《东京审判》，上海交通大学出版社 2017 年版。

[3] 杜鹃、徐冬根、薛桂芳：《国际法律秩序的不确定性与风险》，上海三联书店 2017 年版。

[4] 冯晓青：《知识产权法利益平衡理论》，中国政法大学出版社 2006 年版。

[5] 何群：《国际法学》，厦门大学出版社 2012 年版。

[6] 李伯军：《21 世纪的战争与法律问题、挑战与前景第二届中国军事法学青年学子论坛文集》，湘潭大学出版社 2014 年版。

[7] 李明德：《美国知识产权法》，法律出版社 2014 年版。

[8] 梁淑英：《国际公法》，中国人民大学出版社 1993 年版。

[9] 陆雄文：《管理学大辞典》，上海辞书出版社 2013 年版。

[10] 罗川东：《专利法重点问题专题研究》，法律出版社 2015 年版。

[11] 潘新睿：《网络恐怖主义犯罪的制裁思路》，中国法制出版社 2017 年版。

[12] 彭诚信：《人工智能与法律的对话》，上海人民出版社 2018 年版。

[13] 王迁：《知识产权法教材》，中国人民大学出版社 2016 年版。

[14]王世洲:《现代国际刑法学原理》,中国人民公安大学出版社 2008
    年版。

[15]王铁崖:《国际法》,法律出版社 1995 年版。

[16]王秀梅:《国际刑事审判案例与学理分析(第 1 卷)》,中国法制出
    版社 2007 年版。

[17]杨正鸣:《网络犯罪研究》,上海交通大学出版社 2004 年版。

[18][英]詹宁斯·瓦茨修订,王铁崖等译:《奥本海国际法》,中国大
    百科全书出版社 1995 年版。

[19]中华人民共和国科学技术部创新发展司:《中华人民共和国科学技
    术发展规划纲要地方篇(2016—2020)》,科学技术文献出版社
    2018 年版。

[20]曾令良:《中国促进国际法治报告(2014 年)》,武汉大学出版社
    2015 年版。

[21]朱文奇:《国际人道法》,中国人民大学出版社 2007 年版。

[22]朱文奇:《现代国际》,商务印书馆 2013 年版。

[23]朱永彪、任彦:《国际网络恐怖主义研究》,中国社会科学出版社
    2014 年版。

[24][美]迈克尔·施密特总主编,黄志雄等译:《网络行动国际法塔林
    手册 2.0 版》,社会科学文献出版社 2017 年版。

[25][英]杰里米·边沁,毛国权译:《论一般法律》,上海三联书店
    2013 年版。

(二)中文论文

[1]艾佳慧:《科斯定理还是波斯纳定理:法律经济学基础理论的混乱
    与澄清》,载《法制与社会发展》2019 年第 1 期。

[2]蔡艺生、王歆钰:《跨国网络犯罪刑事管辖权冲突的解释与规
    范——以"一带一路"为分析背景》,载《广西警察学院学报》2018 年
    第 5 期。

[3]曹建峰、祝林华:《人工智能对专利制度的影响初探》,载《中国发

明与专利》2018 年第 6 期。

[4]陈聪：《论智能武器法律挑战的伦理应对——"道德准则嵌入"方案的合法性探讨》，载《暨南学报(哲学社会科学版)》2019 年第 5 期。

[5]陈健、龚晓莺：《"一带一路"沿线国家共同应对网络恐怖主义研究》，载《新疆社会科学》2017 年第 5 期。

[6]崔国斌：《知识产权法官造法批判》，载《中国法学》2006 年第 1 期。

[7]单晓光、罗凯中：《人工智能对专利制度的挑战与应对》，载《福建江夏学院学报》2018 年第 4 期。

[8]邓建志、程智婷：《人工智能对专利保护制度的挑战与应对》，载《南昌大学学报(人文社会科学版)》2019 年第 2 期。

[9]董青岭：《新战争伦理：规范和约束致命性自主武器系统》，载《国际观察》2018 年第 4 期。

[10]范拓源：《区块链技术对全球反洗钱的挑战》，载《科技与法律》2017 年第 3 期。

[11]付新华：《大数据时代儿童数据法律保护的困境及其应对——兼评欧盟〈一般数据保护条例〉的相关规定》，载《暨南学报(哲学社会科学版)》2018 年第 12 期。

[12]甘勇：《〈塔林手册 2.0 版〉网络活动国际管辖权规则评析》，载《武大国际法评论》2019 年第 4 期。

[13]高铭暄、李梅容：《论网络恐怖主义行为》，载《法学杂志》2015 年第 12 期。

[14]谷永超：《网络犯罪刑事管辖权初探》，载《科技与法律》2012 年第 6 期。

[15]管建强、郑一：《国际法视角下自主武器的规制问题》，载《中国海洋大学学报(社会科学版)》2020 年第 3 期。

[16]何蓓：《困境与出路：论马尔顿条款在国际法中的地位和适用》，载《武大国际法评论》2017 年第 4 期。

[17]贺栩溪：《人工智能的法律主体资格研究》，载《电子政务》2019 年第 2 期。

[18]胡心兰、蔡岳勋:《从洛克劳动财产权观点论美国知识产权之扩张》,载《清华法律评论》2012 年第 1 期。

[19]黄志雄:《网络空间国际规则制定的新趋向——基于〈塔林手册 2.0 版〉的考察》,载《厦门大学学报(哲学社会科学版)》2018 年第 1 期。

[20]季冬梅:《人工智能发明成果对专利制度的挑战——以遗传编程为例》,载《知识产权》2017 年第 11 期。

[21]靳婷、李敏:《简评网络恐怖主义犯罪惩治的域外司法实践》,载《中国检察官》2017 年第 7 期。

[22]李汉军:《国际恐怖主义犯罪的刑事管辖原则》,载《南阳师范学院学报(社会科学版)》2007 年第 2 期。

[23]李庆明:《论美国域外管辖:概念、实践及中国因应》,载《国际法研究》2019 年第 3 期。

[24]李寿平:《自主武器系统国际法律规制的完善和发展》,载《法学评论》2021 年第 1 期。

[25]李想:《人工智能参与发明的授权问题探究》,载《科技进步与对策》2020 年第 15 期。

[26]李晓明、李文吉:《跨国网络犯罪刑事管辖权解析》,载《苏州大学学报(哲学社会科学版)》2018 年第 1 期。

[27]李扬、李晓宇:《康德哲学视点下人工智能生成物的著作权问题探讨》,载《法学杂志》2018 年第 9 期。

[28]李宗辉:《人工智能生成发明专利授权之正当性探析》,载《电子知识产权》2019 年第 1 期。

[29]梁志文:《论人工智能创造物的法律保护》,载《法律科学(西北政法大学学报)》2017 年第 5 期。

[30]林秀芹、游凯杰:《版权制度应对人工智能创作物的路径选择——以民法孳息理论为视角》,载《电子知识产权》2018 年第 6 期。

[31]刘蔡宽:《新的战争形态下国际人道法适用研究——以比例原则为中心》,载《湖南科技大学学报(社会科学版)》2020 年第 6 期。

[32] 刘鑫：《人工智能生成技术方案的专利法规制——理论争议、实践难题与法律对策》，载《法律科学（西北政法大学学报）》2019 年第5 期。

[33] 刘艳红：《论刑法的网络空间效力》，载《中国法学》2018 年第3 期。

[34] 刘杨钺：《全球安全治理视域下的自主武器军备控制》，载《国际安全研究》2018 年第 2 期。

[35] 刘瑛、何丹曦：《论人工智能生成物的可专利性》，载《科技与法律》2019 年第 4 期。

[36] 刘友华、李麟：《人工智能生成物专利保护的正当性及专利法因应》，载《福建江夏学院学报》2018 年第 4 期。

[37] 刘友华、李新凤：《人工智能生成的技术方案的创造性判断标准研究》，载《知识产权》2019 年第 11 期。

[38] 刘友华、魏远山：《人工智能生成技术方案的可专利性及权利归属》，载《湘潭大学学报（哲学社会科学版）》2019 年第 4 期。

[39] 鲁传颖：《奥巴马政府网络空间战略面临的挑战及其调整》，载《现代国际关系》2014 年第 5 期。

[40] 罗汉伟：《美国赌博案：最小国的胜利》，载《中国经济周刊》2010 年第 42 期。

[41] 马呈元：《论中国刑法中的普遍管辖权》，载《政法论坛》2013 年第3 期。

[42] 潘金宽：《沙特石油设施遭无人机袭击，缘何震动全世界》，载《军事文摘》2019 年第 23 期。

[43] 彭岳：《数据本地化措施的贸易规制问题研究》，载《环球法律评论》2018 年第 2 期。

[44] 皮勇：《论网络恐怖活动犯罪及对策》，载《武汉大学学报（人文科学版）》2004 年第 5 期。

[45] 冉从敬、张沫：《欧盟 GDPR 中数据可携权对中国的借鉴研究》，载《信息资源管理学报》2019 年第 2 期。

[46]石静霞：《国际服务贸易规则的重构与我国服务贸易的发展》，载《中国法律评论》2018 年第 5 期。

[47]舒洪水、党家玉：《网络恐怖主义犯罪现状及防控对策研究》，载《刑法论丛》2017 年第 1 期。

[48]宋杰：《我国刑事管辖权规定的反思与重构——从国际关系中管辖权的功能出发》，载《法商研究》2015 年第 4 期。

[49]孙尚鸿：《传统管辖规则在网络背景下所面临的冲击与挑战》，载《法律科学（西北政法大学报）》2008 年第 4 期。

[50]王德全：《试论 Internet 案件的司法管辖权》，载《中外法学》1998 年第 2 期。

[51]王瀚：《欧美人工智能专利保护比较研究》，载《华东理工大学学报（社会科学版）》2018 年第 1 期。

[52]王利民：《人工智能时代对民法学的新挑战》，载《东方法学》2018 年第 3 期。

[53]王迁：《如何研究新技术对法律制度提出的问题？——以研究人工智能对知识产权制度的影响为例》，载《东方法学》2019 年第 5 期。

[54]王秀梅、魏星星：《打击网络恐怖主义犯罪的法律应对》，载《刑法论丛》2018 年第 3 期。

[55]王雪乔：《论欧盟 GDPR 中个人数据保护与"同意"细分》，载《政法论丛》2019 年第 4 期。

[56]王雪乔：《人工智能生成物的知识产权保护立法研究》，载《湖南科技大学学报（社会科学版）》2020 年第 2 期。

[57]王正中：《论人工智能生成发明创造的权利归属——立足于推动创造物的应用》，载《电子知识产权》2019 年第 2 期。

[58]王志安：《云计算和大数据时代的国家立法管辖权———数据本地化与数据全球化的大对抗？》，载《交大法学》2019 年第 1 期。

[59]吴汉东：《人工智能生成发明的专利法之问》，载《当代法学》2019 年第 4 期。

[60]吴华蓉：《浅谈网络犯罪刑事管辖权的建构》，载《犯罪研究》2006

年第 4 期。

[61] 吴沈括：《数据治理的全球态势及中国应对策略》，载《电子政务》2019 年第 1 期。

[62] 徐能武、龙坤：《联合国 CCW 框架下致命性自主武器系统军控辩争的焦点与趋势》，载《国际安全研究》2019 年第 5 期。

[63] 许可：《欧盟〈一般数据保护条例〉的周年回顾与反思》，载《电子知识产权》2019 年第 6 期。

[64] 薛丽：《GDPR 生效背景下我国被遗忘权确立研究》，载《法学论坛》2019 年第 2 期。

[65] 杨成铭、魏庆：《人工智能时代致命性自主武器的国际法规制》，载《政法论坛》2020 年第 4 期。

[66] 杨东：《"共票"：区块链治理新维度》，载《东方法学》2019 年第 3 期。

[67] 杨凯：《国际法视角下的网络恐怖主义及我国的应对》，载《科学经济社会》2017 年第 4 期。

[68] 佚名：《毫秒间的识别与欺骗：揭秘雷达干扰四大手段》，载《电子产品可靠性与环境试验》2019 年第 A1 期。

[69] 于志刚、郭旨龙：《网络恐怖活动犯罪与中国法律应对——基于 100 个随机案例的分析和思考，载《河南大学学报（哲学社会科学版)》2015 年第 55 期。

[70] 于志刚、李怀胜：《关于刑事管辖权冲突及其解决模式的思考——全球化时代中国刑事管辖权的应然立场》，载《法学论坛》2017 年第 6 期。

[71] 于志刚：《"信息化跨国犯罪"时代与〈网络犯罪公约〉的中国取舍——兼论网络犯罪刑事管辖权的理念重塑和规则重建》，载《法学论坛》2013 年第 2 期。

[72] 于志刚：《缔结和参加网络犯罪国际公约的中国立场》，载《政法论坛》2015 年第 5 期。

[73] 于志刚：《关于网络空间中刑事管辖权的思考》，载《中国法学》

2003 年第 6 期。

[74]于志刚：《恐怖主义犯罪与我国立法应对》，载《人民检察》2011 年第 21 期。

[75]袁曾：《人工智能有限法律人格审视》，载《东方法学》2017 年第 5 期。

[76]张加军、王兰：《解析中国新一代察打一体无人机如何杀出血路》，载《创新时代》2017 年第 4 期。

[77]张建文、张哲：《个人信息保护法域外效力研究———以欧盟〈一般数据保护条例〉为视角》，载《重庆邮电大学学报(社会科学版)》2017 年第 2 期。

[78]张俊霞、傅跃建：《论网络犯罪的国际刑事管辖》，载《当代法学》2009 年第 3 期。

[79]张里安、韩旭至：《"被遗忘权"：大数据时代下的新问题》，载《河北法学》2017 年第 3 期。

[80]张平：《关于"电子创作"的探析》，载《知识产权》1999 年第 3 期。

[81]张茜、杨爱华：《致命性自主武器系统的伦理挑战与风险应对》，载《自然辩证法研究》2021 年第 3 期。

[82]张生：《国际投资法制框架下的跨境数据流动：保护、另外和挑战》，载《当代法学》2019 年第 5 期。

[83]张卫华：《人工智能武器对国际人道法的新挑战》，载《政法论坛》2019 年第 4 期。

[84]张新宝：《我国个人信息保护法立法主要矛盾研讨》，载《吉林大学社会科学学报》2018 年第 5 期。

[85]张洋：《论人工智能发明可专利性的法律标准》，载《法商研究》2020 年第 6 期。

[86]赵秉志、于志刚：《计算机犯罪及其立法和理论之回应》，载《中国法学》2001 年第 1 期。

[87]赵秉志、张伟珂：《中国惩治有组织犯罪的立法演进及其前瞻：兼及与〈联合国打击跨国有组织犯罪公约〉的协调》，载《学海》2012

年第 1 期。

[88]赵亮:《新武器法律审查问题初探》,载《西安政治学院学报》2010
年第 2 期。

[89]周波、孔德培、耿宏峰、乔会东、戴幻尧:《一体化指挥信息系统
试验问题分解》,载《强激光与粒子束》2018 年第 8 期。

[90]周振杰:《网络犯罪管辖权争议的主要分歧与中国立场》,载《中国
信息安全》2019 年第 5 期。

[91]曾炜、曾姣玉:《知识产权法下人工智能系统的法律地位》,载《南
昌大学学报(社会科学版)》2019 年第 2 期。

[92]朱海波:《论国际犯罪的刑事管辖机制》,载《山东社会科学》2010
年第 10 期。

[93]朱雪忠、张广伟:《人工智能产生的技术成果可专利性及其权利归
属研究》,载《情报杂志》2018 年第 2 期。

[94]朱永彪、魏月妍、梁忻:《网络恐怖主义的发展趋势与应对现状评
析》,载《江南社会学院学报》2016 年第 3 期。

[95]卓力雄:《数据携带权:基本概念,问题与中国应对》,载《行政法
学研究》2019 年第 6 期。

[96]孜里米拉·艾尼瓦尔、姚叶:《人工智能技术对专利制度的挑战与
应对》,载《电子知识产权》2020 年第 4 期。

(三) 中文报刊

[1]布轩:《五部门印发〈国家新一代人工智能标准体系建设指南〉》,
载《中国电子报》2020 年 8 月 11 日。

[2]胡喆:《发展负责任的人工智能:我国新一代人工智能治理原则发
布》,载《拂晓报》2019 年 6 月 18 日。

[3]王洋、左文涛:《认清智能化战争的制胜要素》,载《解放军报》
2020 年 6 月 18 日。

[4]王志刚:《坚持以创新引领发展加快建设创新型国家》,载《学习日

报》2018 年 6 月 29 日。

[5]习近平:《把区块链作为核心技术自主创新重要突破口》,载《人民日报》(海外版)2019 年 10 月 26 日。

[6]佚名:《习近平向国际人工智能与教育大会致贺信》,载《光明日报》2019 年 5 月 17 日。

[7]佚名:《习近平在中共中央政治局第九次集体学习时强调加强领导做好规划明确任务夯实基础　推动我国新一代人工智能健康发展》,载《新华每日电讯》2018 年 11 月 1 日。

二、外文文献

(一)外文著作

[1]Anja Seibert-Fohr: Prosecuting Serious Human Rights Violations, Oxford University Press, 2009.

[2]Armin Krishnan: Killer Robots: Legality and Ethicality of Autonomous Weapons, Routledge, 2010.

[3]Bradley Jay Strawer: Killing by Remote Control: The Ethics of an Unmanned Military, Oxford University Press, 2013.

[4]Dave Grossman: On Killing: The Psychological Cost of Learning to Kill in War and Society, Little Brown and Company, 2009.

[5]Dieter Fleck: International Humanitarian Law after September 11: Challenges and the Need to Respond in Yearbook of International Humanitarian Law, T. M. C Asser Press, 2003.

[6]Francoise, Bouchet-Saulnier: The Practical Guide to Humanitarian Law, Rowman & Littlefield Publishers, 2013.

[7]Heather Harrison Dinniss: Cyber Warfare and the Laws of War, Cambridge University Press, 2012.

[8]Kenneth Anderso, Matthew Waxman: Law and Ethics for Autonomous

Weapon Systems: Why a Ban Won't Work and How the Laws of War Can, Hoover Institution Press, 2013.

[9]Lawrence Lessig: Code and Other Laws of Cyberspace, Basic Books, 1999.

[10]Leslie Green: The Contemporary Law of Armed Conflict, Manchester University Press, 2008.

[11]Manmohan Chaturvedi, Aynur Unal, Preeti Aggarwal, Shilpa Bahl, Sapna Malik: International Cooperation in Cyber Space to cmbat Cyber Crime and Terrorism, Norbert Wiener in the 21st Century, 2014.

[12]Mary Ellen O'Connell: The American Way of Bombing: How Legal and Ethical Norms Change, Cornell University Press, 2013.

[13]Paul Scharre: Autonomous Weapons and Operational Risk, Center for a New American Security, 2016.

[14]Ralph M. Stair, Kenneth Baldauf: Succeeding with Technology: Computer System Concepts for Real Life(4th ed.), Boston: Course Technology, 2010.

[15]Ryan Abbott: Hal the Inventor: Big Data and Its Use by Artificial Intelligence. in Cassidy R. Sugimoto et al. (eds): Big Data Is Not a Monolith, Cambridge: The MIT Press, 2016.

[16]Sacha Wunsch-Vincent: Trade Rules for the Digital Age. in Marion Panizzon, Nicole Pohl, Pierre Sauve Mirza (eds). GATS and the Regulation of International Trade in Services, Cambridge University Press, 2008.

[17]T. Markus Funk: Victims' Rights and Advocacy at the International Criminal Court, Oxford University Press, 2010.

[18]Tim Bunnell et al.: Cleavage: Connection and Conflict in Rural, Urban and Contemporary Asia, Springer-Verlag Press, 2013.

[19]William Boothby: Conflict Law: The Influence of New Weapons Technology, Human Rights and Emerging Actors, T. M. C Asser Press,

2014.

(二)外文期刊

[1] Aaron M. Johnson: The Morality of Autonomous Robots, Journal of Military Ethics, 2013(12).

[2] Alan Backstrom, Ian Henderson: New Capabilities in Warfare: An Overview of Contemporary Technological Developments and The Associated Legal and Engineering Issues in Article 36 Weapons Reviews, International Review of the Red Cross, 2012(94).

[3] Alexandra Perloff-Giles: Transnational Cyber Offenses: Overcoming Jurisdictional Challenges, The Yale Journal of International Law, 2018 (43).

[4] Amir. H. Khoury: Intellectual Property Rights for "Hubots": on the Legal Implications of Human-like Robots as Innovators and Creators, Cardozo Arts & Entertainment, 2017(35).

[5] Andrew D. Mitchell, Jarrod Hepburn: Don't Fence Me In: Reforming Trade and Investment Law to Better Facilitate Cross-Border Data Transfer, Yale Journal of Law and Technology, 2017(19).

[6] Andrew D. Mitchell, Neha Mishra: Data at the Docks: Modernizing International Trade Law for the Digital Economy, Vanderbilt Journal of Entertainment and Technology Law, 2018(20).

[7] Andrew J. Wu: From Video Games to Artificial Intelligence: Assigning Copyright Ownership to Works Generated by Increasingly Sophisticated Computer Programs, AIPLA Q. J., 1997(25).

[8] Annemarie Bridy: Coding Creativity: Copyright and the Artificially Intelligent Author, STAN. TECH. L. REV., 2012 (5).

[9] Annemarie Bridy: The Evolution of Authorship: Work Made by Code, COLUM. L. J. & ARTS, 2016 (39).

[10] Ben Hattenbach, Joshua Glucoft: Patents in an Era of Infinite Monkeys

and Artificial Intelligence, Stanford Technology Law Review, 2015 (19).

[11] Chris Holder, Vikram Khurana, Faye Harrison, Louisa Jacobs: Robotics and Law: Key Legal and Regulatory Implications of the Robotics Age, Computer Law & Security Review, 2016(3).

[12] Christian Much: The International Criminal Court (ICC) and Terrorism as an International Crime, MICH. ST. J. INT'LL, 2006(14).

[13] Christina Rhee: Urantia Foundation v. Maaherra, BERKELEY, TECH. L. J., 1998(3).

[14] Clare Sullivan, Eric Burger: E-Residency and Blockchain, Computer Law & Security Review, 2017(33).

[15] Colin R. Davies: An Evolutionary Step in Intellectual Property Rights—Artificial Intelligence and Intellectual Property, Computer Law & Security Review, 2011(27).

[16] Collin B.: The Future of Cyberterrorism: Where the Physical and Virtual Worlds Converge, Crime and Justice International, 1997(13).

[17] Daniel Hammond: Autonomous Weapons and the Problem of State Accountability, Chicago Journal of International Law, 2015(15).

[18] David R. Johnson: Law and Borders: the Rise of Law in Cyberspace, Stanford Law Review, 1996(1).

[19] Dr. Shlomit Yanisky Ravid, Xiaoqiong (Jackie) Liu: When Artificial Intelligence Systems Produce Inventions: an Alternative Model for Patent Law at the 3A Era, Cardozo Law Review, 2018(39).

[20] Edward Lee: Digital Originality, VAND. J. ENT. & TECH. L, 2012 (14).

[21] Ellen S. Podgor: International Computer Fraud: A Paradigm for Limiting National Jurisdiction, University of California. Davis, 2002(5).

[22] Erica Fraser: Computers as Inventors—Legal and Policy Implications of Artificial Intelligence on Patent Law, SCRIPTED, J. L. TECH. &

SoC'Y, 2016(13).

[23] Gary B. Born: A Reappraisal of the Extraterritorial Reach of U. S. Law, Law and Policy in International Business, 1992(24).

[24] Gary E. Marchant et al.: International Governance of Autonomous Military Robots, Columbia Science & Technology Law Review, 2011 (12).

[25] Gary Marchant et al.: International Governance of Autonomous Military Robots, Columbia Science & Technology Law Review, 2011(12).

[26] Henrys Gao: Regulation of Digital Trade in US Free Trade Agreements: From Trade Regulation to Digital Regulation, Legal Issues of Economic Integration, 2018(45).

[27] Htcror Olasolo: The Criminal Responsibility of Senior Political and Military Leaders as Principals to International Crimes, International and Comparative Law, 2009(4).

[28] James Grimmelmann: There's No Such Thing as a Computer—Authored Work—and It's a Good Thing Too, COLUM. J. L. & ARTS., 2016 (39).

[29] James Wagner: Rise of the Artificial Intelligence Author, The Advocate, 2017(75).

[30] Jane C. Ginsburg, Sam Ricketson: Inducers and Authorisers: AComparison of the US Supreme Court's Grokster Decision and the Australian Federal Court's Kazaa Ruling, Media & Arts Law Review, 2006(11).

[31] Jason Tanz: Soon We Won't Program Computers. We'll Train Them Like Dogs, Wired, 2016(5).

[32] Jean-Marie Henckaerts: Customary International Humanitarian Law: A Response to US Comments, International Review of the Red Cross, 2007(89).

[33] Jeffrey Thurnher: No One at the Controls: Legal Implications of Fully Autonomous Targeting, Joint Force Quarterly, 2012(67).

［34］Jian Hua, Sanjay Bapna: How Can We Deter Cyber Terrorism? Information Security Journal: A Global Perspective, 2012(21).

［35］John R. Koza: Human Competitive Results Produced by Genetic Programming, Genet Program Evolvable, 2010(11).

［36］Jonathan David Herbach: Into the Caves of Steel: Precaution, Cognition and Robotic Weapon Systems Under the International Law of Armed Conflict, Amsterdam Law Forum, 2012(4).

［37］Jonathan Siderits: The Case for Copyrighting Monkey Selfie, U. CIN. L. REV., 2016(84).

［38］Kalin Hristov: Artificial Intelligence and the Copyright Dilemma, Journal of Business & Technology Law, 2017(13).

［39］Keiran Hardy: WWWMDs: Cyber-attacks Against Infrastructure in Domestic Anti-terror Laws, Computer Law & Security Review, 2011 (27).

［40］Kelly A. Gable: Cyber-Apocalypse Now: Securing the Internet Against Cyberterrorism and Using Universal Jurisdiction as a Deterrent, Vanderbil Journal of Transnational Law, 2010(43).

［41］Kenneth Anderson et al.: Adapting the Law of Armed Conflict to Autonomous Weapon Systems, International Law Studies, 2014(90).

［42］Kenneth C. Randall: Universal Jurisdiction under International Law, Texas Law Review, 1999(66).

［43］Kenneth Einar Himma: Artificial Agency, Consciousness, and the Criteria for Moral Agency: What Properties Must an Artificial Agent have to be a Moral Agent? Ethics and Information Technology, 2009 (11).

［44］Lawrence B. Solum: Legal Personhood for Artificial Intelligences, N. C. L. REv., 1992(70).

［45］M. Turing: Computing Machinery and Intelligence, MIND Q. REV., 1950(59).

[46] Marco Sassoblit: Autonomous Weapons and International Humanitarian Law: Advantages, Open Technical Questions and Legal Issues to be Clarified, International Law Studies, 2014(90).

[47] Margot Kaminski: Authorship, Disrupted: AI Authors in Copyright and First Amendment Law, U. C. DAVIS L. REV., 2017(51).

[48] Mark Perry, Thomas Margoni: From Music Tracks To Google Maps: Who Owns Computer-Generated Works? Computer Law & Security Review, 2010(26).

[49] Markus Kaulartz, Jorn Heckmann: Smart Contracts—Anwendungen der Blockchain Technologie, Computer und Recht (2016)Vol. 32(9).

[50] Mary L. Cummings: Automation and Accountability in Decision Support System Interface Design, The Journal of Technology Studies, 2006 (32).

[51] Michael N. Schmitt, Jeffrey S. Thurnher: Out of the Loop: Autonomous Weapon Systems and the Law of Armed Conflict, Harvard National Security Journal, 2013(4).

[52] Michael Schmitt: Autonomous Weapon Systems and International Humanitarian Law: A Reply to Critics, Harvard National Security Journal Feature, 2013(2).

[53] Michael Whine: Expanding Holocaust Denial and Legislation Against IT, Jewish Political Studies Review, 2008(20).

[54] Mira Burri: The International Economic Law Framework for Digital Trade, Zeitschrift für Schweizerisches Recht, 2015(135).

[55] Mizuki Hashiguchi: The Global Artificial Intelligence Revolution Challenges Patent Eligibility Laws, Journal of Business & Technology Law, 2017(13).

[56] Noel Sharkey: Automated Killers and the Computing Profession, Computer, 2007(40).

[57] Noel Sharkey: Automating Warfare: Lessons Learnt from the Drones,

Journal of Law, Information and Science, 2011(21).

[58] Noel Sharkey: Grounds for Discrimination: Autonomous Robot Weapons, RUSI Defense Systems, 2008(11).

[59] Noel Sharkey: The Evitability of Autonomous Robot Warfare, International Review of the Red Cross, 2012(94).

[60] Noel Sharkey: Towards a Principle for the Human Supervisory Control of Robot Weapons, Politica & Societa, 2014(3).

[61] Pamela Samuelson: Allocating Ownership Rights in Computer-Generated Works, U. PITT. L. REV., 1985(47).

[62] Pardis Moslemzadeh Tehrani, Nazura Abdul Manap: A Rational Jurisdiction For Cyber Terrorism, Computer Law & Security Review, 2013(29).

[63] Perri Ethics: Regulation And the New Artificial Intelligence, Part II: Autonomy And Liability, Information, Communication & Society, 2001 (4).

[64] Peter Asaro: On Banning Autonomous Weapon Systems: Human Rights, Automation, and the Dehumanization of Lethal Decision-making, International Review of the Red Cross, 2012(94).

[65] Primavera De Filippi: The Interplay Between Decentralization and Privacy: The Case of Blockchain Technologies, Journal of Peer Production, 2016(7).

[66] RalphD. Clifford: Intellectual Property In the Era of the Creative Computer Program: Will the True Creator Please Stand Up?, TUL. L. REV., 1997 (71).

[67] Robert Sparrow: Killer Robots, Applied Phil, 2007(24).

[68] Russ Pearlman: Recognizing Artificial Intelligence (AI) as Authors and Inventors under U. S. Intellectual Property Law, Richmond Journal of Law & Technology, 2018(2).

[69] Ryan Abbott: I Think, Therefore I Invent: Creative Computers and the

Future of Patent Law, B. C. L. REv., 2016(57).

[70]Shannon L. Hopkins: Cybercrime Convention: a Positive Beginning to a Long Road Ahead, Journal of High Technology Law, 2003(2).

[71]Stephen M. Bainbridge: Community and Statism: A Conservative Contractarian Critique of Progressive Corporate Law Scholarship, CORNELL L. REV., 1997(82).

[72] Tal Zarsky: Incompatible: The GDPR in the Age of Big Data, Seton Hall Law Review, 2017(47).

[73]Thompson Chengeta: Defining the Emerging Notion of Meaningful Human Control in Weapon Systems, International Law and Politics, 2017(49).

[74] Thompson Chengeta: Measuring Autonomous Weapon Systems Against International Humanitarian Law Rules, Journal of Law and Cyber Warfare, 2016(5).

[75] Tim McFarland, Tim McCormack: Mind the Gap: Can Developers of Autonomous Weapons Systems be Liable for War Crimes?, International Law Studies, 2014(90).

[76]Toni M. Massaro, Helen Norton: Siri-Ously? Free Speech Rights and Artificial Intelligence, Nw. U. L. REV., 2016(110).

[77] Ulrich Sieber: International Cooperation against Terrorist Use of the Internet, Revue Internationale du Droit Penal, 2006(77).

[78]W. Michael Schuster: Artificial Intelligence and Patent Ownership, WASH. & LEE L. REV., 2018(75).

[79]What Properties Must an Artificial Agent Have to Be a Moral Agent? Ethics and Information Technology, 2009(11).

三、网络文献

[1]傅莹:《关于〈中华人民共和国国际刑事司法协助法(草案)〉的说

明》，中国人大网，2018 年 10 月 26 日，http://www.npc.gov.cn/npc/c12435/201810/75ca8d61a3a74f118ac40684643fc2df.shtml。

[2]秘书长报告：《团结起来消灭恐怖主义：关于制定全球反恐战略的建议》，联合国，2006 年 5 月 27 日，https://www.un.org/chinese/unitingagainstterrorism/report.html。

[3]曾宇：《"终结者"有多可怕？专家警示智能武器毁灭性危险》，界面新闻，2016 年 3 月 25 日，https://www.jiemian.com/article/584504.html。

[4]公安部：《公民防范恐怖袭击手册(2014)版》，2014 年 7 月 22 日，https://www.mps.gov.cn/n2255079/n4242954/n4599133/c4601569/content.html。

[5]《ISIS 社交账号封不完 Twitter 一年内已删除 12.5 万个涉恐账号》，凤凰网，2016 年 4 月 14 日，http://www.techweb.com.cn/internet/2016-04-14/2315754.shtml。

[6]《ISIS 有一本网络操作安全手册教他们逃避追踪》，腾讯科技，2015 年 11 月 22 日，https://tech.qq.com/a/20151122/007461.html。

[7]陈雨桐、王莉兰：《法媒：法国未成年激进分子数量激增》，环球网，2016 年 9 月 23 日，http://world.huanqiu.com/exclusive/2016-09/9479399.html? agt=373。

[8]2017 Annual Report-Data Protection and Privacy in 2018：Going Beyond the GDPR，https://edps.europa.eu/data-protection/our-work/publications/annual-reports/2017-annual-report-data-protection-and-privacy_en.

[9]Anonymity：Statement by the United States at the 2014 Informal of Expert on Lethal Autonomous Weapons Systems，(16 May 2014)，http://www.unog.ch/80256EDD006B8954/%28httpAssets%29/6D6B35C716AD388CC1257CEE004871E3/$file/1019.MP3(audio file).

[10]Article 29 Working Party：Guidelines on the Right to Data Portability，(2017)，https://ec.europa.eu/newsroom/article29/item-detail.cfm? item_id=611233.

[11]Bitnodes：Global Bitcoin Nodes Distribution，https://bitnodes.earn.

com.

[12] Brian Wood, Head of Arms Control and Sec: Trade for Amnesty Int'l, Statement at the 2014 Informal of Expert on Lethal Autonomous Weapons Systems, (13 May 2014).

[13] Brookings: The ISIS Twitter Census, (2 November 2015), https://www.brookings.edu〉isis_twitter_census_berger_morgan.

[14] Business Wire: LuxTrust and Cambridge Blockchain Announce Privacy-Protecting Identity Platform, Sys-Con Media, (15 May 2017), http://news.sys-con.com/node/4080523.

[15] Commission: Innovation Union, https://ec.europa.eu/research/innovation-union/index en.cfm.

[16] CTITF Working Group: Countering the Use of the Internet for Terrorist Purposes—Legal and Technical Aspects, (12 May 2011), https://www.un.org/es/terrorism/ctitf/pdfs/ctitf_interagency_wg_compen-dium_legal_technical_aspects_web.pdf.

[17] Dorothy Denning: Cyberterrorism: Testimony Before the Special Oversight Panel on Terrorism, Committee on Armed Service, (15 April 2000), http://www. house. gov/hasc/testimony/106thcongress/00-05-23denning. html.

[18] Emanuel Palm: Implications and Impact of Blockchain Transaction Pruning, Master's Thesis, Lulea University of Technology (2017), http://www. diva-portal. org/smash/get/diva2: 1130492/FULLTEXT01. pdf.

[19] Gertrude Chavez-Dreyfuss: Sweden Tests Blockchain Technology for Land Registry, Reuters, (16 June 2016), https://www.reuters.com/article/us-sweden-blockchain/sweden-tests-blockchain-technology-for-land-registry-idUSKCN0Z22KV.

[20] Giuseppe Ateniese et al.: Redactable Blockchain-or-Rewriting History in Bitcoin and Friends, (2017), http://ieeexplore.ieee.org/document/7961975.

［21］Global Cyber attack Strikes Dozens of Countries：Cripples U. K. Hospitals, CBS NEWS, （12 May 2017）, http：//www.cbsnews.com/news/hospitals-across-britain-hit-by-ransomwarecyberattack.

［22］Guy Zyskind et al：Decentralizing Privacy：Using Blockchain to Protect Personal Data, IEEE Security and Privacy Workshops （2015）, https：//enigma.co/ZNP15.pdf.

［23］HM Treasury and Home Office：National Risk Assessment of Money Laundering and Terrorist Financing 2017, Policy Paper（26 October 2017）, https：//perma.cc/98RZ-TLTT.

［24］Humam Rights Watch：Advancing the Debate on Killer Robots：12 Key Arguments for a Pre-Emptive Ban on Fully Autonomous Weapons, （5 May 2014）, https：//www. hrw. org/news/2014/05/13/advancing-debate-killer-robots.

［25］Human Rights Watch：Mind the Gap：The Lack of Accountability for Killer Robots, （9 April 2015）, https：//www. hrw. org/sites/default/files/reports/arms0415_ForUpload_0.pdf.

［26］International Criminal Tribunal for Yugoslavia：Prosecutor v. Tadio, Sentencing Judgment, （21 November 1999）, http：//www.un.orgicty/index.html.

［27］John Perry Barlow：A Declaration of the Independence of Cyberspace, （8 February 1996）, http：//www.slat.org/OnLineLibrary/Independence Cyberspace_trans16.html.

［28］John Pike：MK 15 Phalanx Close-In Weapons System（CIWS）, （9 January 2003）, https：//fas.org/man/dod-101/sys/ship/weaps/mk-15. html.

［29］John R. Smith：IBM Research Takes Watson to Hollywood with the First "Cognitive Movie Trailer", https：//www. ibm. com/blogs/think/2016/08/cognitive-movie-trailer.

［30］Kelly Philipps Erb：IRS Tries Again To Make Coinbase Turn Over

Customer Account Data, Forbes, (20 March 2017), https://www. forbes. com/sites/kellyphillipserb/2017/03/20/irs-tries-again-to-make-coinbase-turn-over-customer-account-data/#1841d9e5175e.

[31] Ken Jennings: My Puny Human Brain, https://slate. com/culture/2011/02/watson-jeopardy-computer-ken-jennings-describes-what-it-s-like-to-play-against-a-machine.html.

[32] Laura Boillot: Program Manager for Article 36, Statement at the 2014 Informal of Expert on Lethal Autonomous Weapons Systems, (13 May 2014), http://www. aricle36. org/statements/remarks-to-the-ccw-on-autono-mous-weapons-systems-13-may-2014/.

[33] Michael C. Horowitz, Paul Scharre: Meaningful Human Control in Weapon Systems: A Primer, (13 March 2015), https://www. files. ethz.ch/isn/189786/EthicalAutonomyWorkingPaper_031315.pdf.

[34] Michael Mainelli: Blockchain could help us reclaim control over our personal data, Harvard Business Review, (5 October 2017), https://hbr. org/2017/10/smart-ledgers-can-help-us-reclaim-control-of-our-personal-data.

[35] Noel Sharkey: Presentation at the CCW Meeting of Experts on Lethal Autonomous Weapons Systems (Laws), (13 May 2014), http://www. unog. ch/80256EDD006B8954/%28httpAssets %29/78C4807FEE4C 27E5C1257CD700611800/ $ file/Sharkey MXLAWS technical_2014.pdf.

[36] Olivia Becker: ISIS Has a Really Slick and Sophisticated Media Department, (13 July 2014), https://news. vice. com/article /isis - has-a-really-slick-and-sophisticated-media-department.

[37] Orla Lynskey: Regulating "Platform Power", LSE Legal Studies Working Paper (2017), https://papers. ssrn. com/sol3/papers. cfm? abstract_id=2921021.

[38] Ralph Erskine: Allied Breaking of Naval Enigma, https://perma.cc/3BS9-CAXS.

[39] Ransomware Cyber-attack: Who has been Hardest Hit?, BBC, (15

May 2017）, http://www.bbc.com/news/world-39919249.

[40] Ross Miller: AP's 'robot journalists' are Writing Their Own Stories now, The Verge, （29 January 2015）, https://www.theverge.com/2015/1/29/7939067/apjournalism-automation-robots-financial-reporting.

[41] Satoshi Nakamoto: Bitcoin: A Peer-to-Peer Electronic Cash System, （2009）, https://bitcoin.org/bitcoin.pdf.

[42] The Register: US War Robots in Iraq 'Turned Guns' on Fleshy Comrades: Kill Droid Rebellion Thwarted This Time, （11 April 2008）, http://www.theregister.co.uk/2008/04/11/us-war-robot rebellion iraq.

[43] U.S. Department of Defense Directive: Autonomous in Weapon System, （21 November 2012）, http://www.doc88.com/p-7794535028123.html.

[44] U.S. DoD Defense Science Board: Summer Study on Autonomy, （9 June 2016）, https://www.hsdl.org/? abstract&did=794641.

[45] UK Ministry of Defense: The UK Approach to Unmanned Aircraft, （30 March 2011）, http://www.doc88.com/p-787493971158.html.

[46] UN: Guide to UN Counter Terrorism, （15 March 2006）, http://dagdok.org/un-system/security-council/counter-terrorism-committee/.

[47] Vitalik Buterin: Privacy on the Blockchain, Ethereum Blog, （15 January 2016）, https://blog.ethereum.org/2016/01/15/privacy-on-the-blockchain.

[48] Wikipedia: 2007 cyberattacks on Estonia, https://en.wikipedia.org/wiki/2007_cyberattacks_on_Estonia.

[49] Wikipedia: Cyberattacks during the Russo-Georgian War, https://en.wikipedia.org/wiki/Cyberattacks_during_the_Russo-Georgian_War.

[50] Wikipedia: July 2009 Cyberattacks, https://en.wikipedia.org/wiki/July_2009_cyberattacks.